KB236198

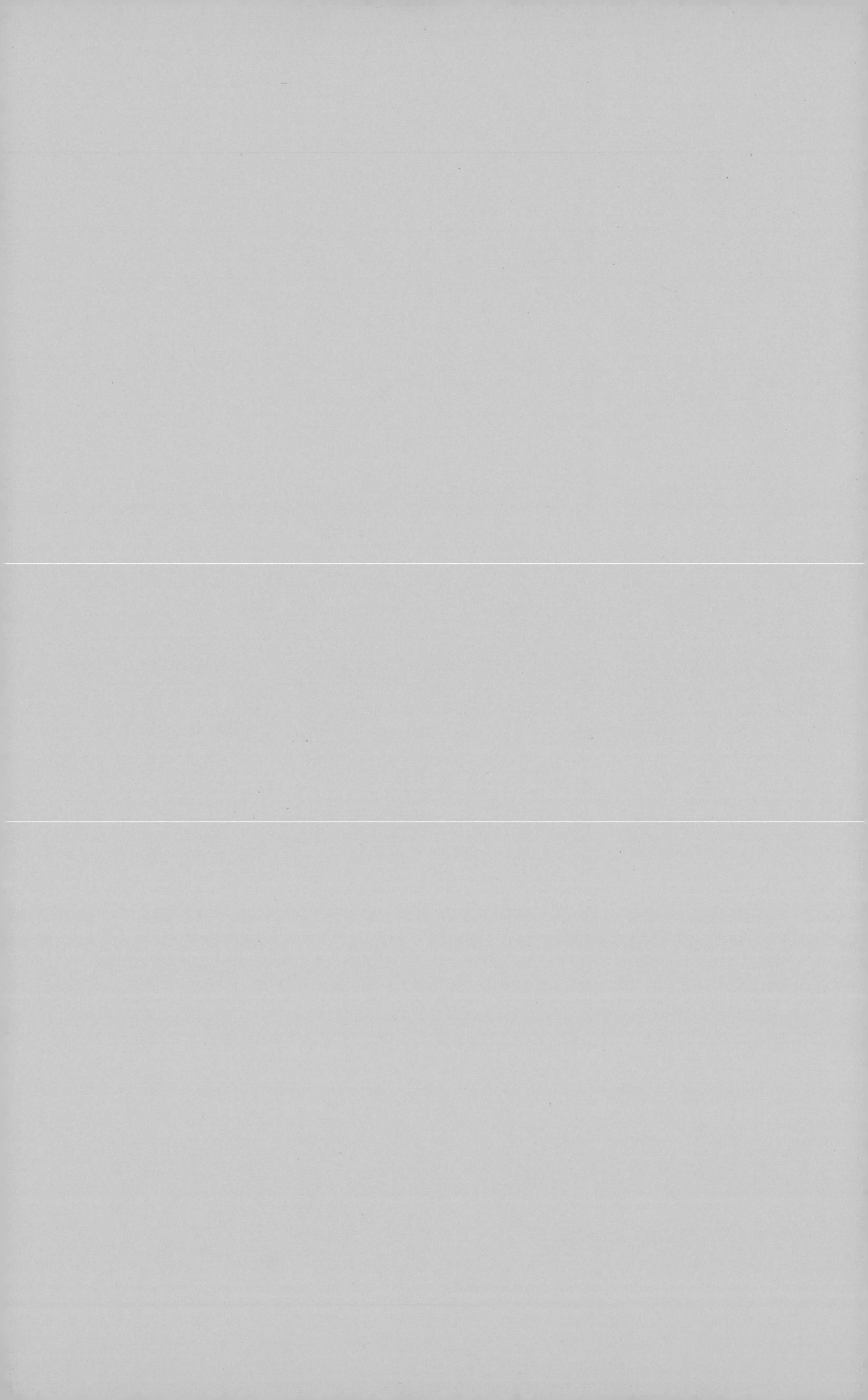

명품도시의 창조

명품도시의 창조

명품 도시의 창조

박완수 지음

매일경제신문사

‘진실(眞實)’과 ‘열정(熱情)’

이 두 단어는 내 삶의 성명(誠命)이자 좌우명이다. 2004년 창원시장에 당선되고 나서 집무실에 걸어두고 하루도 빠짐없이 보고 있다. 잡념이 생길 때마다 이 문구를 보며 스스로를 반성하고 채찍질한다.

‘진실’은 모든 인간이 지녀야 할 기본적인 가치관이자 믿음이다. ‘열정’은 어떤 목표를 이루어 낼 수 있는 힘이다. 동서고금을 막론하고 역사는 언제나 진실의 편이었고, 또 열정이 있는 사람들만이 역사를 만들어 왔다. 그 어떠한 위대한 발명과 업적도 한순간의 노력과 결단으로 이루어진 것은 없다. 거기에는 지치지 않는 열정이 있었고 온갖 역경에도 굴하지 않는 도전정신이 있었다.

창원시장에 당선돼 시정을 맡은 지 8년이란 세월이 흘렀다. 보람도 많았었지만 한때는 용기도 잃고 회의와 실망에 젖기도 했다. 그러나 이는 시민을 위해 열심히 일하라는 운명이라 생각하고 최선을 다했다. 시장이란 직위에 부끄럽지 않으려 노력해 왔다. 시장이란 자리가 누리려는 자리가 아니라는 끊임없는 성찰을 하면서 말이다.

돌이켜보면 큰 후회는 없다. 우리나라 지방자치단체의 새로운 모델을 만들고 싶었으나 기대에 부응하지 못한 부분도 많았던 것 같다. 그러나 정리를 하고 싶었다. 그동안 창원시정을 맡아서 추진해 왔던 사업들이 어떤 평가를 받을 것인지는 시민들의 판단에 맡긴다.

처음 시장에 출마할 때부터 나에게는 뚜렷한 목표가 있었다. 바로 창원시장이 되면 우리나라에서 가장 선진적이고 모범적인 명품도시를 만들겠다는 꿈이었다.

그 꿈을 실현하기 위해 나는 무섭도록 뛰고 달렸다. 한눈 팔지 않고 묵묵히, 오직 시민만을 바라보고 열정을 다해 일해 왔다. 그저 열심히 하면 된다는 생각으로 의욕만 앞선 적도 있었다. 뜻하지 않았던 좌절도 겪어야 했다. 때로는 하얗게 밤을 지새우면서 고뇌하고 연구하기도 했다. 주어진 권한과 책임만큼 어렵고 힘든 결단을 해야 하는 고독한 시간도 많았다. 그때마다 판단의 잣대는 언제나 '시민'이었고 '창원발전'이었다. 명품도시를 만들어야겠다는 진실된 마음과 열정이 큰 도움을 줬다.

나는 지도자의 리더십이 한 도시를 바꿀 수 있다는 믿음을 갖고 있다. 많은 사람들이 나에게 '정치력'을 주문하기도 했다. 한마디로 "쇼도 좀 하라"는 것이었다. 엄밀히 따지면 민선시장은 정치가다. 그렇지만 나는 체질적으로 쇼를 잘 못한다.

정치와 행정, 이 두 가지는 무엇이 다를까?

수많은 사람들이 각양각색으로 정치를 정의했지만 내가 믿는 정치란 한마디로 국민을 편안히 잘살게 하는 것이다. 그렇다면 좋은 정책을 만들어 시민들의 살림살이를 풍요롭게 하고 희망찬 미래를 설계하는 것도 민선시장의 정치가 아닐까.

나는 민선시장이 정치를 잘해야 한다는 말에 거부감이 없잖아 있다. 오늘날 정치가 마치 권력의 획득이나 유지를 둘러싼 행위쯤으로 여겨지는 현실 때문이다. 그래서 나는 정치보다는 '일 잘하는 시장, 시민을 행복하게 하는 시장'에 업무의 초점을 맞췄다.

그래서 인기에 연연하지 않고 우직하게 '명품도시'를 만드는 목표를 향해 달렸다. 지금도 현재진행형이지만 '대한민국 지방자치 모델도시' 실현을 꿈꾸며 다양한 정책을 개발해 '시민이 행복한 도시'를 만드는 데 매진해 왔다. 그 결과 창원은 이제 타 지자체뿐 아니라 중앙정부의 정책 변화까지 끌어 낼 잠재력을 갖춘 도시로 발전하고 있다. 전국을 대표하는 자치도시를 넘어 세계가 주목하는 지자체로 변모하고 있다. 마산·창원·진해가 하나된 '통합 창원시대'가 열리면서 창원은 대한민국의 미래도시이자 성장엔진으로 새롭게 도약하고 있다.

이 자리를 빌려 나와 함께 호흡을 맞추며 일했던 창원시 모든 공직자에게 감사의 말씀을 전한다. 그리고 창원시를 위해 도움을 준 수많은 분들, 또한 나를 시장으로 선택해주고 애정과 성원을 아끼지 않은 110만 창원시민에게 감사드린다.

여기 적힌 나의 민선시장 8년의 실험과 작은 성공사례들은 창원시 전 공무원의 이야기며 그간의 노력을 글로 표현한 것이다. 지역발전과 우리사회의 미래를 설계하는 데 필요한 시정보감(市政寶鑑)으로 요긴하게 활용되기를 기대한다.

나아가 이 책이 대한민국 모든 지자체가 더욱 분발해 지역마다 더욱 발전하고 풍성한 삶을 영위해 나가는 디딤돌이 되기를 소망해 본다. 세계적인 명품도시를 꿈꾸는 우리 창원에 관심과 성원을 보내주신 모든 분들께 이 책을 바친다.

창원시장 집무실에서

박완수

PART 1

명품도시란

CHAPTER 1

명품도시의 꿈

나는 '명품'이란 말을 좋아한다. '명품'이란 말은 어디에 붙여도 어울린다. 명품시장, 명품도시, 명품기업 등 명품은 말 그대로 '뛰어남'의 의미가 담겨 있다. 사전에 찾아보더라도 명품은 '뛰어나거나 이름난 물건, 또는 그런 작품'을 뜻한다. 명품에는 축적된 경험과 기술, 그리고 투철한 장인정신이 담겨 있다.

이 가운데 나는 '명품도시'란 말을 참으로 좋아한다.

한 도시의 시장으로서 세계적인 도시를 만들고 싶은 꿈이 있기 때문이다. 그래서 나는 명품도시란 어떤 도시를 뜻할까를 오랜 기간 고민해 왔다.

나는 《명품도시의 탄생》에서 그 힌트를 찾을 수 있었다. 놀랍게도 그 책에는 내가 고민했던 명품도시를 향한 생각들이 그대로 담겨 있었다. 이 책에 따르면 명품은 '특별함'이 있는 상품을 뜻하는 말로 도시에도 '특별함'이 있어야 한다고 말하고 있다.

그렇다면 도시에 있어 '특별함'이란 무엇을 뜻하는 말일까. 주거와 환경, 교육, 의료, 교통 등 도시경쟁력을 나타내는 모든 요소가 다른 도시를 앞설 때 '특별함'이 있는 도시, 즉 명품도시란 소리를 듣는다.

다시 말해 도시에 있어 그 '특별함'은 의식주가 해결되는 경제도시, 안전이 보장되는 치안도시, 더불어 사는 복지도시, 모두가 존경받는 도시, 문화와 배려가 살아 있는 품격의 도시를 뜻한다. 이들 특별함은 풍요로운 도시, 더불어 행복한 도시, 품격 있는 도시, 즉 풍요, 융화, 품격이 갖춰진 풍(豊), 화(和), 격(格)의 명품도시를 탄생시킨다.

나는 한국을 대표하는 명품도시의 꿈을 실현하기 위해 창원시에 모든 열정을 바쳤다.

시민들이 모두 잘사는 도시, 모든 시민이 더불어 행복한 도시, 국제사회와 격차가 작은 도시, 나아가 품격 있는 도시를 만들기 위해 노력했다. 시민이 추구하는 총체적인 삶의 질을 충족시키고 지속 가능한 도시 발전을 이끌기 위해 정책의 초점을 맞추고자 했다.

이를 통해 '돈·상품·인재가 세계로 뻗어나가는 도시이자, 돈·상품·인재가 몰려드는 도시'를 만들기 위해 매진했다.

한국형 명품도시 만들기

세계인들에게 한국 도시 중 생각나는 곳이 어디냐고 물으면 어떤 도시를 답하게 될까.

서울, 부산, 인천, 제주 정도일 것이다. 그러나 이 도시들을 국제무대에서는 글로벌도시(Global city)라고 부르지 않는다. 산업성,

관광성, 문화성, 환경성 등에 있어서 명품성을 갖고 있지 않기 때문이다. 글로벌도시로 일컬어지는 런던, 파리, 뉴욕, 도쿄, 빈, 취리히, 밴쿠버, 프랑크푸르트, 쿠리치바 등과 비교할 때 무엇인가 부족한 느낌이 든다.

그렇다면 한국의 도시 가운데 어떤 곳이 명품도시와 가까울까? 창원시를 명품도시의 특성을 가장 잘 갖춘 도시라고 평가한다.

왜 이 같은 결과가 나왔을까. 창원은 2004년부터 세계 속의 도시로 도약하기 위해 잘사는 도시, 더불어 행복한 도시, 글로벌도시, 품격 있는 도시를 만들기 위해 노력해왔다.

창원은 도시설계기법에 의해 조성된 계획도시다. 한국에서는 첫 계획도시며 전 세계적으로 보더라도 브라질의 브라질리아, 인도의 뉴델리, 호주의 캔버라에 이어 4번째 계획도시에 해당한다. 세계적으로 명품도시는 산업기반을 구축한 경제력, 관광과 문화를 바탕으로 한 고품격 예술, 환경적인 쾌적함, 그리고 세계와의 열린 시정을 실천하는 도시다.

나는 창원도 명품도시의 3대 요건인 풍(豊), 화(和), 격(格)의 3요소를 갖췄다고 자부한다.

잘사는 풍(豊)의 도시를 만들기 위해 나는 2004년부터 친시민·친기업·친환경정책을 도입했다. 기업인과 근로자의 기를 살리고 창원공단의 경쟁력을 높이기 위해 '기업사랑운동'을 전개했다. 이 같은 친기업정책이 바로 풍의 전략이다.

국제 사회와 격차가 없고 도시 내 격차(빈부, 소득, 교육 등)가 없는 화(和)의 도시를 만들기 위해 나는 2005년부터 본격적으로 글로벌 무대에 뛰어들었다. 저비용 고효율의 합리적 복지정책을 도입한 데 이어 세계 속의 글로벌도시로 도약하기 위해 각종 국제대회를 유치했다.

격(格)의 도시를 만들기 위해 2006년부터 지구온난화에 앞장서는 도시를 만들었다. 온실가스 감축을 선도적으로 실천해 도시의 쾌적성을 높이기 위해 다양한 친환경정책을 도입했다. 창원시가 집중 추진했던 환경수도프로젝트 또한 도시의 격을 높이기 위한 전략이었다.

창원을 명품도시로 만들기 위해

나는 창원을 대한민국을 대표하는 '명품도시'로 만들기 위해 다양한 시도를 했다.

먼저 창원 성장의 핵심동력 역할을 하고 있는 '창원국가산업단지'에 주목했다. 이 공단은 대한민국 압축성장을 이끌고 '한강의 기적'을 만드는 데 중요한 역할을 한 곳이다.

8만 명 이상의 근로자가 국부를 창출해 내고 있다. 통합 창원시이전에 인구가 50만 명이었으므로 4인가족을 기준으로 할 때 창원시민의 절반 이상이 창원공단에 의지한 셈이다. 따라서 창원국가산업단지를 지속가능한 공단으로 변화시키는 게 시장으로서 가장 중요한 역할이라고 생각했다. 특히 명품도시의 첫걸음은 잘사는 도시, 즉 풍요로운 도시를 만드는 것이기 때문이다.

나는 연간 300억 달러를 수출하는 창원공단 고도화를 추진했다. 새로운 성장동력을 어디에서 찾아낼 것인가를 고민했다. 기존 범용기계 중심으로 이뤄졌던 생산과 수출로는 21세기 승자가 될 수 없고, 세계와의 경쟁에서 살아남아 지속적으로 성장하기 힘들기 때문이다.

이 같은 생각에 따라 나는 산업 간 세대교체를 서둘렀다. 기존 산업과 IT, 신소재 등의 산업이 접목될 수 있도록 고부가가치를 창출하는 첨단기업을 집중 유치했다.

이를 위해 경남테크노파크와 과학연구단지를 조성해 연구개발 기능을 강화하는 한편, 공단 인근에 입지한 국책연구기관인 한국전기연구원, 한국재료연구소, 국방연구소, 지역대학, 기업부설연구소를 연결하는 연구개발벨트를 조성했다. 나아가 연구개발 특구 지정을 추진하고 있다.

친환경의 격(格) 있는 도시를 만들기 위해 2006년에는 창원시를 정부와 함께 '대한민국환경수도'로 선포했다. 행정수도인 서울과의 차별화를 통해 환경으로 앞선 도시를 만들기 위한 비전 선포였다.

산업 경쟁력, 즉 풍의 도시만으로는 명품도시가 될 수 없다고 판단했기 때문이다. 도심의 공기를 맑게 하기 위해서 1,000만 그루 나무심기를 추진했다.

시민들의 자발적인 참여를 유도하기 위해 탄소포인트제도를 도입한 데 이어 환경교재 채택, 환경영화제·환경포럼 개최 등을 추진했다. 국제자치단체환경연합(ICLEI)과 유엔환경계획(UNEP)은 이 같은 시도를 높게 평가해줬다. 이어 '세계 환경도시'의 위용을 갖추기 위해 나는 세계적인 환경회의 '람사르총회'를 유치한 데 이어 유엔사막화방지협약총회 등을 개최해 국제사회에 창원시의 노력을 적극 알렸다.

나는 하드웨어적인 발전만으로는 명품도시가 될 수 없다고 생각한다. 명품도시가 추구하는 화(和)의 도시를 만들려면 밴쿠버, 헬싱키, 취리히, 그라츠, 리버풀처럼 소프트(Soft) 분야에 대한 관심과 투자가 필요하기 때문이다. 이를 위해 복지, 의료, 교육, 문화와 예술 부분까지 명품의 면모를 갖춰야 한다.

이에 따라 나는 마을마다 마을 도서관과 사회교육센터를 설립했다. 많은 사람이 지식을 공유할 수 있도록 아카데미를 운영하는 한편 사이버교육 지원시스템을 만들어 시민들의 정신적인 만족도를 높이기 위해 노력했다.

또한 시민들의 생명과 건강을 지키는 화(和)의 도시를 만들기 위해 의료서비스 향상과 인프라 확충에 예산을 과감히 투입했다. 대학병원을 유치해 고품격 의료서비스를 받을 수 있도록 했고 지역보건소의 기능을 강화해 시민들이 수시로 건강상담을 받을 수 있도록 했다.

복지도시를 만들기 위해 사회적 약자에 대한 정책도 적극적으로 도입했다. 이렇게 해서 도입한 정책이 3무 4강의 복지정책, 행복공감 3대시책, 전세금 지원, 서민아파트 건립, 노인과 장애인 시설 확충 등의 정책이다.

문화와 예술, 즉 시민을 위한 정서적 자양분이 충분한 도시가 바로 격 있는 도시다. 나는 문화와 예술이 살아 숨쉬는 '격(格)의 도시'를 만들기 위해 성산아트홀과 3.15아트센터에서의 공연을 상설화했다.

시립합창단과 교향악단을 만들어 연주자들이 기업체와 은행, 대형마트, 노인과 장애인시설 등을 찾아가 선율을 제공하도록 했다. 세계적인 조각가인 '문신 선생'을 창원 문화예술의 대표 브랜드로 육성했다. 앞으로 산업문화박물관도 유치해 근대 한국산업의 발전상을 보여줘 시민들의 자존감을 높여줄 계획이다.

나의 이 같은 노력이 창원시 탄생 30년만에 창원시가 중앙정부를 넘어 외국에도 경쟁력을 인정받는 살기 좋은 도시, 명품도시로 거듭나는 데 기여했다고 나름대로 자부하고 있다.

통합도시 '창원의 경제학'

창원이 통합도시의 시대를 열었다. 50만 명에 불과했던 창원은 마산, 진해와 통합되면서 인구 110만 명의 거대도시가 됐다.

20세기가 '국가의 시대'였다면 21세기는 '도시의 시대'가 되고 있다. 이 같은 시대 흐름에 따라 전 세계가 '메가시티(Mega-city)' 경쟁을 벌이고 있다. 21세기 국가 성장은 이제 도시의 성장에 의해 좌우될 것이다.

이 같은 믿음에 따라 나는 마산-창원-진해의 통합에 적극적으로 참여했다. 인구 110만 명의 거대 도시가 돼야 중복투자를 없앨 수 있고 규모의 시정을 만들어낼 수 있기 때문이다.

독일의 경우, 인구 50~100만 명의 중소규모의 도시가 독일 발전을 이끌고 있다. 독일 최대 도시인 베를린은 고작 인구 300만 명으로 세계적인 경쟁력을 만들어내고 있다.

나는 인구 50~100만 명의 독일 중소도시들이 행복한 도시, 잘 사는 도시가 된 비밀에 주목하고 있다.

첫째 비밀은 '도시의 콘셉트가 독창적'이라는 점이다. 다시 말해, 다른 도시를 모방하지 않았다. 그 도시가 가지고 있는 특성, 비교우위, 즉 문학, 예술, 미술, 조각, 역사, 축제 등 여러 가지 콘셉트 가운데 하나를 선택해서 특성화시켰다.

두 번째 비밀은 시민과 다양한 전문가들이 참여해 도시의 콘셉트를 정했다는 점이다. 이는 모든 시민들이 꿈꾸는 도시에 대한 공감대를 만들어냈다는 점에서 의미 있는 일이다.

세 번째 비밀은 도시의 이미지가 완전히 만들어질 때까지 시책을 멈추지 않았다는 점이다. 이런 점에서 나는 창원시가 '환경수도'로 정착될 때까지 환경정책을 멈추지 않을 것이다. 자전거시책 또한 중도에 포기하지 않고 지속적으로 추진할 것이다.

마지막 비밀은 스토리텔링을 잘했다는 점이다. 독일의 명품도시들은 콘셉트에 이야기를 넣어서 도시 제품을 상품화했다는 공통점이 있다.

나는 독일 도시의 경쟁력을 만들어준 4가지 콘셉트를 '통합 창원시'에 접목해 도시경쟁력을 키워내고 싶다. 이것이 도시경제학(Citynomics) 효과를 만들어 통합도시의 경쟁력을 만들어 낼 것이라고 생각한다.

도시별 특성 살린 '창조도시' 실현

그렇다면, 통합도시 창원은 어디로 나아가야 할까?

통합 창원시는 동일한 생활권이지만 나름대로 도시별로 독특한 특성을 갖추고 있다. 때문에 마산, 창원, 진해가 갖고 있던 특성을 살려 창조적 도시로 도약하는 것이 바람직하다.

한마디로 통합도시 창원은 '창조도시(Creative city)'가 돼야 한다. 내가 생각하는 창조도시란 현재의 상태를 파괴해 21세기형 새로운 콘셉트로 재탄생하는 도시를 말한다.

마산이면 마산, 창원이면 창원, 진해면 진해가 갖는 현재의 콘셉트에서 좋은 면모는 승화·발전시키고 그렇지 않은 부분은 새로운 가치를 접목해 21세기형으로 발전시켜 나가야 한다.

창조도시의 밑그림은 명품도시의 정의를 토대로 해야 한다.

우선, 지역의 산업적 경쟁력을 튼튼히 해 풍(豊)의 도시를 만들어야 하며, 두 번째는 복지, 교육과 문화혜택, 공공요금 등이 3개 시 사이에 격차가 없는, 더불어 사는 화(和)의 도시로 만들어야 한다. 세 번째는 좀 더 품격 있는 격(格)의 도시로 거듭나야 한다.

이제는 먹고 사는 것만으로 일류도시가 될 수 없다. 국제비즈니스 마인드, 친환경 마인드, 수준 높은 의료시설 등을 갖춘 도시를 만들어야 한다.

나는 통합된 3개 시의 개성을 살리는 게 중요하다고 생각한다. 따라서 통합도시는 도시별 특성이 살아 있는 다핵도시로 발전시키고 싶다. 3개 도시는 독립성을 가지면서 도시별 비교우위를 갖춘 미래도시로 거듭나야 한다.

또한 도시통합이 가장 중요하다고 생각한다. 이를 위해 시민들의 공간적인 접근성을 높일 것이다. 3개 도시의 공동인프라인 대중교통 서비스를 획기적으로 개선할 것이다. 내부순환형·외부순환형의 환상형도로망을 조기에 구축해 시민 편의를 증진시켜야 한다. 장기적으로 도시철도체계인 트램(Tram)을 도입할 것이다. 산업단지에는 지역발전을 이끌고 고용을 창출할 수 있는 기업을 입주시킬 것이다.

옛 창원시는 이제 계획도시로 만들어진 지 30년이 지난 만큼 다시금 도심을 업그레이드해야 한다. 창원공단도 신성장동력 중심으로 세대교체가 이뤄지도록 해야 한다. 읍면 개발과 환경수도프로젝트 추진, MICE산업도 지속적으로 발전시켜 나가야 한다.

마산권은 친문화·친환경·친역사 도시로 리모델링해야 한다. 마산 개발의 경우 이곳만이 가진 역사적·문화적·환경적 자산을 부각시키는 게 더욱 효율적이다. 자유무역지역을 고도화하고 어시장, 창동, 오동동의 기존 도심을 어떻게 재생시킬 것인가도 매우 중요한 과제다.

다시 말해, 마산만의 해안선, 고유한 역사와 문화를 어떻게 상품화할 것인지, 도시 전체의 디자인을 어떻게 할 것인지 등에 대한 진지한 고민과 시민적 합의가 필요하다.

그렇다면 진해시는 어떻게 발전시켜야 할까. 시운학부와 옛 육군대학부지 등 군부대 공간들을 진해권 발전의 동력으로 활용해야 한다. 나는 진해 발전의 새로운 동력은 해양레포츠관광과 해양물류에서 찾아내야 한다고 생각한다. 이곳에 외국인 투자를 적극 유치해 국제비즈니스도시로 발전시켜야 한다.

그러나 더 중요한 것은 시민들의 생각이다. 따라서 전문가와 학계, 주민과 기업이 대거 참여해 3개 지역의 도시발전에 대한 콘셉트를 만들어가야 한다. 확정된 콘셉트는 주민위원회 등 시민협의체를 만들어 합리적으로 추진해야 한다. 끊임없는 논의를 통해 합리적 결론을 끌어내고 시민의 행복과 도시 발전이라는 대명제에 부합되도록 행정을 지원해야 한다.

이 같은 고민이 통합도시 창원을 도시별 특성을 살린 '창조도시'로 만들어 줄 것이다. 나아가 지속적인 논의가 잠재된 갈등을 해소하고 통합시의 미래를 만드는 데 건설적인 방향을 제시해줄 것으로 기대하고 있다.

PART 2

시장의
리더십

도시를 바꾼 시정 리더십

시정의 해법 '친시민·친기업·친환경'

도시의 미래를 어디에서 찾을까? 나는 '시민 중심 시정'에서 그 해법을 찾았다. 어떻게 하는 게 살기 좋은 도시, 더불어 행복한 도시, 품격 있는 도시가 될 수 있는지에 대해 끊임없이 고민했다. 시장이 바라보는 명품도시가 아니라 지방자치단체의 수요자인 시민의 입장, 국민의 시각에서 '명품도시'가 되어야 한다고 생각했기 때문이다.

이 같은 믿음은 공무원을 시작하면서 갖고 있었던 일에 대한 철학 때문이다. 그것은 바로 '행정의 근본은 고객인 국민과 시민의 행복에 있다'는 철학이다. 일찍이 마산공고를 졸업한 나는 20대에 마산수출자유지역 내에 있는 동경전자의 근로자로 일했다. 공무원시험에 합격한 나는 다양한 공무원 경험을 거쳐 40대에 경남도청 경제통상국장에 이어 대학교수로 활동하면서 시 운영에 대한 행정마인드를 갖게 됐다.

그것은 '최고 의사결정권자가 어떤 마인드를 갖느냐'가 도시의 미래가 달라진다는 것이다. 나는 기업에 있어 최고경영자(CEO)의 경영마인드가 중요한 것 못지않게 행정에 있어서도 '최고경영자'인 시장의 마인드가 중요하다고 생각한다.

나는 2004년 창원시장으로 선출되면서 행정이념을 '시민 지향'에서 찾았다. 그리고 '친시민·친기업·친환경'을 3대 행정이념으로 확정했다. 이어 모든 정책의 초점을 세 가지 관점에서 추진했다.

친시민은 행정의 중심을 시민에 두는 것이다. 2004년 처음으로 창원시장에 당선된 나는 시정구호를 '시민과 함께 하겠습니다'로 설정했다. 시민이 직접 시정에 참여하고 토론하는 소통행정을 구현해야 지방자치가 바로 설 수 있다.

친기업은 '발전하는 도시, 성장하는 도시'를 만드는 것이다. 인구가 주는 도시, 시민이 떠나는 도시는 미래가 없다고 생각한다. 도시발전은 기업의 성장을 통해 이뤄지기 때문이다. 따라서 행정은 다양한 분야의 산업을 일으키는 촉매제 역할을 할 수 있어야 한다. 기업이 성장하고 지속적인 일자리 창출과 부의 환원을 통해 시민이 행복하고 발전하는 도시를 만들어가야 한다.

20세기 시는 '환경을 파괴하는 개발'에 대해 문제의식이 부족했다. 이제 환경과 개발은 서로 떼어놓을 수 없다. 개발을 하되 친환경적으로 해야 한다. 더 이상 환경이 개발의 걸림돌이 아니라 지속가능한 도시발전을 이끌 수 있는 주춧돌이 될 수 있음을 알아야 한다. 친환경행정체계를 구축해 개발과 보존이 조화를 이뤄 시민의 삶의 질을 향상시킬 수 있어야 한다.

일의 중심에 시민을 두다

'시민 중심 시정(Citizen-centered policy)'을 어떻게 펼칠 것인가. '친시민·친기업·친환경' 정책을 어떻게 펼칠 것인가. 나는 시정을 시민 중심으로 개편하는 데서 해답을 찾았다. 시민이 원하는 일에 시의 에너지를 집중시켜 일의 생산성과 효율성을 높이는 게 지방자치의 취지를 가장 잘 살리는 길이라고 생각했다.

시정에 대한 시민참여의 문을 넓히고, 시민들이 원하는 일을 잘 해내기 위해 조직개편을 단행했다. 이렇게 해서 탄생한 부서가 기업사랑과, 환경수도과, 대중교통과, 도시디자인과 등이다. 다른 도시에서 찾아볼 수 없는 부서로 특별한 일들을 하고 있다.

나는 기업도시인 창원은 기업을 위해 특별한 서비스를 제공해야 '시민 중심 행정'이 구현된다고 믿었다. 이를 위해 '기업사랑과'를 만들어 기업사랑운동을 추진했다. 풍요로운 도시의 꿈을 실현하기 위해 부족한 공장입지를 확보하는 '산업입지팀'도 신설했다. 기업을 꿈꾸는 시민들이 공장입지에 대한 의견을 제시하면 산업입지팀은 특별한 민원으로 접수해 일사천리로 업무를 지원하도록 했다. 당면한 민원업무와 현안과제를 신속하게 처리하기 위해 '현안사업팀'도 만들었다. 도시와 읍면 간 격차를 해소하고 낙후된 개발을 끌어올리기 위해 '읍면 개발팀'도 만들었다.

재건축과 재개발을 둘러싸고 민원이 많았다. 합리적인 결론을 끌어내기 위해 '재개발팀'을 만들어 시민들의 목소리에 귀를 기울였다. 주요 현안이 시민들의 핵심 관심사로 떠오를 때마다 시민들이 만족하는 시정을 펴기 위해 다양한 팀들을 만들었다.

이렇게 탄생한 팀들이 창동어시장팀, 중앙시장팀, 워터프런트팀, 창원역사복원팀, 국도25호선 추진팀, IAEC 추진팀, 스포츠 유치팀, 해양회의팀 등 매우 다양하다. 이들 팀은 각계의 다양한 의견을 청취하고 합리적인 대안을 찾아내는 데 주도적인 역할을 해줬다. 이것이 바로 '시민 중심 시정'이라고 생각한다.

'대중교통과'는 시민이 편리한 교통시스템을 탄생시키는 데 결정적인 기여를 했다. 창원은 물론 주변도시와 연계된 교통시스템을 구현해 시민들의 움직이는 발이 되었다.

또한 창원시를 아름다운 도시로 만들기 위해 필요한 것을 고민했다. 그래서 찾은 답이 '도시디자인과'다. 도시디자인과는 획일화되고 딱딱하게 개발된 도심을 부드럽고 미적 감각이 뛰어난 감성도시로 탈바꿈시키는 계기를 마련해 나갔다.

저탄소, 녹색성장 시대에 맞는 도시개발을 고민하기 위해 '환경수도과'를 만들었다. 단순한 친환경도시가 아니라 '세계환경수도'를 만들겠다는 뜻에서 '환경수도과'라고 이름을 붙였다. 환경수도과는 한국을 친환경 국가로 리드하고 세계가 인정하는 환경모범도시로 만들 비전을 실천하고 있다. 이 과에서 내놓은 '자전거정책'은 지방자치단체의 모델이 됐다. 중앙정부와 전국 자치단체가 벤치마킹하는 대상이 됐다.

이 같은 개편은 과거 공무원 중심으로 만들어졌던 조직을 시민 중심으로 바꾼 패러다임의 변화이기도 하다.

나는 경직된 관료사회의 유연성을 제공하기 위해 조직 내 의사결정시스템을 상의하달에서 쌍방향 의사전달체계로 바꿨다. 이를 위해 시장이 의사결정을 내리는 것이 아니라 실국소과장이 중요한 의사결정을 내리는 책임경영체제로 전환했다.

이를 통해 관료조직의 비효율성과 경직성, 상의하달식의 일방적 의사결정체계, 복잡한 결재체계 등을 과감히 던져버렸다. 업무 권한을 대폭 위임해 하의상달, 쌍방향 소통이 가능하게 했다. 명쾌한 권한과 책임 부여, 결재단계 축소, 소통형 업무는 일의 생산성을 높이는 데 크게 기여했다.

국장에게는 6급 이하 직원에 대한 인사권은 물론 예산권까지 제공했다. 모든 기본계획은 부시장 전결로 하고 시장에게는 업무보고서만 넣도록 했다. 시장 결재를 받기 위해 며칠을 기다리거나, 시장실 앞에서 대기하는 일이 없도록 했다. 이 같은 변화는 시간 낭비를 없애고 자율과 책임이 살아 있는 업무 문화를 탄생시켰다.

나는 리더가 갖추어야 할 덕목 가운데 가장 중요한 것은 직원 스스로 뛸 수 있는 분위기를 만들어주고 동기를 부여해주는 것이라고 생각한다.

공익관점에서 판단하자

시정업무를 하다보면 이해관계가 충돌하는 일들이 많다. 나는 이때마다 '공익'의 관점에서 판단하려고 노력했다.

'인생의 결과 = 가치관 × 능력 × 열정'

이 말은 일본의 대표적인 기업인인 교세라 그룹 명예회장이자 '경영의 신'으로 존경받는 이나모리 가즈오가 내놓은 '인생 방정식' 이다. 어떤 방법으로 세상을 살아가느냐에 따라 결과가 달라진다 는 것을 산식으로 표현한 것이다. 나는 직원들을 만나거나 시민들 과 접하는 자리에서 이 산식을 즐겨 인용한다.

이 식에서 기억해야 할 것은 인생이나 일의 결과가 이 세 가지 요 소를 곱한 것이지 더한 것이 아니라는 점이다. 즉, 타고난 능력이 낮아도 열정을 가지고 일을 추진한다면 더 나은 일(인생)의 결과를 만들 수 있다는 것이다.

방정식이 제시하는 3요소 가운데 나는 가치관과 열정을 가장 중 요하게 생각한다. 내가 생각하는 가치관이란 '공익'이다. 시정에는 '분명한 원칙'이 있어야 하고 이 원칙에 어긋나면 그만둬야 한다. 내가 생각하는 분명한 원칙은 '시민과 공익'의 관점이다. 투입되는 예산에 비해 시민들에게 돌아가는 혜택이 적다면 일부의 비난을 감수하더라도 시행하지 말아야 한다. 힘으로 밀어붙이려는 집단민원과도 맞서 싸워야 한다.

'시민과 공익'의 원칙에 맞으면 아무리 어려운 일이 생기더라도 피하지 말고 정면승부를 걸어야 한다. 원칙에 어긋날 땐 민감한 현안에 대해서도 '된다', '안 된다'는 입장을 분명히 해야 한다. 마산-창원-진해를 통합한 뒤 3개 시가 추진해왔던 대형 현안사업들을 둘러싸고 말이 많았다. 어떤 기준으로 판단할 것인가. '시민과 공익'의 관점에서 대형 사업에 대한 종합적인 점검과 판단이 이뤄졌다.

그 결과 과다한 재정부담, 중복투자, 사업여건 변화 등 시의 발전에 걸림돌로 작용할 우려가 있는 사업들을 찾아낼 수 있었다. 어떤 업무는 중앙부처, 민간업체 등과 연관되어 해결의 실마리가 쉽게 풀리지 않았다. 또한 통합 이전에 추진했던 사업을 원점으로 되돌려 놓는다는 것은 정치적인 부담이 될 수도 있었다.

하지만 원칙은 일을 쉽게 푸는 힘이 되었다. "공익과 시민의 관점에서 반드시 추진해야 할 일들을 추진하라"며 정면 돌파를 주문했다. 정부기관과의 이견과 집단 갈등으로 막혀 있는 사업들에 대해 국장들이 직접 찾아가 설득하고 조율하도록 했다.

그러자 많은 일들에 대한 실마리가 풀리기 시작했다. 옛 마산시의 수정산업단지 조성과 해양신도시 개발사업, 옛 진해시의 시운학부 부지개발사업이 이렇게 해서 추진된 대표적인 사례다. 100억 원이 넘는 대형 사업들을 전면 재검토하여 중복·과잉사업을 축소 내지는 통·폐합해 업무추진의 효율성을 높이는 한편 3,009억 원의 예산을 절감할 수 있었다.

미래를 내다보고 움직이다

지속가능한 도시발전을 어떻게 끌어낼 것인가? 나는 시장이라면 적어도 10년 정도의 미래를 내다보고 행정을 추진해야 한다고 생각한다. 선거만을 겨냥해 전시성 시정을 편다면 도시의 밝은 미래는 보장받을 수 없다. 21세기 도시경쟁에 있어서는 단편적인 사고와 액션플랜만으론 세계적인 선진도시와의 싸움에서 이길 수 없다. 나는 민선4기 창원시장에 취임하면서 시정목표 실현을 위해 '세계일류도시 창원'이란 슬로건을 제시했다.

당시 창원 인구 50만 명의 중소도시로는 세계일류도시로의 도전이 쉽지 않다고 생각했다. 그래서 '미래도시'의 비전을 '세계일류도시'에서 찾고 싶었다. 21세기는 국가든, 도시든, 기업이든, 개인이든 일류가 되지 못하면 도태될 수밖에 없기 때문이다. 그렇다면 30년 뒤에도 지속가능한 창원을 만들고 후손들에게 자랑스러운 창원을 만들려면 어떻게 해야 할까.

나는 미래 명품도시의 비전을 역시 풍(豊)의 전략에서 찾았다. 도시 안에 부를 창출할 수 있는 먹을거리를 미래 관점에서 생각했

다. 산업경쟁력을 높이고, 미래성장 동력 창출을 위해 경남테크노
파크와 같은 연구단지를 유치했다. 대한민국 기계산업의 메카인
창원국가산업단지를 미래형으로 업그레이드해야 한다는 판단도
했다. 이를 위해 창원대로를 중심으로 R&D 벨트를 조성한 데 이어
지상 15층의 과학연구복합파크를 착공했다.

미래도시에 대한 해법도 쾌적한 도시에서 찾아야 한다. 품격 있
는 격(格)의 도시를 만들어야 시민들이 좀 더 쾌적하고, 안락한 삶
을 살아갈 수 있기 때문이다. 이를 위해 주택가 주변에 테마형 공원
을 조성하고 1개 동 1개 주민운동장을 조성했다. 크고 작은 문화행
사를 개최하는 등 문화예술 인프라도 확충했다. 전국 최초로 'SOS
위기가정 지원팀'과 '희망 복지팀'을 만들어 서민생활 안정을 위한
시책을 체계적으로 추진했다.

도시와 산업이 친환경적이지 않으면 세계적인 도시로 나아갈
수 없다. 특히 미래도시의 콘셉트로 설계한 '통합 창원시의 탄생'과
'환경수도 창원 만들기'는 중앙정부의 지원이 시급했다. 중앙정부
는 지역 안배에 따라 지원할 수밖에 없다. 230여 개 지방자치단체
의 요구를 모두 들어줄 수 없기 때문이다. 나는 중앙정부와 소통하
는 데서 방법을 찾았다.

'지방행정체제개편에관한특별법'이 좋은 예다. 이 특별법은 창원
시 통합 전에 국회를 통과했어야 할 법이다. 통합시에 대한 제도적

지원과 각종 인센티브를 담고 있다. 그러나 창원시가 통합됐지만 특별법이 국회에서 표류함에 따라 통합시정을 추진하는데 불편이 곳곳에서 나타났다. 방법은 간단했다. 직접 중앙정부와 국회를 찾아가 당위성을 설명하고 협조를 구했다.

하루가 멀다 하고 지역 국회의원과 중앙정부를 찾아갔다. 2010년 10월에 법이 통과되었다. 이는 통합시가 정부로부터 행·재정적 인센티브 지원을 받는 법적 근거를 마련한 것으로, 창원시의 미래를 위한 크나큰 자산을 얻는 것이었다. 여당대표가 창원시를 방문했을 때는 행정체제개편특별법에 관한 후속 조치가 예정대로 이행될 수 있도록 요청했다. 3개 지역 간 접근성을 높일 수 있도록 제2봉암교와 제2안민터널 건설 등 지역의 현안을 두루두루 건의했다. 국비와 도비를 얻기 위해 국회의원과 도의원들도 수시로 만났다.

지금도 현안문제 해결을 위해 업무 담당자와 함께 직접 중앙의 문을 두드리며 정부를 끊임없이 괴롭히고 있다. 모두 시민들의 현안을 조기에 해결하고 국익을 위한 결정을 내리기 위한 판단에서 비롯된 것이다.

목적의식을 주문했다

"분명한 목적의식을 가진 사람만이 성공에 도달할 수 있다." 최근 K-팝 열풍에서 볼 수 있는 것처럼 나름대로 노래나 춤, 연기 등 자질을 가진 청소년들은 물론 사회적으로 안정된 직업을 가진 사람들까지 도전하는 모습을 볼 수 있다. 많은 방송국에서 '경연' 방식으로 인재를 선발한다.

여기에 출연하는 사람들에게는 공통점이 있다. 바로 목적의식이 뚜렷하다는 것이다. 이들은 한두 번의 실패에도 좌절하지 않고 다시 도전한다. 수백만 명의 도전자 가운데 몇 사람만 영광을 차지한다. 그럼에도 최후 1인자를 향한 도전은 멈추지 않는다.

공무원이라면 시민에게 친절한 서비스를 제공해야 하고, 자기업무에 대한 자긍심을 가져야 한다. 하지만 현실을 보면 실망스럽다. 지속적으로 창의적인 아이디어를 내는 공무원, 내가 먼저 해보겠다고 도전하는 공무원, 일을 하다 실수를 하면 "내 책임이다"고 솔직히 말하는 공무원은 많지 않다. 이런 생각을 가진 공무원이 지자체마다 100명만 있어도 기업과 같은 경쟁력이 나올 것이다. 시키는 일만 마지못해 하거나, 내 분야가 아니라고 일을 피하는 공무원들을 볼 때마다 실망스럽다. 시민의 전화에 응대하는 일부 공무원의 태도만 보더라도 쉽게 알 수 있다.

시청 홈페이지에 다음과 같은 사례가 올라왔었다. 민원인이 어느 부서에 전화를 해서 자초지종을 한참 동안 설명했다. 설명을 모두 들은 뒤에야 그 공무원은 자기 소관이 아니라고 전화를 다른 부서로 돌려줬다. 전화를 돌려받은 공무원은 10분 정도 설명을 들은 뒤 다시 자기 소관이 아니라고 다른 부서로 전화를 돌렸다. 결국 3~4개 과를 거친 뒤 전화는 다시 맨 처음 전화를 받은 부서로 돌아왔다는 내용의 글이다. 나는 이 같은 글이 올라온 것 자체가 공무원 서비스 마인드의 실종이라고 평가한다.

공무원은 내 업무에 대해서만 민원인을 대하는 것이 아니라 시민 대 공무원의 관계에서 민원인을 대해야 한다. 시민은 공무원에게, 시청에 전화를 한 것이지, 해당 업무를 누가 맡는지에는 관심이 없다. 전혀 해당 업무와 관련이 없는 부서에 전화가 오더라도 민원인은 전화 한 번만으로도 원하는 궁금증에 대한 답을 받을 수 있어야 한다. 이것이 공무원, 즉 시민 봉사자(Civil servant)라는 직무에 충실한 것이다. 즉, 목적의식으로 일하는 것이다.

행정이란 시민 때문에 존재하는 것이다. 시민을 위해 생겨난 시청이 시민을 불편하게 하고, 필요한 서비스를 제대로 제공하지 못한다면 시청이나 공무원은 존재가치가 없다.

자전거 정책을 도입할 때 반대가 거셌다. 추경예산에서도 자전거 관련 사업은 예산이 대거 삭감됐다. 이로 인해 당초 예산에 편성됐던 일부 사업을 제외하고는 하반기 사업 시행을 전면 보류할 수밖에 없었다.

나는 "이 같은 결과가 발생한 것은 간부들이나 직원들이 자전거 정책에 대한 목적의식이 부족했기 때문"이라고 질타했다. 시민들까지 호응이 높은 사업을 시의회 의원에게 충분히 설명하지 못했기 때문이라고 진단했다.

공무원도 이제는 추진하는 정책에 대해 정확한 목적의식을 가져야 한다. 군림하는 공무원이 아니라 봉사하는 공무원으로 다시 태어나야 한다. 도시 발전을 위해 앞장서지 못하는 공무원은 도태될 수밖에 없다. "시간이 지나면 되겠지, 내가 안 하면 다른 사람이 하겠지"라는 안이한 생각으론 더 이상 생존할 수 없다.

시장은 도시 마케터다

시장은 최고 의사결정만 내리는 사람이 아니다. 나는 시장이란 그 도시를 적극적으로 외부에 알리고 투자를 촉진하는 '도시 마케터'라는 생각을 갖고 있다. 시장은 도시의 지속성장성을 확보하기 위해 대형 투자사업과 기업을 유치하는 세일즈맨이 되어야 한다. 때로는 도시 브랜드를 외부에 적극적으로 알려 도시 인지도를 높이는 홍보맨이 되어야 한다.

이 같은 생각으로 나는 수많은 투자를 유치하는 '마케터'를 자처했다. 테크노파크, 축구센터, FTA기금사업, 혁신클러스터, NC다이노스 프로야구단, 2018 세계사격선수권 대회, 부대이전사업, 워터프런트 조성 등 대형투자사업을 유치해 도시의 성장성을 확보했다.

시에서 펼친 주요 사업 가운데 홍보가 필요한 사업은 널리 알렸다. 홍보가 이뤄지면서 기업사랑운동, 환경수도프로젝트, 자전거 정책 등은 국내를 넘어 세계에서까지 큰 호응을 얻었다. 신문과 방송 등 각종 언론사에서 인터뷰 요청이 쇄도했고 나는 이 기회를 활용해 시정을 적극 알렸다.

각종 국제기구에서의 초청도 이어졌다. 나는 능숙하지 못한 영어 실력이지만 대한민국의 지방자치단체를 전 세계에 알린다는 생각 하나로 국제행사에 참여해 창원을 알렸다. 이는 홍보에 도움을 줬을 뿐만 아니라 세계의 흐름을 파악하는 데도 많은 도움을 받을 수 있었다.

시장이 되고 글로벌 무대에서 처음으로 초청을 받은 것은 2005년 4월 대구에서 열린 세계지방자치단체연합 아시아·태평양 총회(UCLG-ASPAC)이다. 내가 초청받은 것은 창원에 대한 아시아권이 가진 관심의 표출이었다. 당시 나는 '도시의 지속가능한 발전'을 주제로 발표를 했다. 도시가 지속적으로 발전하려면 산업 경쟁력을 확보해야 하고, 쾌적한 도시환경을 만들어야 한다는 점을 강조했다. 총회에 참석한 나는 여러 나라 도시의 발전사례를 듣고 배울 수 있었다.

이날 총회 참석을 계기로 나는 창원의 글로벌 브랜드를 키우기 위해서는 국제기구와 국제단체 가입이 필수라고 생각했다. 창원에 도움이 될 만한 국제기구에 문을 두드렸다. 지금까지 15개 기구에 가입했다. 아마 전국 기초자치단체 중에서는 가장 많을 것이다.

2007년 11월 제주에서 열린 'UCLG 세계총회'는 창원이 국제무대에 본격 진출하는 계기가 됐다. 160개국 2,000여 명의 지방정부 대표와 NGO가 참여한 가운데 아시아권에서는 유일하게 환경과 교육 분야에 대해 주제발표를 했다. 반응도 좋았다. 특히 환경수도 프로젝트에 대해 많은 도시 대표들이 관심을 나타냈다. 이후 많은 국제기구의 초청이 이어졌다. 2008년 6월에는 서울 신라호텔에서 열린 '제4차 에너지 안보 및 기후변화에 관한 주요국 회의'에 참석했다. 기후변화대응 시범도시로서 주요 시책을 소개해 달라는 것이었다. 이날 행사에는 짐 코노튼 미국 백악관 환경위원회 위원장, 로버트 그랜트 영국 환경식품 농업부 환경담당 장관 등이 참석해 창원시의 시책에 귀를 기울였다. 프랑스, 일본, 중국, 인도 등 전 세계 온실가스 배출량의 약 80%를 차지하는 16개국 장관, EU의 장관급 인사와 UN기후변화협약(UNFCCC) 사무차장 등도 참석해 창원시 정책을 지지했다.

2009년 4월에는 ICLEI(자치단체국제환경협의회) 초청으로 캐나다 에드먼턴 시에서 열린 ICLEI 세계총회에 참석했다. 전 세계

'제4차 에너지 안보 및 기후변화에 관한 주요국 회의'에서 환경정책을 발표하는 필자(2008년 6월)

100여 개 도시 1,000여 명이 참석한 이 총회에서 나는 공영자전거 '누비자' 시스템 등 자전거시책과 환경정책을 소개했다. 여기에서 나는 세계공영자전거도시연합 결성을 제안했다. 이 같은 제안에 따라 2011년 10월 창원에서 제1회 세계자전거축전과 생태교통연맹총회를 개최할 수 있었다.

이에 앞서 서울에서 개막된 제3차 C40 세계도시기후정상회의에도 참석했다. 전국 기초자치단체로는 유일하게 참석해 창원시의 환경정책을 알렸다. 이 행사에는 클린턴 전 미국 대통령, 세계 80개 주요 도시 시장 등 500여 명이 참석했다. 티바이주카 UN 해비타트 의장 등이 홍보부스를 찾아와 '누비자' 시스템에 대해 질문을 하는 등 큰 관심을 표명했다.

창원시의 시장 자격으로 국내외 국제행사에 초청받아 창원의 도시정책을 알리고 홍보한 것은 지난 2005년부터 지금까지 27회에 달한다. 주제발표를 들은 사람만 줄잡아 7,000명이 넘는다(다음 표 참조).

국제회의·행사 주제발표

일시	장소	행사명	참석	강의 제목
2005. 4. 27	대구 컨벤션센터	제8회 UCLG-ASPAC총회	300명	창원의 도시개발전략
2005. 9. 7	강원도 평창	제7회 한중일 지방정부 교류회의	300명	21세기 지방정부의 국제화
2005. 10. 7	대만 타이페이	서태평양지역 건강도시 연맹(AFHC) 회원국	150명	한국 건강도시 도입 및 확산
2006. 10. 12	서울대 사회과학대	지방자치국제세미나	100명	창원경제의 세계화 전략
2007. 8. 27	중국 광저우	TPO 회원총회 (11개국 56개 도시 참가자)	150명	창원시 관광활성화 방안
2007. 10. 29	제주 라마다호텔	ICLEI 집행위원회	100명	환경수도 전략
2007. 10. 31	제주 컨벤션센터	UCLG 세계총회	2,000명	평생학습프로그램 운영
2007. 11. 28	일본 우베	UMCA 제3차 회의	100명	지속가능한 도시발전 전략
2008. 4. 25	브라질 상파울로	IAEC 세계총회	1,000명	교육을 통한 시민의식 함양
2008. 5. 27	독일 본	생물 다양성에 관한 지방정부 대응 시장회의	100명	주남저수지 생물 다양성 관리
2008. 6. 21	서울 신라호텔	제4차 에너지안보 및 기후변화에 관한 주요국 회의	150명	기후변화대응 사례
2008. 10. 1	중국 연변대학	한중수교 16주년 기념 대학교 초청 강연	160명	창원시의 도시발전 전략
2008. 10. 18	중국 항주	서태평양지역 건강도시 연맹(AFHC) 회원국	200명	세계 속의 건강도시 창원
2008. 10. 30	문성대학	CITYNET 집행위원회	100명	기후변화와 지방정부의 역할
2008. 10. 31	성산아트홀	UNEP 지역회의	100명	창원의 환경수도 전략
2008. 11. 5	전남 영안군	제10회 한중일 지방정부 교류회의	250명	환경수도(자전거)프로젝트
2009. 5. 18	서울 신라호텔	C40 세계도시 기후변화 정상회의	200명	창원의 기후변화 대응사례
2009. 6. 17	캐나다 에드먼턴	2009 ICLEI 세계총회	200명	세계공영자전거도시연합의 필요성
2009. 8. 5	중국 장춘시	제11회 한중일 지방정부 교류회의	200명	자전거도시(누비자) 추진
2009. 10. 19	CECO	제12회 UCLG-ASPAC 집행위원회	100명	환경수도프로젝트

일시	장소	행사명	참석	강의 제목
2010. 9. 15	CECO	UN-HABITAT 아시아지역 기후변화대응 전문가회의	100명	환경수도 정책
2011. 6. 3	독일 본	2011 ICLEI 생태회복력 도시총회	150명	생태교통, 자전거의 역할
2011. 7. 10	CECO	IPCC AR5 WG3 (194개국 과학자 등 참여)	250명	창원시 기후변화 대응 정책
2011. 8. 30	전북 부안군	제13회 한중일 지방정부 교류회의	250명	공영자전거 '누비자'
2011. 9. 5	중국 다롄시	TPO 회원총회 (11개국 56도시 참가자)	200명	관광위기관리 협력방안
2012. 4. 17	영국 런던	ISSF 사격연맹 총회	300명	2018 세계사격선수권대회 창원 개최 당위성
2012. 4. 27	CECO	IAEC 세계총회 시장원 탁회의	150명	녹색환경, 창조적 교육
2012. 6. 21	브라질 리오데자네이루	RIO+20 정상회의(제1회 세계녹색정상회의)	500명	지속가능한 도시발전 전략
2012. 6. 27	캐나다 밴쿠버	밸로시티회의	500명	창원자전거 정책

나는 국제회의나 행사에 참여하면서 많은 것을 느꼈다. 우물 안 개구리로 시야를 좁히면 이 시대를 헤쳐나가기 어렵다는 사실이다. 지금은 자본, 노동, 상품, 서비스, 지식, 정보 등이 국경을 초월해 자기에게 유리한 환경을 찾아 시시각각 이동하고 있다. 경제주체들도 기업 운영하기 좋고, 살기 좋은 지역을 찾아 이동하는 시대다. 세계는 '국가 중심의 경쟁체제'에서 '도시와 지역 중심'으로 빠르게 재편되고 있다. 시장은 이 같은 사실을 자각해야 한다.

전 세계 도시가 올림픽이나 월드컵 개최를 비롯해 각종 국제행사 유치에 적극적인 이유는 모두 '도시 마케팅'을 위한 것이다. 국제행사를 계기로 도시발전을 이끌겠다는 의도가 숨어 있다. 이제 우리는 지역경쟁력이 국가경쟁력을 좌우하는 시대에 살고 있다. 나는 국가 경쟁력에 의존하던 산업시대의 전략으론 21세기 글로벌 경쟁에서 살아남을 수 없다고 생각한다. 지역에 잠재된 역량을 최대한 발굴하고 키워내야 하며 세계 유수의 도시와 직접 경쟁해야 한다.

거시적 안목에서 2004년부터 '글로벌 창원'을 지향해왔다. 세계도시와 경쟁하면서 협력과 조화를 이루는 게 창원발전의 밑거름이라고 믿는다. 나아가 시장의 적극적인 마케팅 활동이 창원은 물론 대한민국의 이미지를 업그레이드하는데 도움을 줄 수 있기 때문이다.

CHAPTER 3

글로벌 스탠다드, 우리가 만든다

내가 꿈꾸는 창원의 목표는 '세계 일류가 되는 것, 세계 속의 명품도시가 되는 것'이다. 창원만의 생각과 아이디어로 '세계 최고'가 되겠다는 뜻이다. 이를 위해 글로벌 스탠다드보다 한 차원 높은 '창원 스탠다드'를 구축 중이다. 창원 스탠다드란 창원시가 처음으로 도입한 시책을 글로벌 스탠다드로 만들겠다는 의지의 표출로, 창원에서 처음으로 도입한 정책이 전국적으로 벤치마킹되어 도시발전의 변화를 유도했거나 중앙정부와 국제사회에서 인정받아 해당 시책이 지방행정의 자치교본이 된 경우를 말한다.

지금까지 많은 시책이 '창원 스탠다드'가 됐다. 대표적인 것이 기업사랑도시, 환경수도, 자전거특별시, 평생학습도시, 과학문화도시, 건강도시, 최소부담 최대수혜의 복지도시, 생태교통도시, 3대 프로스포츠도시, 해양도시 등이다.

기업사랑도시는 창원에서 처음 도입한 제도로 전국 시군구와 중앙정부까지 전파되어 기업경쟁력을 높이고 있다. 환경수도와 자전거특별시 정책은 인간과 자연의 공존을 위한 것으로 도시오염의 문제점을 반성하는 계기를 만들었고 세계적인 관심을 촉발시키는 계기가 되고 있다.

평생학습도시와 과학문화도시는 중앙정부로부터 지정을 받아 해당부처와 연계해서 추진하고 있다. 건강도시는 아시아에서 처음 시행한 것으로 창원시가 WHO아시아태평양지역 의장도시가 되는 힘이 되었다.

통합 후 3개 시 복지시책을 통합하는 것도 과제였다. 시민의 입장을 고려해 부담이 큰 시책은 최고 낮은 부분을 채택하는 한편, 부담이 적은 시책은 수혜 정도가 가장 높은 것을 채택해 복지의 상향평준화를 단행했다.

녹색정책은 '창원 스탠다드'가 되고 있다. 자전거, 전기자동차, 전기오토바이는 창원시에 있는 3대 녹색명품이다. 창원시는 공영자전거 '누비자'를 도입해 '자전거 도시'를 만들었다. 한국전기연구원(KERI)이 관내에 소재하게 됨에 따라 KERI에서 자체 생산한 전기자동차 40대를 시청에서 관용차량으로 채택했다. 창원공단에 소재한 S&T모터스에서 전기오토바이를 생산하자, 각 읍면동에 1대씩 배치해 '환경수도의 꿈'을 실천하고 있다.

'글로벌 창원'을 향한 비전도 '창원 스탠다드'를 만들기 위한 도전이다. 창원시는 프로 축구와 농구의 연고 도시다. 2011년 한국프로야구 제9구단 NC다이노스가 창원을 연고로 프로야구단을 창단했다. 창원시는 지방정부 최초로 국제교육도시연합(IAEC) 총회를 유치한 데 이어 2018년 제52회 세계사격선수권대회를 중앙정부의 도움 없이 기초지방자치단체의 능력만으로 유치해냈다. 사격대회는 하계올림픽, 동계올림픽, 월드컵 축구대회, 세계육상선수권대회와 함께 세계 5대 스포츠로 알려져 있다.

이 같은 '창원 스탠다드' 전략은 창원시를 전국 지방자치단체의 모범도시로 만들어주는 원동력이 되고 있다. 나아가 해외 지방정부와 국제기구단체로부터 찬사의 대상이 되고 있다.

함께 만들어가는 '희망세상'

시민행복지수를 높이자

2008년 시작된 글로벌 경제위기로 국가는 물론 사회, 기업, 개인 모두 어려운 상황이 지속되고 있다. 세상이 각박해지고 있고 '행복'이란 단어가 외면받고 있다. 최근 우리 사회에서 일어나는 현상들을 보면 과도한 욕심이 화나 불행을 부르는 사례가 많다. 가계 빚과 물가상승 등으로 서민들의 삶은 점점 팍팍해지고 있다. 소시민들의 영역인 골목상권이 무너지면서 대기업에 대한 비판의 목소리도 높다. 일감 몰아주기로 부를 대물림하는 대기업에 대한 여론도 좋지 않다.

정치인들은 표를 지나치게 의식해 시장경제의 근간을 뒤흔드는 법안을 통과시키는가 하면 퍼주기 복지 공약을 남발해 비판을 자초하기도 했다. 인터넷과 SNS(소셜네트워크서비스) 공간엔 인면수심 기사로 넘쳐난다. 청소년들의 무분별한 언행, 공공장소인 지하철 내에서 담배를 피우다 싸움하는 남녀 등 모두 짜증나는 기사들이다.

이 같은 잘못된 뉴스 때문일까. 한국인들이 느끼는 행복감이나 삶의 질은 경제 수준에 비해 현저히 낮은 것으로 조사되고 있다.

2012년 경제협력개발기구(OECD) 보고서에 따르면 한국인의 삶의 질은 전체 회원국 32개국 중 31위에 머물렀다. 집단 간 포용력이나 사회 구성원들 사이의 신뢰 또한 특히 낮은 것으로 나타났다. 무엇보다도 어린아이들과 청소년들의 행복지수가 낮다.

이는 경제성장률을 최고의 성공 기준으로 삼은 우리의 현실과 관련되어 있다고 생각한다. 국민들에게 "당신은 행복하십니까?"라고 묻는다면 과연 몇이나 "그렇다"고 대답할까. 경제성장률, GNP, GDP 이런 것들만으론 더 이상 시민들의 행복지수를 올릴 수 없을 것이다. 나는 '시민들의 행복지수'에 관심이 많다. 행복이란 물질만으로 충족시킬 수 없다. 이 때문인지 몰라도 2008년 G8(서방선진 8개국 모임)에 신흥공업국을 추가해 G13으로 확대하자는 논의가 나왔지만 한국은 포함되지 않았다. 내 생각에는 G13은 경제규모만으로 측정할 수 없기 때문일 것이다. 경제력은 취약하지만 인구 69만의 부탄은 세계에서 가장 행복한 나라로 손꼽힌다.

2002년 영국의 심리학자 로스웰과 인생 상담사 코언은 '행복지수'를 만들어 발표했다. 이 지수는 자신이 얼마나 행복한가를 스스로 측정하는 지수로써 삶에 대한 긍정적 또는 부정적 설문조사 방식으로 질문을 통해 수치화한다.

연구 결과에 따르면 생존의 요건들이 충족된 뒤에야 가족, 친구와 함께 보내는 시간이 늘어나게 되고 문화예술 등 여가 생활에 관심을 갖게 된다. 또한 즐길 수 있는 직업에 종사하거나 자연과 함께 하는 시간이 길수록 행복이 증가한다고 한다. 이처럼 행복의 척도는 경제력이나 권력에 비례하지 않는다. 그렇다면 도시의 행복, 시민의 행복을 어디에서 찾아야 할까. 나는 '삶의 여유'에서 찾아야 한다고 생각한다. 그렇다면 행복한 도시들이 가진 공통점은 무엇일까.

첫째, 산업 기반이 튼튼하다는 점이다. 도시가 지속가능한 발전을 하기 위해서는 먹고 살거리가 있어야 한다. 두 번째는 '삶의 여유'를 즐길 수 있는 쾌적한 도시환경을 갖췄다는 점이다. 유럽도시가 '행복도시'로 평가받는 이유는 결국 산업기반과 쾌적한 도시환경, 이 두 가지를 갖췄기 때문이다. 특히, 행복은 국민 개개인이 느끼는 만족도이기 때문에 시민 개개인의 삶의 여유가 증가할 때 바로 행복지수가 증가한다고 생각한다. 따라서 국가와 지방정부는 시민들이 '삶의 여유'를 되찾을 수 있는 정책을 펴야 한다.

기업사랑운동과 환경수도프로젝트도 시민들에게 '삶의 여유'를 찾아주고 행복지수를 높이기 위한 정책 중 하나다. 도시가 산업 기반을 튼튼히 하고, 맑은 공기, 깨끗하고 안전한 물, 녹색의 푸른 공간을 갖추면 세계일류도시의 반열에 오를 수 있는 '명품도시'가 될 수 있다고 확신한다.

도시의 미래를 고민하자

도시가 성장하려면 끊임없이 도시의 미래를 고민해야 한다. 나는 현재 창원시장으로서가 아니라 내가 시장자리를 떠난 뒤, 10년 뒤 그때 그 결정이 잘됐다는 평가를 받을 수 있을까 하는 관점에서 많은 고민을 한다.

어느 시대든지, 그 시대를 관통하는 시대 정신이 있다. 조선시대에는 청렴과 강직으로 표현할 수 있는 '선비 정신'이 요구됐고, 해방 이후 자원·자본·기술이 없었던 대한민국엔 교육열과 '하면 된다'는 헝그리 정신이 있었다.

그렇다면 지금 우리에게 필요한 시대 정신은 무엇일까. 일부 전문가들은 현재를 '위험회피사회'라고 말한다. 젊은이들이 위험을 무릅쓰거나 모험을 하려고 하지 않고 도전하지 않는다는 뜻이다. 공무원시험을 대비하는 '공시족'이 되거나 의사, 약사, 교사 등 안정성을 최우선시하는 경향이 있다.

사회가 겪고 있는 위기를 극복하고 국가 성장을 이끌려면 도전 정신이 필요하다. 이 가운데 새로운 창업에 도전하는 '기업가 정신'이 시급하다. 기업가 정신은 창조, 도전, 열정의 마인드에서 태어난다. 개인, 국가, 기업뿐만 아니라 지방자치단체도 '기업가 정신'을 가져야 한다.

'경영의 신'으로 불리는 일본의 이나모리 가즈오는 "머리가 좀 나빠도 열정이 있으면 결코 남한테 뒤지지 않는다"고 말했다. 인류의 역사는 결국 열정과 도전의 역사였기 때문이다. 나는 타고난 열정으로 수많은 도전을 두려워하지 않았다. 고졸 학력의 나는 마산수출자유지역에 있는 동경전자에 입사했다. 학업에 대한 열정을 멈출 수 없었던 나는 경남대학교 3학년으로 편입을 결심했다. 하지만 가족들과 주변의 반대가 컸다. 대학을 나와도 그만한 직장을 구하기가 어려울 텐데 왜 안정된 길을 그만두고 사서 고생을 하느냐는 이야기였다.

나는 그때의 편입 결정을 내 인생에 있어 가장 잘한 결정이라고 생각한다. 만약 그때 대학에 들어가는 도전을 하지 않았더라면, 감히 행정고시에 도전할 꿈도 꾸지 못했을 것이다. 또한 행정고시에 도전하지 않았다면 오늘의 나는 없었을 것이다. 40대 후반, 김해시 부시장으로 잘나가던 나는 2002년 사표를 내고 출마를 결심했다. 많은 사람들이 만류했다. 그러나 나는 도전을 선택했다. 주위의 유혹을 뿌리치고 도전했기 때문에 현재 창원시장이 될 수 있었다고 믿는다. 이런 점에서 도전은 아름다운 것이다.

한때 필름 업계의 제왕이었던 코닥이 왜 파산했을까. 나는 변화를 수용하지 못하고 도전하지 않았기 때문이라고 생각한다. 1990년대 중반, 필름시장은 화학필름 시대에서 디지털필름 시대로 바뀌게 된다. 그렇지만 코닥은 디지털 시대에 도전장을 내는 것을 두려워했다. 결국 코닥은 2012년 1월 19일 파산하는 신세가 됐다. 누구든 창조적인 것, 새로운 것에 도전하지 않고 현재에 안주하면 미래가 없다.

한국을 보더라도 1950년대 100대 기업 중 현재까지 살아남은 기업은 7개뿐이다. 1960년대 10대 재벌 중 현재 남아 있는 기업은 삼성과 LG뿐이다. 지방자치단체도 이러한 흐름에서 예외가 아니다. 대구는 1960년대 우리나라 산업의 중심지였다. 당시 대한민국의 주력 산업이었던 섬유산업을 바탕으로 경제적으로 발전하는 도시였다. 그러나 지역산업을 지속적으로 진흥시키지 못해 인천에게 제3의 도시 자리를 내어주었다.

다른 도시들을 보자. 함평시는 나비축제를 개최해 잘나가는 자치단체의 상징이 됐고 진주시는 남강 유등축제를 통해 전국적인 도시의 이미지를 만들었다. 이밖에도 고성의 공룡엑스포, 남해의 독일마을, 통영의 케이블카, 하동의 녹차 콘텐츠 등은 도시의 미래를 새롭게 만들어가는 도전의 역사가 되고 있다. 거제는 특히 조선업을 활성화해서 우리나라에서 가장 잘사는 도시 가운데 하나가 되었다.

창원시도 이 같은 도전이 필요하다. 지난 30년간 창원과 대한민국을 먹여 살린 기계공업을 이어 창원을 새롭게 도약시킬 미래비전을 만들어내야 한다고 생각했다. 그래서 선택한 게 창원국가산업단지와 마산자유무역지역을 고도화하는 일이었다.

기계산업 분야의 전문가들은 창원국가산업단지에 있는 기업들이 향후 10년 뒤까지 그대로 존재한다면 국민소득 3만 달러, 4만 달러 국가를 만들 수 없다고 조언했다. 이 같은 조언에 나는 귀 기울였다. 그리고 창원국가산업단지와 마산자유무역지역 안에 있는 기업들을 부가가치가 높은 미래산업으로 업그레이드시키는데 매진하기로 했다. 도시든, 기업가든, 개인이든 새로운 것에 끊임없이 도전해야 밝은 미래를 만들 수 있을 것이다.

도전 정신, 열정을 잃지 말자

지금은 돌아가셨지만 아버지께서는 논 6마지기로 우리 5남매를 키웠다. 나는 중학교에 갈 형편이 안 돼 다른 친구들보다 두 달이나 늦게 입학했다. 매일 아침 소 풀 먹이고, 학교에 갔다 와서는 책가방을 던져두고, 지게 지고 나무하러 가는 게 주요 일과였다.

논 매고, 똥장군 지고 밭에 거름 주는 일 등 초등학교 다닐 때부터 안 해본 농사일이 없다. 아마 우리 세대의 모든 아버지, 어머니, 형님, 누나들이 경험했던 보릿고개를 오롯이 지나왔다. 어려운 시기를 지났지만 나는 바른 가치관과 도전, 열정이 현재의 나를 만들었다고 믿는다. 나는 인생에서 가장 중요한 것은 가치관과 목표, 도전과 열정이라고 생각한다. 지금 어떻게 생각하고 행동하느냐에 따라서 10년, 20년 뒤 자신의 모습은 하늘과 땅 차이로 달라진다.

가치관이란 자신이 처한 상황의 판단 근거가 된다. 가치관에 따라 사람들은 중요하다고 생각하는 것이 달라진다. 미국 외교관을 뽑을 때의 일화다. 재미교포 2세이던 정주리라는 학생이 최종 면접을 보게 됐다. "당신이 태어난 곳이 한국인데, 만약에 미국 외교관이 되어 외교업무를 수행하면서 미국과 한국의 국익이 충돌한다면 어느 편에 서겠습니까?" 매우 곤란한 질문이었다. 그러나 그녀는 스스럼없이 답변했고 결국 채용이 확정됐다. 그녀는 "나는 미국, 한국 어느 편에도 서지 않을 겁니다. 오직 정의의 편에 설 것입니다"라고 답했다.

또한 사람에겐 목표가 있어야 한다. 나는 꿈을 잃은 젊은이들을 보면 매우 안타깝다. 나는 젊은이들이 실현 불가능한 공상이라도 해봤으면 좋겠다. 나는 어릴 때 다섯 형제가 한 이불을 덮었다. 잠잘 때면 뒤척거리는 소리 때문에 쉽게 잠이 들지 않았다. 그럴 때마다 나는 공상을 했다. "내가 만일 우리 반에서 공부를 정말 잘한다면 친구들이 나를 얼마나 좋아할까." 이런 상상은 나를 즐겁게 만들어줬다.

지금 우리 사회는 청년실업이 큰 문제가 되고 있다. 나는 국가와 사회의 책임도 있지만 청년 개개인에게도 문제가 있다고 본다. 목표에 대한 도전의식이 부족한 게 아닌가라고 생각해본다. 미국에서 대학을 졸업한 신입사원 1,500명을 대상으로 설문조사를 실시했다. 그런데 놀랍게도 직장을 선택한 이유의 83%가 월급 많이 주고 사회적으로 대우받는 곳이기 때문이라고 답했다. 하고 싶은 일을 하기 위해서라고 답한 사람은 17%에 그쳤다. 20년이 지난 후 이들 1,500명을 대상으로 다시 설문조사를 실시했다. 101명이 백만장자가 되어 있었다. 83% 중 백만장자는 1명이었다. 그러나 자기가 하고 싶은 일을 선택했던 사람 중에는 100명이 백만장자가 되어 있었다.

이는 결국 내가 하고 싶은 일을 선택했을 때 더 성공할 수 있는 기회가 온다는 것을 말해준다. 늦지 않았다. 지금이라도 큰 꿈을 정하고 단계별 목표를 정해 실천에 옮기자. 그러면 생각했던 것보다 훨씬 개인의 목표는 앞당겨질 것이다. 나는 청년들이 실패를 두려워하지 않았으면 좋겠다.

달인개그로 유명한 김병만 씨가 있다. MBC·KBS 개그맨 공채시험에 각각 3, 4번씩이나 떨어졌다. 그는 백제대학 연예학과에 3번, 서울예전 연예과에도 6번이나 떨어졌다. 그렇지만 그는 실패를 두려워하지 않았다. 포기하지 않았다. 돈 30만 원으로 무작정 상경해 길거리에서 노숙을 했다. 자살까지 생각했지만 목표를 포기하는 게 더 비겁하다고 생각했다.

우리에게는 가치관·목표·도전 정신에 이어 이를 실현할 수 있는 열정이 매우 중요하다. 골프선수 신지애는 중학생 때 골프를 시작했다. 잘하지도 못했다. 그런데 어느 날 갑자기 어머니가 교통사고로 돌아가셨다. 사고 정리 후 남은 보험금 1,500만 원으로 아버지는 그를 골프학원에 등록했다. 어머니 사망보험금으로 운동을 하게 된 신지애는 슬픔이 컸지만 혼신의 힘을 다했고 골프에 열정을 바쳤다. 그리고 세계 최고 골프선수가 됐다.

마틴 설리번은 세계적으로 유명한 AIG 보험회사의 CEO였다. 그는 고졸 출신으로 연봉 160만 원으로 시작한 말단사원이었다. 하지만 그는 열정 하나로 연봉 104억 원, 136개국에 10만 4,000명의 종업원을 거느린 AIG 보험의 CEO가 되었다. 그는 "나의 인생 보험은 열정이다"라고 강조한다.

나도 열정이라는 말을 굉장히 좋아한다. 세상에서 열정 없이 이뤄지는 일은 없기 때문이다.

기업가 정신을 갖자

나는 개인적으로 기업가 정신에 대한 이야기를 많이 한다. 한 도시와 국가를 이끌어갈 동력은 기업에서 나오기 때문이다. 기업가 정신은 한마디로 도전 정신, 모험심이라고 할 수 있다.

아무리 어렵더라도 '할 수 있다'는 긍정적인 생각으로 기생(寄生)을 거부하며 스스로 길을 개척하는 것이 진정한 기업가 정신이다.

우리나라의 1960~1970년대 고도성장기를 보자. 많은 기업인들은 위협과 모험을 무릅쓰고 고수익이 있는 곳에 과감히 투자를 했다. 하지만 현재는 이 같은 모험을 주저하는 분위기다. 사회가 어렵고, 국가가 어려운 때일수록 위기를 극복하고 나라의 미래를 밝히려면 '기업가 정신'이 절실하다.

기업가 정신은 기업가에게만 필요한 것이 아니고 개인이든, 국가든, 자치단체든 우리 모두에게 필요하다. 경영학자들은 기업가 정신을 '한 국가의 흥망성쇠를 좌우하는 가장 기본적인 가치'라고 말한다.

기업가 정신이란?

기업가 고유의 가치관 내지는 기업가적 태도를 말한다. 특히 기업을 지속적으로 혁신하고 사업 기회를 잡기 위해 창조적인 도전을 멈추지 않음으로써 무(無)에서 유(有)를 창출해내는 벤처정신을 말한다.

현대경영의 창시자 피터 드러커(Peter F. Drucker)는 자신의 저서 《혁신과 기업가 정신(Innovation and Entrepreneurship)》에서 기업가는 새롭고 이질적인 것에서 유용한 가치를 창출해 내고 변화에 대응하며 변화를 기회로 삼는 사람이라고 말했다.

한국에서 가장 성공한 기업가 2명을 꼽으라면 삼성 이병철 회장과 현대 정주영 회장을 든다.

직원들이 "회장님, 이 일은 이런 이유 때문에 안 됩니다"라고 변명하면 정 회장은 "해봤어? 해봤어?"라는 말 한마디로 도전 정신을 부추겼다.

정 회장의 울산 조선소 건설 일화는 정말 유명하다. 조선업에 대한 미래를 예견한 정 회장이 울산에 조선소를 짓고자 했지만 자금이 부족했다. 돈이 없던 정 회장은 영국의 버클레이 은행장을 찾아갔다. 그는 허허벌판인 울산 사진을 보여주며 조선소 건설 자금을 빌려달라고 간청했다. 하지만 가난한 나라의 일개 중소기업 사장에게 큰 돈을 빌려줄 리 없었다.

현장에서 대출을 거절당한 정 회장은 여기에 굴하지 않고 당시 500원짜리 지폐를 꺼내 행장에게 보여줬다. 지폐에 그려진 거북선 사진을 보여주며 정 회장은 한국이 오랜 옛날부터 조선업의 강국임을 설명하는 재치를 보여 차관을 들여오는 데 성공했다.

그의 무모한 도전, 기업가 정신은 대한민국을 세계 최고 조선대국으로 만들어주는 원동력이 됐다.

정 회장이 도전 정신과 열정을 지닌 기업가 정신의 소유자였다면 이병철 회장은 창조와 신뢰의 기업가였다. 그는 인재경영을 통해 세계 1등 제품을 생산하는 기반을 마련했다. 국내기업 최초로 사원연수원인 삼성인력개발원을 설립해 "내 일생을 통하여 80%는 인재를 모으고 교육시키는 데 시간을 보냈다. 똑똑한 사람이 좋은 제품을 만든다"며 인재경영에 앞장섰다. 제일모직을 설립할 때는 전 세계의 명품 와이셔츠 150장을 구입해서 직접 입어보고 평가했다고 한다.

나는 한국경제의 도약은 '기업가 정신'에서 비롯됐다고 평가한다.

한국전쟁 이후 한국의 1인당 국민소득은 아프리카 최빈국과 거의 같았다. 하지만 한국은 경제 기적을 만들어내며 세계 속의 대한민국을 만들었다.

영국의 경제잡지 〈이코노미스트〉는 "한국이 구텐베르크보다 2세기 앞서 금속활자를 개발했던 것처럼 내재된 혁신의 자질을 앞으로 끌어낸다면 앞길이 더욱 빛날 수 있다"고 밝혔다. 결국 한국이라는 나라가 창조와 도전으로 다시 한 번 기업가 정신을 발휘할 때 밝은 미래를 만들어낼 수 있다는 이야기다.

이 시대 가장 필요한 것은 기업가 정신이다. 기업가 정신은 위험을 무릅쓰고 불확실한 미래에 투자하면서 국부를 창출해 내는, 창조와 도전, 열정의 정신을 말한다.
이제 개인도 기업도 지방자치단체도 기업가 정신으로 무장해야 한다.
대한민국이 기업가 정신으로 다시 도전하지 않으면 선진국으로의 도약은 요원하다.

- 창원지방검찰청 특강에서(2008. 7. 11)

기본을 바로 세우자

한국 사회는 언제부터인가 기본을 잊고 있다. 사회 구성원 모두가 기본으로 돌아갈 때 우리 사회는 더욱 발전할 수 있다. 2011년 과학비즈니스벨트 선정 과정에서 발생한 일이다. 일부 도지사들이 머리띠를 메고 도청에 앉아 단식을 한 일이 있다. 국가가 정한 절차에 따라 발생한 결과를 놓고 '머리띠 시위'를 한다면 이것은 분명 기본을 잃어버린 행위일 것이다.

어느 선교사가 아프리카 선교활동을 가서 어렵고 못사는 마을의 식수난 해결을 위해 우물을 파자는 제안을 했다고 한다. 그런데 아무도 도와주지 않았다. 물 기르러 가야 되기 때문에 우물 팔 시간이 없다는 것이 이유였다.

지금의 우리 사회도 다르지 않다. 우리 사회가 모두의 가치를 외면하고 있지는 않은지 걱정된다. 자신의 이익, 정당의 이익을 먼저 생각한다. 이제 우리 사회 모두가 본래의 목적과 기본을 생각하고 실천해야 할 때다.

창원시청에는 프레스센터가 있다. 누구나 방문해서 자기의 의견을 피력할 수 있다. 그런데 최근 기자회견장이 개인이나 단체의 일반적 목적을 관철시키기 위한 공간으로 활용되고 있어 안타깝다.

창원시가 통합된 이후 각계각층의 의견이 표출됐다. 2010년 7월부터 2011년 11월까지 1년 5개월 동안 기자회견이 무려 총 147회

(월 8.6회, 주 2.1회)나 열렸다. 가히 기자회견 홍수라고 할 정도였다. 시청사 관련 12회, 친일 관련 11회, 수정만 관련 7회, 마산해양 신도시 관련 7회 등이었다.

안타까웠던 것은 건설적인 대안 제시나, 문제해결을 위한 기자회견이 아니라 자신들의 주장을 일방적으로 전달하기 위한 것들이 대부분이었다. 이 때문에 기자들 사이에 기자회견 무용론까지 대두됐다.

사회 공익적·국익적 측면에서 이해당사자가 서로 머리를 맞대는 '기본'이 아쉽다. 국가 성장의 속도가 빨랐던 만큼 그늘도 깊어 비도덕적이고 비윤리적인 폐해가 우리 사회 깊숙이 자리 잡았던 것도 한 이유가 될 것이다.

고도성장 과정에서 자기 이익을 앞세웠고 우리 사회가 공동으로 추구해야 할 '기본'을 잃어버렸다. 마치 가난했던 부부가 잘살아보기 위해 돈 버는 일에만 매진한 결과 아이들 탈선 문제로 속을 끓이는 것과 같다.

나는 우리 사회가 아직 기본과 원칙을 제대로 세우지 못한 것은 산업화 시대를 이어 민주화를 거치면서 편법을 묵인했기 때문으로 생각한다. 절차보다는 당위성이 먼저 강조됐고 초법적인 행위가 용인되면서 기본적인 가치가 외면받게 됐다. 또한 잘못된 관행을 바로잡기 위해 시작된 개혁이 정교한 프로그램에 의해 진행되지 않고 일시적이며, 대증적(對症的)인 차원에서 진행되는 오류를 범했다. 이렇다 보니 사회 기강이 무너져 기본이 서기는커녕 기본을 지키는 사람이 손해보는 사회가 되어버렸다.

그러나 더 이상 기본을 저버릴 수는 없다. 조선시대 경남 안의에서 현감을 지냈던 연암 박지원은 《양반전》에서 "선비는 출세하더라도 본래 뜻을 잊어서는 안 되며, 어렵더라도 선비의 자세를 잃어서는 안 된다(達不離士 窮不失士)"고 강조했다. 맹자가 쓴 '達不離道(달불이도) 窮不失義(궁불실의)'에서 따온 말이지만 선비의 기본을 말한 글로 지금도 귀감이 될 만하다.

기본이 바로 선 사회를 만들려면 조금씩 양보하는 자세가 필요하다. 나보다 남을, 개인의 이익보다는 공공의 이익을 우선시해야 한다. 내 불편보다는 공공의 불편을 먼저 해결하기 위해 노력해야 한다.

국민 개개인 모두가 개인의 이익보다 공익을 앞세울 때, 우리 사회가 더 빨리, 더 쉽게 선진화될 것이라고 확신한다.

PART 3

명품도시 만들기

CHAPTER 1

기업사랑운동

도시경쟁력의 원천은 기업

기업 경쟁력이 창원을 만들다

도시경쟁력은 어디에서 나오는 것일까. 나는 주저 없이 "기업에서 나온다"고 말하고 싶다. 따라서 도시 발전을 이끌기 위해서는 기업이 성장할 수 있는 생태계를 조성해야 한다.

통합 창원시가 된 옛 창원, 마산, 진해의 역사는 한마디로 기업 성장의 역사였다. 해방과 6.25전쟁 이후 1960년대 초까지만 해도 창원, 마산, 진해는 황량한 시골농촌에 불과했다. 다행히 해방 이후 마산에는 일본을 비롯한 세계열강의 자본이 몰려들면서 남부권 경제의 중심지가 됐고 이것은 근대산업의 토대를 만드는 자양분이 됐다.

해방이 되면서 일본인들은 공장을 두고 떠났고, 공장은 산업자본을 형성하는 밑거름 역할을 하게 됐다. 특히 한국전쟁도 마산 경제가 성장할 수 있는 기회를 제공했다. 전쟁의 피해가 적었던 부산과 함께 국내 경제를 살리는 주무대가 됐다. 섬유와 생필품, 금속기계를 생산하는 공장이 들어서게 됐고 전후 복구사업과 맞물러 성장의 발판을 마련하게 됐다.

농산물이 풍부한 마산은 물이 좋은 지리적 여건을 토대로 주정, 장유산업을 발전시킬 수 있었고, 1960년대 한일합섬과 한국철강 등 중견기업이 등장하면서 지역경제가 활력을 띠기 시작했다. 산업이 확장되면서 진해에도 진해화학, 동방유량 같은 대규모 공장이 들어서면서 도시 발전의 기틀을 다지게 됐다.

1970년대 들어 마산자유무역지역과 창원국가산업단지가 본격적으로 개발되면서 마산과 창원은 한국 경제성장을 이끄는 양대축으로 급성장하게 된다. 마산자유무역지역과 창원국가산업단지는 정부경제개발정책에 힘입어 중화학공업·방위산업의 메카로 국가성장을 견인하게 됐다. 창원공단 개발은 1973년 9월 19일 박정희 대통령께서 창원기계공업기지 건설에 관한 지시를 하달한 데 이어 1974년 산업기지개발구역으로 지정되면서 본격화된다.

마산자유무역지역 초기 입주 업체들은 노동집약적 생산방식에 의존했다. 값싼 노동력을 이용하려는 다국적기업들의 경영전략과도 맞물려 섬유와 전자제품의 단순 조립라인 등이 주로 들어왔다. 그러나 1987년 3만 6,400명의 근로자로 정점을 찍은 이후 각종 노사분규와 산업구조 재편으로 외국자본들이 물러가고, 이를 대신해 전기와 전자업종 등 현재의 첨단산업기지로 탈바꿈하기 시작했다.

창원국가산업단지는 1974년 4월 한국기계공단 발족을 계기로 금성, 대우, 기아, 삼성, 효성 등이 입주하면서 국내 산업을 선도하기 시작한다. 특히 1979년 수출 1억 6,546만 달러를 달성하는 경이로운 실적을 보였다

1979년 2차 오일쇼크로 창원공단은 다소 주춤했지만 이후 저달러·저유가·저금리 등 '3저현상'에 힘입어 반도체, VTR, 공작기계 수출이 급증했다. 1990년대는 외환위기로 향토기업이 줄줄이 도산하는 암울한 시기를 맞기도 했다. 이때 연매출 5,000억 원의 한일합섬이 부도를 냈고, 경남모직, 대동조선, 삼미특수강, 진해화학 등이 잇달아 문을 닫는 불운을 겪었다.

대우차 사태는 당시 지역경제의 최대 이슈였다. 창원공장은 1991년 가동을 시작해 생산규모가 국내 최고는 물론 일본업체에 근접한 생산성을 올렸다. 1998년 1인당 생산대수가 165대로 세계 1위의 생산성을 가진 공장으로 기록되기도 했다. 그러나 과도한 무이자할부 판매, 쌍용차 인수 등의 모험을 강행했다가 1999년 8월 대우 계열사까지 끌어들여 동반 워크아웃을 맞게 됐다.

일부 기업의 부도와 해외진출로 2000년대 초 마산자유무역지역과 창원국가산업단지에는 공동화에 대한 우려의 목소리가 높았다. 동시에 대기업군이 출현하기 시작했다. 두산중공업이 담수플랜트에 대한 독자 설계기술로 세계 최고의 회사로 성장했다. STX는 세계 5대 조선사로 성장했다. 철도차량 전문업체인 현대로템은 KTX 출범과 함께 급성장했다. 현대위아는 공작기계와 자동차용 변속기

분야 글로벌 기업으로 발돋움했다.

이와 함께 창원은 2010년 창원, 마산, 진해의 통합으로 지역산업의 새로운 전기를 마련했다. 마산자유무역지역은 그동안의 어려움을 극복하고 힘차게 도약하고 있다. 아파트형 공장 신축으로 단순 제조산업에서 전자, 로봇, IT 등 새로운 고부가가치산업의 재편을 시작했다. 제2자유무역지역 조성은 미래형 첨단기업 유치로 마산의 부활을 도울 것이다.

이처럼 창원과 진해를 무대로 기업들이 급성장한 데는 '기업 경쟁력'을 도시경쟁력으로 생각한 시정부의 일관된 지원정책이 큰 몫을 했다. 앞으로 기계, 정밀, 전자, 자동차, 조선 등의 업종이 세계적인 경쟁력을 발휘할 수 있도록 연구개발특구 지정을 추진할 계획이다. 중앙정부와 장기 마스터 플랜을 수립해 기업이 마음껏 뛸 수 있도록 할 것이다.

진해에는 경제자유구역과 신항만의 배후를 개발해 관광과 물류, 해양레저스포츠 등 신개념의 산업을 집중 육성할 방침이다.

산업파워 위에 쾌적성을 더하다

잘 갖춰진 탄탄한 산업과 계획도시 특유의 인프라가 옛 창원시의 최대 장점이다. 창원시는 도시 전체를 도시설계기법으로 건설한 한국 최초의 완전한 근대적 계획도시다. 순환격자형 도로망과

풍부한 공원·녹지 등 도시기반 시설을 잘 갖추고 있다.

나는 이처럼 도시의 쾌적성을 나타내는 도시 어메니티(Amenity) 가 중요하다고 생각한다. 도시란 사람이 살아가는데 필요한 쾌적 성, 즉 경제적 여유, 환경적 정감, 안전성 등을 고루 갖추고 있어야 한다. 나는 창원이 이 같은 도시 어메니티를 모두 갖추고 있다고 자 부한다.

창원은 1970년대 초 정부의 중화학공업 육성 정책에 따라 기계 공단을 조성하면서 산업도시로 급성장했다. 전국 기계업종 총생산 의 20%를 차지할 정도로 국가 경제성장을 이끌고 있다. 창원시민 의 약 절반 이상이 직·간접적으로 창원공단에 생계를 의존하고 있 을 정도다. 도시가 경제적 여유를 제공하고 있어 창원에는 각지에 서 일자리를 찾아 몰려든다.

지난 30여 년간 창원은 제조업 중심의 수출 메카 역할을 해왔다. 국가산업단지로써 '산업파워'를 과시했고 도시기반시설을 구축하 는 과정에서 '도시개발파워'를 보여줬다.

산업 인프라와 도시기반 인프라, 이 두 가지는 창원 발전의 양대 원동력이자 성장엔진 역할을 해줬다. 이 같은 발전은 하드웨어 중 심의 발전이었기 때문에 소프트웨어 중심의 발전은 다소 취약했던 게 현실이다.

나는 도시 발전에 있어서는 하드웨어와 소프트웨어가 동시에 조 화를 이뤄야 한다는 믿음을 갖고 있다. 따라서 하드웨어 중심의 양적·물적 성장에 걸맞도록 복지, 문화, 교육, 환경 등 소프트웨어 분야의 삶의 질을 높이는 데 주력하고 있다.

도시경쟁력의 원천인 산업육성과 함께 도시개발은 쾌적한 삶의 기반을 조성한다는 측면에서 매우 중요하다. 지난 1970년대 후반부터 추진됐던 계획도시개발은 이미 완료된 상태다. 나는 주거문제와 함께 각종 도시문제를 해결하는 게 중요하다고 생각했다. 환경문제, 대중교통문제, 부족한 공공시설 확보 등과 관련된 과제를 해결하는 게 삶의 질을 높일 수 있기 때문이다. 녹지, 상하수도, 도로 등 도시 인프라의 질적 수준도 높여야 했다.

사람들은 기본적으로 더욱 쾌적한 주거지로 이동하는 경향이 있기 때문에 직장은 창원에 두고 거주지를 인근도시의 베드타운으로

도시발전의 패러다임 전환

투톱 파워		정책기조의 변화 방향		
산업	산업구조	단일성	→	다변성(다각화)
	혁신역량	생산기지	→	생산·연구기지
	기업유치	방임형	→	계획형
	산업정책	정부의존적(피동성)	→	자립적(능동성)
도시	토지이용	경직성	→	유연성·창조성
	도시경관	획일성	→	다양성(개성)
	마인드	개발·양적성장	→	관리·질적 성장
	규모	내적한계	→	외연확대

옮기는 탈창원 현상을 막는 것도 시의 중요한 과제가 됐다.

또한 주5일근무제 보편화와 웰빙트렌드 등 삶의 질에 대한 욕구 증대, 양극화·저출산·고령화 등 새로운 사회현안에 대응할 수 있는 소프트웨어 경쟁력을 키우는 일도 도시의 핵심 이슈로 떠올랐다.

도시의 산업정책이나 도시계획은 획일성과 경직성에서 벗어나야 한다. 도시 특유의 장점을 살리고 다양성과 심미성에 바탕을 둔 창조적 모델로 도시를 개발하고 산업정책을 펴는 유연성이 필요하다. 특히 도심을 구성하는 하드웨어와 소프트웨어 간의 조화로운 개발이 매우 중요하다.

도시·기업 상생의 미래도시를 꿈꾸다

어떻게 해야 도시와 기업이 상생하는 미래도시를 만들 수 있을까.

나는 도시가 발전하려면 일자리와 쾌적한 주거환경, 이 두 가지가 잘 갖춰져야 한다고 생각한다. 일자리는 시민들이 먹고 살 수 있는 동력을 제공하는 것이기 때문에 지역산업 육성에 목숨을 걸어야 한다. 특히 세상 변화에 맞춰 첨단·고부가가치산업이 육성될 수 있도록 기반을 제공할 수 있어야 한다.

나는 전체의 약 60% 비중을 차지하는 기계산업 일변도의 창원시 산업구조로는 미래를 장담할 수 없다고 본다. "창원의 기계산업은 향후 10년이 고비다"라고 말하는 전문가들의 목소리에 귀 기울

여야 한다. 제철공업이 사양화하면서 산업구조 재편이 늦어져 도
시가 붕괴됐던 영국의 셰필드시의 사례를 본보기로 삼아야 한다.
따라서 나는 도시발전의 미래를 기존 기계산업 고도화와 산업 간
세대교체에서 찾고 있다.

단순 가공·조립 위주의 범용기계산업과 고가 기계부품을 수입한
뒤 이를 조립해 수출하는 식의 '통과산업'으로는 중국의 빠른 추격
을 따돌릴 수 없다. 위기가 오기 전에 산업발전의 동력을 재창조해
나가야 한다. 따라서 창원시는 기존 기계산업을 메카트로닉스·로
봇 등 첨단기계산업으로 고부가가치화, 집적화하는 '혁신클러스터
전략'을 추진하고 있다.

동시에 기계산업 일변도에서 벗어나 IT, NT, BT, 부품소재 등 첨
단업종으로 다변화하는 세대교체, 포트폴리오 재조정 작업을 서두
르고 있다.

나는 미래성장동력을 육성하는 데 있어 우리가 해야 할 가장 중
요한 일은 산업입지를 제공하는 것이라고 생각한다. 그래서 창원
시는 신규 산업입지 조성에 정성을 쏟고 있다. 창원공단은 현재 입

창원국가산업단지의 업종별 생산액 (2011년 말)

구분	합계	음식료	비금속	철강	기계	전기전자	운송장비	기타
금액 (억 원)	554,049	4,069	420	51,237	376,898	37,216	77,925	6,284
비중(%)	100	0.7	0.1	9.2	68.1	6.7	14.1	1.1

지가 거의 포화상태에 달해 신규투자 또는 공장확장용 입지난이 심각한 실정이다.

대단위 산업용지의 추가조성은 지역여건상 쉽지 않은 상황이다. 이 같은 단점을 극복하기 위해 스몰 베스트 밸리(Small best valley) 조성 전략을 아이디어로 내놓았다. 우수 중소기업을 선별적으로 입주시키는 소규모 중소기업전용단지를 여러 개 조성하는 방안이다.

공단 조성에 있어 중요한 것은 산업혁신역량을 높이는 일이다. 대부분의 지방도시들은 산업기반이 취약하지만 R&D기반도 매우 취약한 실정이다. 창원 역시 혁신역량이 비교적 우수한 것으로 평가받지만 선진클러스터에 비하면 턱없이 부족한 것이 사실이다.

산업파워를 재창조하려면 혁신기반을 갖춘 뒤 이를 통해 끊임없이 혁신해야 단다. R&D 같은 혁신기반은 창원시를 실리콘밸리·도요타와 같은 세계적 수준의 산업클러스터나 첨단기술연구도시로 탈바꿈시켜줄 것이다.

이 같은 목표를 겨냥해 창원시는 2009년 경남테크노파크를 준공했고, 창원과학연구파크를 조성 중이다. 또한 기존 기계연구원·전기연구원·기업체 연구소 및 대학 등과 유기적 협력시스템을 구축해 지역혁신체제를 강화할 방침이다. 과학고 설립 등 지역 과학기술인재 양성도 적극 모색하고 있다.

도시와 기업이 상생하는 미래도시를 만드는 데 있어 또 중요한 사실은 도시 환경 자체가 기업 친화적이어야 한다는 것이다. 창원시는

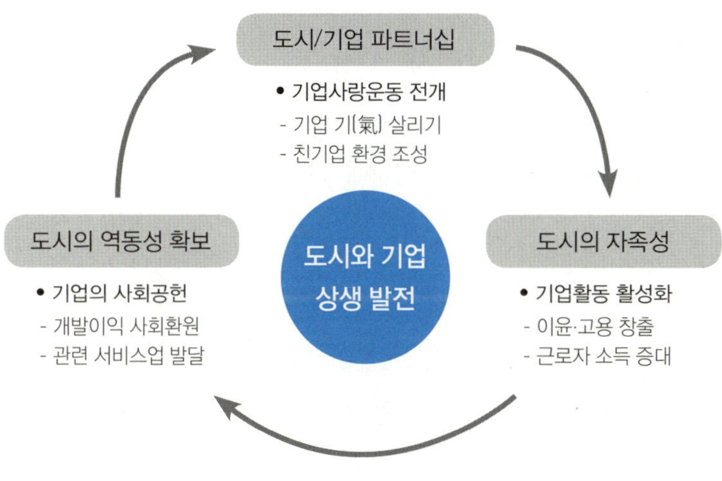

2004년부터 전국에서 최초로 '기업사랑운동'을 추진하고 있다.

이 운동은 기업, 기업주, 근로자, 공단 등을 대상으로 하는 범시민적 지역활성화 운동이다. 기업 기(氣) 살리기 등 다양한 분야에서 사업을 추진하고 있다. 행정 주도로 추진했던 운동을 점차 민간 주도형으로 바꾸고 있다.

나는 창원시가 기업사랑운동의 발원지가 된 사실이 자랑스럽다. 지금은 누구나 기업발전을 위한 시책을 행정지원 사항으로 생각한다. '기업사랑공원'을 조성하고, 관류하천의 자연형 복원을 통해 공단의 쾌적성을 더 높여 나갈 방침이다.

기업에서 도시의 희망을 찾다

기업의 기(氣)를 살리자

어떤 방송국에서 '기업에 氣up을'이라는 슬로건을 내건 스팟광고를 한 적이 있다. 이 슬로건을 본 순간 나는 '짧은 슬로건이었지만 정말 괜찮은 표현이구나'라는 생각이 들었다. 기업에 기(氣)를 '팍팍' 불어넣어주자는 메시지가 그대로 가슴에 와닿았기 때문이다. 특히 가슴에 와닿았던 이유는 창원이 전국 최초로 전개한 '기업사랑운동'을 대변하고 있는 것 같기 때문이다.

2004년 6월 시장으로 취임한 나는 도시의 활력을 찾는 방법에 대해 깊은 고민에 빠졌다. 어떻게 활력 있는 도시를 만들 것인가. 고민 끝에 나는 "기업의 활력이 곧 도시의 활력이다"는 해답을 얻었다.

나는 기업이 살아야 일자리와 소득이 창출되고, 가정의 안정과 삶의 질이 향상될 수 있다고 믿는다.

창원은 수많은 기업인과 근로자들이 피땀으로 일군 도시다. 우리나라 기계산업의 중추도시로 지난 외환위기 때 나라경제를 지탱한 곳이기도 하다. 또한 지방세수의 약 40% 가량을 분담할 정도로 창원공단은 시의 든든한 후원자다.

내가 '기업사랑운동'을 생각한 것은 공무원들의 기업에 대한 의식 때문이었다. 창원공단은 사실상 국가에서 조성한 공단이기 때문에 대부분의 공무원이 기업에 대한 업무를 중앙정부의 몫으로만 여기고 있었다.

이 때문에 기업과 기업인들의 노력이 제대로 평가받지 못하고 있었다. 심지어 "기업인이 죄인 취급받을 때도 있다"며 "떠나고 싶다"는 하소연까지 들릴 정도였다. 한마디로 반기업 정서가 강했다.

나는 이래가지고는 도시의 미래가 없다고 생각했다. 기업인들의 기를 살리고 기업과 도시, 시민이 상생의 관계임을 정립하고 싶었다. "지방정부가 나서서 기업을 위해 무엇을 할 수 있을까?" 그 구체적 실천방안으로 나온 정책 아이디어가 바로 '기업사랑운동'이었다. 당시 무슨 거창한 정책으로 출발한 것은 아니었다. 우선 반기업 정서를 해소해 기업인들의 기를 살려보겠다는 소박한 취지로 시작됐다.

창원공단 설립 30주년이 되던 2004년 10월 '기업사랑시민축제'를 열면서 이 운동을 공식화했다. 기업 기 살리기, 기업 애로 해결, 산업구조 고도화 등 3개 분야에서 88개 사업을 확정했다.

시청의 다양한 부서명을 기업 친화적으로 바꾸는 일부터 시작했다. '기업지원과' 이름을 '기업사랑과'로 바꿨고, 공단도시에 걸맞게 기업민원만 전담하는 창구인 '기업지원서비스센터'도 만들었다. 나아가 기업가 정신을 북돋아주는 사회적 분위기 조성에 주력했다.

기업사랑운동		
기 살리기	애로 해결	산업구조 고도화
• 기업 명예의 전당 건립 • 최고 경영인·근로인 시상 • 기업의 날 운영 • 근로자종합복지관 건립	• 기업체 현장방문의 날 • 하천유로변경(포스코특수강) 　- 4,000억 투자효과 　- 4,400평 부지 확보 • 공단 셔틀버스 운행	• KAI부지 분양 • 대산지방산업단지 • 경남테크노파크 준공 • 연구개발단지 조성

　기업인의 기를 살리기 위해 '기업 명예의 전당'을 건립한 데 이어 '기업의 날' 지정, '경차우대조례', '올해의 최고 경영인상', '올해의 최고 근로인상'을 제정하는 등 다른 지자체와 차별화할 수 있는 특수시책을 도입했다.

　기업을 위한 입지 지원과 인프라 확충, 수출·기업·인력·기술 지원 등을 추진해야 할 핵심과제로 설정했다. 중소기업을 위한 재정 지원 등 다양한 지원책도 내놓기로 했다.

　'기업의 날'을 전국 최초로 운영한 것은 매우 의미 있는 시도였다. 행정차원에서 적극적으로 기업홍보를 함에 따라 시청과 기업이 좀 더 가까워지는 계기를 만들게 됐다.

　지금까지 STX중공업㈜, LG전자㈜, GM대우㈜, 두산중공업㈜, 현대위아㈜ 등이 기업의 신제품 출시일이나 회사 창립일 등과 연계해 기업의 날을 선포했다. 기업들은 이 행사를 통해 시민 속의 기업이라는 이미지를 확산시킬 수 있었다.

공무원들이 수시로 기업체 현장데이트를 통해 애로사항을 청취하도록 했다. 30회에 걸친 현장대화를 통해 213개 회사의 애로를 해결할 수 있었다. 기업사랑시민축제를 열어 기업인과 근로자, 시민이 함께하는 소통의 공간도 마련했다.

기업 기 살리기는 여기에서 끝나지 않는다. 지난 2007년 11월 근로자 기 살리기에 나섰다. 공단 근로자들이 기존 시내버스 요금보다 저렴하게 출퇴근할 수 있도록 공단셔틀버스를 도입했다. 공단 내 입지난을 해결하기 위해 공업지역의 건폐율을 70%에서 80%로 상향조정했다.

기업의 기를 살리기 위해 많은 노력을 기울였지만 기업사랑운동은 생각처럼 쉽지 않았다. 기업에 특혜를 준다는 비난을 감수해야 했고 사회적 반감을 뛰어넘어야 했다.

그럼에도 나는 기업사랑운동은 기업과 근로자, 사회가 공생의 길로 나가는 일이라고 믿었다. 이에 따라 '근로자종합복지 5개년 계획'을 수립했다.

343억 원을 투입해 근로자 복지 인프라 구축, 생활안정 지원, 복리후생 증진 등 다양한 복지시책을 중점적으로 추진했다. 기업체 방문 시에도 노동조합 대표가 동참하도록 했다. 기업 명예의 전당에는 경영인과 근로자를 나란히 헌정했다.

진정성은 사회 분위기를 바꿔 놓기 시작했다. 기업사랑에 대한 사회적인 공감대가 형성된 데 이어 새로운 문화가 전국으로 퍼져 나갔다.

기(氣)는 만물을 구성하는 기본요소로 물질의 근원이며 본질이다. 중국철학에서는 모든 존재현상을 기의 취산(聚散), 즉 기가 모이고 흩어지는 데 따라 생겨나고 없어지는 것으로 생명 또는 생명의 근원으로 보기도 한다.

기(氣)는 생명력이자 힘이며 에너지다. 나는 기업에 기를 불어넣는 것은 결국 국가라는 생명체에 에너지를 불어넣는 행위라고 생각한다. 따라서 기업인의 기 살리기는 아무리 강조해도 지나치지 않는다.

기업인들의 자존심을 세워주자

창원시의 발전을 이야기할 때 많은 사람들이 '창원공단'의 역할을 손꼽는다. 그런데 항상 말뿐이다. 나는 기업인들이 실제 자긍심을 느끼게 할 수 있는 일이 없을까를 고민했다.

다양한 아이디어가 나왔다. 그 가운데 지역사회에서 가장 존경받아야 할 기업인과 근로자를 선정해 그들의 자존심을 세워주자는 의견이 나왔다.

연도	최고경영인		최고근로인	
2005	㈜STX 그룹	강덕수	㈜로템	이강원 반장
2006	삼광기계공업㈜	전서훈	삼성테크원㈜	김일록 기장
2007	포스코특수강㈜	김정원	셰플러코리아(유)	여태봉 기장
2008	경남스틸㈜	최충경	삼성테크원㈜제3사업장	심상홍 과장
2009	신성델타테크㈜	구자천	동양기전㈜	강찬수 과장
2010	㈜에스엘 전자	엄기오	지엠대우㈜	이상배 차장
2011	피케이벨브㈜	박헌근	두산중공업㈜	박남석 차장

창원시는 2005년 9월, 전국 최초로 창원컨벤션센터 내에 '기업 명예의 전당'을 건립했다. 2011년까지 최고경영자 7명, 최고근로자 7명 등 총 14명을 헌정했다.

최초로 명예의 전당에 오른 사람은 강덕수 ㈜STX그룹 회장이다. 2005년 '2억 달러 수출의 탑' 달성, 산업평화 정착, STX복지재단 출범 등 여러 면에서 높은 평가를 받았다.

강 회장은 창원을 대표하는 기업인인 데다, 말단사원에서 출발해 세계적인 기업을 일궈낸 글로벌 CEO 가운데 한 사람이다. 그는 2009년 1월 유럽 최대 크루즈선 제조업체인 '아커야즈'의 핀란드 튜르쿠 조선소를 인수했고 회사명을 'STX유럽'으로 바꿨다. STX유럽은 현재 크루즈선 건조분야 세계 1~2위를 다투고 있다.

창원기능대를 졸업한 ㈜로템의 이강원 반장은 로템에 입사한 이

기업 명예의 전당 전경(최고경영인·근로인 헌정 모습)

래 K1 전차 축전기 압력제거장치와 교량전차 가설장치 제조공정의 생산성을 크게 향상시킨 기능인이다. 그는 전차 관련 부품을 국산화하고 성능을 개선시킨 공로로 근로자 첫 헌정자가 됐다.

또한 지난 2005년부터 매년 시상해 온 '올해의 최고경영인과 근로인 상' 역대 수상자 10명의 '성공스토리'를 한데 모아 《창원시 최고 CEO&근로인 성공스토리》라는 책자도 발간했다. 이 책에는 수상자들의 주요공적 등 성공스토리가 고스란히 담겨 있다.

공무원들이여, 그들의 현장 목소리를 듣자

'기업사랑운동'을 전개하자 많은 사람들이 '캠페인성 시책'이라고 비아냥거렸다. 그러나 시책명이 'ㅇㅇㅇ운동'이기 때문에 당연히 오해가 있을 수 있다고 본다.

나는 '진정성'이 중요하다고 생각했다. 가장 먼저 담당간부와 공무원들에게 "기업을 직접 방문해 기업인과 근로자의 생생한 현장 목소리 들어라"고 지시했다. 기업사랑운동의 요체는 "기업의 애로사항을 해결하기 위한 것이다"며 "그들의 애로사항을 개선하기 위해 현장에서 답을 찾아오라"고 강조했다. 기업 관련 규제나 애로사항 철폐를 말만 하고 담당공무원이 서류만 붙들고 있으면 아무런 소용이 없다.

현장방문을 나가자 온갖 애로사항이 쏟아졌다. 기업인 입장에서 매우 시급한 일인데도, 규정 때문에 수년째 방치되고 있는 일도 허다했다. 어떻게 하면 그들의 요구사항대로 불편을 제거할 수 있을까.

일단 시스템을 바꿨다. 전담 공무원이 상주하는 '기업지원서비스센터'를 설치해 각종 민원을 원스톱으로 처리할 수 있도록 했다. 기업체 애로사항을 적극적으로 해결하기 위해 현장행정을 강화했다. 공무원이 현장확인을 한 민원은 직접 관련부처를 설득해 민원을 해결해줬다.

창원시 내동 연덕교에 대한 보강 공사가 그 대표적인 사례다. 산업단지 내 많은 기업들이 500t 안팎의 생산 제품을 화물차에 싣고 연덕교를 통과할 때마다 허가를 받아 H빔을 임시로 가설해야 하는 불편이 뒤따랐다.

이러한 불편을 덜어주기로 했다. 안전진단을 실시한 뒤 창원시와 효성 측이 각각 5억 원을 부담해 보강공사를 실시했다. 현재는 600t 가량의 생산품도 거뜬히 통과할 수 있게 됐다.

신촌동 삼동교와 양곡동 봉암교는 상습 정체구간이었다. 이 때문에 물류난이 극심했다. 2009년 두 다리를 잇는 길이 3.2㎞, 폭 10m 왕복 2차선의 남천로를 개통했다. 마산지역과 경계인 신촌·적현로 일대의 만성적인 체증이 바로 해소됐다.

중소기업 용지를 저가에 공급한 사례도 있다. 한국항공우주산업(KAI)은 2005년 11월 창원에서 사천시로 공장을 이전하게 되었다. 이 공장용지를 어떻게 활용할지 고민했다.

땅 주인인 KAI와 공단 관리기관인 한국산업단지공단을 설득해 저렴한 가격으로 중소기업에 용지를 분양할 수 있도록 공동협약을 맺었다. 이어 이 부지를 12개 중소기업에 저가로 분양해 입주할 수 있도록 했다. 과거에는 일부 대기업이 땅을 고가에 처분해 공장용지값 폭등의 원인이 됐지만 이 같은 협업으로 모두가 이익을 얻게 됐다.

신촌동 삼거리~두산중공업 입구에 이르는 4.5㎞ 구간, 도로변

전선을 지중화한 것도 기업사랑운동의 결실이다. 이 일대 업체들은 대형 구조물을 옮길 때마다 낮은 전선 때문에 추가 비용이 드는 불편을 겪어야 했다. 한전 측과 협의해 전선을 지중화했다.

주차난을 호소했던 중소기업체의 하소연도 공무원의 아이디어와 열정이 해결해줬다. 화학 플랜트설비 생산업체인 세원셀론텍에는 500명의 사원들이 작업을 하다말고 승용차를 사내 밖으로 옮기는 웃지 못할 일이 자주 벌어졌다. 길이 100m에 달하는 플랜트설비가 완성되면 사내에 적재해야 했기 때문이다. 그러나 덩치가 큰 탓에 주차장을 침범하기 일쑤였다. 마땅한 대안이 없어 주차된 승용차를 옮겨야 했다.

담당공무원은 현장을 둘러보았다. 다행스럽게 회사 정문 앞 고가(高架) 철길 아래 빈터가 있었다. 담당공무원은 이 땅의 주인인 한국철도시설공단을 끈질기게 설득했다. 그 결과 8,500여㎡ 부지에 360여 대의 승용차가 주차할 수 있는 주차장을 만들 수 있었다. 창원시의 노력에 감동한 정진욱 세원셀론텍 대표는 직접 감사편지를 보내오기도 했다.

베풀면 반드시 돌아온다

나는 기업사랑운동을 전개하면서 많은 것을 느끼고 있다. "베풀면 반드시 돌아온다"는 사실이다.

2009년 10월 새로 부임한 GM대우의 마이크 아카몬 사장이 시장실을 찾았다. 아카몬 사장은 그동안 세계적인 경제위기로 GM이 어려움을 겪고 있을 때 큰 힘을 보태준 데 대해 창원시와 시민들에게 고맙다는 말을 전했다.

창원시는 기업사랑운동을 실천하기 위해 '역내 기업제품 사주기'를 실천했다. 대표적인 사례가 GM대우 제품 사주기 운동이었다. GM대우가 내수와 수출부진으로 고전하고 있을 때 창원시는 '바이(Buy) GM대우 바이(By) 창원' 캠페인을 전개했던 것이다. 또한 신차가 출시될 때마다 'GM대우의 날'을 선정해 신차 홍보를 지원했다. 경차우대조례를 제정하는 한편 공공기관 경차전용주차장을 확대했다. 특히 시 관용차량의 70% 이상을 마티즈로 구입해 GM을 적극 지원했다.

아카몬 사장은 GM대우에 보내준 성원에 보답하기 위해서라도 창원공장에 대한 투자를 아끼지 않겠다고 약속했다. 기업사랑운동에 대한 고마움의 표시였다.

나는 기업하기 좋은 분위기는 투자를 낳는다고 믿는다. 실제 창원시가 기업사랑운동을 전개한 후 창원공단 내에는 플랜트제작설비, 선박용 엔진, 신재생 에너지산업 등 활발한 투자가 이어지고 있다.

기업의 투자확대가 이어지면서 일자리도 늘고 있다. ㈜카스코는 2006년 3월 1,000억 원을 투자해 자동차 제동장치 생산시설을 신축했다. 포스코특수강㈜도 2006년 4월 2,400억 원을 투자해 단조·

조립공장을 증축했다. STX엔진㈜은 2007년 5월 고압 발전기 엔진 공장 증축에 250억 원을 투자했다.

두산엔진㈜은 1,500억 원을 투자해 조립3공장을 준공했다. 이에 연매출은 1,000억 원 늘었고 500여 명의 고용을 신규로 창출했다. GM대우는 1,400억 원을 투자해 B-DOHC 엔진공장을 준공, 연간 18만여 대의 경차 엔진을 생산하고 있다.

STX그룹은 선박설계 및 조선해양 연구를 위한 R&D센터를 개관해 530여 명의 연구원을 채용했다. 이밖에도 현재 20여 기업에서 약 2조 5,000억 원에 달하는 연구활동을 추진 중이다.

이뿐만 아니라 기업들은 시에서 받은 혜택을 각종 사회공헌 형태로 돌려주고 있다.

포스코특수강은 친환경 하천을 조성해 시민들에게 개방했고 매년 불우이웃돕기 성금도 기탁하고 있다. S&T중공업은 시민 음악회를 열고 있고, 삼우멤코는 문화예술진흥기금을 기탁해 문화활동을 지원하고 있다. 삼광테크㈜의 대학발전기금, STX중공업의 기부활동, 경남스틸의 '희망의 소리찾기운동' 등이 대표적인 기업들의 사회공헌활동이다.

복지재단을 통한 봉사활동도 활발하다. GM대우 한마음재단과 STX복지재단은 복지시설 및 저소득층 지원, 사랑의 집짓기사업 등을 지원하고 있다. 이 같은 '부메랑 효과'는 '기업사랑운동'이 만들어낸 하나의 결실이다.

경제활력 회복 기폭제가 되다

나는 기업사랑운동이 실물경제에도 큰 영향을 줬음을 확인할 수 있었다.

기업사랑운동을 시작한 2004년 이후 창원공단을 비롯해 관내의 사업체 수, 종업원 수, 생산, 수출 등 전 분야에서 성장세가 돋보였다. 나는 기업사랑운동의 결과로 기업들이 활력을 회복했기 때문인 것으로 해석한다.

특히 '기업사랑운동'이 만들어 낸 '기업하기 좋은 여건'은 많은 기업들을 창원에 불러들이는 원동력이 됐다. 2004년 1,604개에 그쳤던 기업 수는 5년새 2,174개로 35%나 늘었다. 같은 기간 근로자 수도 7만 4,399명에서 8만 3,232명으로 늘어 1만여 개의 새로운

기업사랑운동 이후 창원공단 변화

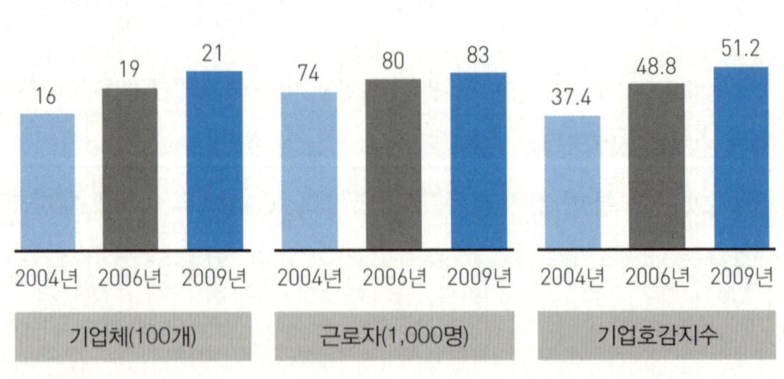

일자리가 생겼다. 생산액은 27.6조 원에서 47.4조 원으로 82.3%, 수출액은 99억 달러에서 220억 달러로 122.2%나 늘었다.

반기업 정서도 크게 희석되었다. 기업호감도 지수(CFI)가 이를 잘 반영해준다. 기업호감도(CFI, Corporate Favorite Index)는 일반국민이 기업에 대해 호의적으로 느끼는 정도를 지수화한 것이다. 대한상의에서 매년 두 차례 조사한다.

2004년만 하더라도 창원시의 기업호감도 지수는 37.4점을 기록해 전국평균(39.1)을 밑돌았다. 하지만 2006년 48.8점(전국 48.7)을 기점으로 전국 평균을 상회했고, 2009년에는 51.2점까지 상승했다.

창원기업사랑협의회(상임대표 최충경 창원상의 회장)가 시민 1,000명을 대상으로 조사한 창원소재 기업에 대한 호감도(CFI) 조사에서도 100점 만점에 61점으로 나타났다. 이는 2012년 7월 대한상의에서 전 국민을 대상으로 조사한 50.2점보다 10점 이상 높은 수치다. 호감도를 높게 평가한 이유는 '일자리 창출 기여(34.4%)', '경제발전 기여(31.6%)', '국가 및 지역 브랜드 향상 기여(20.1%)', '사회적 책임 수행(8.8%)' 순으로 나타났다.

각종 언론에서도 이 같은 결과가 기업사랑운동의 결과라고 분석을 내놓았다. 나도 기업사랑운동이 반기업 정서를 몰아내고 긍정적인 효과를 가져다주고 있다고 본다. 내 생각에 반기업 정서는 재벌에 대한 불신과 부에 대한 질투 등 다양한 원인에서 비롯된다. 하지만 기업을 올바르게 이해하지 못한 측면도 있다.

우리는 싱가포르의 국가이념에 '기업인 존중'이 포함된 사실에 주목해야 한다. 기업은 정부가 배척해야 할 대상이 아니라 상생, 협력해야 할 대상이기 때문이다.

기업사랑운동이 성과를 발휘하면서 울산, 구미, 광주, 경기도 등 대부분의 도시들이 창원시를 벤치마킹하고 있다. 참여정부 시절에는 산업자원부(현 지식경제부)가 국가정책으로 채택해 '아이 러브(I Love) 기업운동'을 전개하기도 했다. 나는 '기업사랑운동'의 열렬한 지지자다. 과거 산업시대 권위주의적 사고를 버리고 기업과 상생하는 지혜를 고민해야 할 것이다.

하천 물길까지 바꿔 감동을 줘라

"이제 행정이 민간에게 제공하는 서비스는 민간기업의 것을 뛰어넘어야 한다."

나는 시정부가 시민들의 사랑을 받으려면 감동적인 서비스를 제공할 수 있어야 한다고 생각한다.

한때 '대불공단 전봇대'가 화제가 된 적이 있다. 공단 진입로에 전봇대가 버티고 서있었다. 이 전봇대가 대형 차량의 진·출입에 막대한 지장을 주고 있는데도, 공무원의 복지부동 행정 때문에 전봇대는 수년째 끄떡없었다. 이 이야기를 들은 대통령의 말 한마디로 전봇대는 하루 아침에 뽑혔다. 이 일로 공무원의 무사안일, 복지부동, 탁상행정이 도마 위에 올랐다. 당연히 맞을 만한 매였다. 내 소관이니, 네 소관이니 따지지 않고 머리를 맞댔더라면 충분히 해결할 수 있는 문제였다.

공무원들이 깨어나지 않으면 결코 지방도시와 대한민국이 달라질 수 없다.

2006년 1월, 창원공단 내 포스코특수강에서 공장부지 확장을 위해 하천을 복개할 수 없겠느냐는 의사를 타진해왔다. 이 회사는 지난 2004년부터 생산력 확대를 위해 공장증설작업을 벌이고 있었다. 하지만 공장부지 오른쪽 마산만으로 흘러드는 폭 10m, 길이 774m의 소하천이 큰 걸림돌이었다. 생각다 못한 회사 측은 하천을 복개해 공장을 짓기로 하고 하천 복개허가를 신청했다.

그러나 하천정비 기본계획으로 정해지지 않은 하천의 복개행위는 금지돼 있었다. 하천을 복개할 경우 집중호우 때 문제가 발생할 수 있다는 이유에서였다. 공장증설에 차질이 빚어질 상황이었다.

이때부터 공무원들의 고민이 시작됐다. 공장증설을 돕기 위한 고민이었다. "하천 자체를 옮겨보자." 고민 끝에 공무원들은 하천을 공장부지 경계지점으로 옮기자는 아이디어를 냈다. 폭 10m의 하천이설은 누구도 생각하지 못한 발상의 전환이었다.

이렇게 되면 하천범람 시 발생할 수 있는 공장침수 피해도 막을 수 있었다. 이때부터 경남도와 중앙부처 설득에 나섰다. 10여 차례, 7개월 동안 관계기관을 방문해 설득한 끝에 "물길을 돌려도 좋다"는 최종허가를 받았다. '발상의 전환'과 공무원의 끈질긴 열정이 빚은 결실이었다.

회사 측은 기존 하천을 외곽으로 옮김에 따라 하천 때문에 사용

하천의 물길을 바꿔 공장증설을 허가하다

창원시의 '물길 변경 행정'은 기업과 시민이 주인인 시민행정의 본보기다. 특히 행정기관과 기업이 상생으로 일궈낸 성과였다. 민원을 접수한 담당공무원은 공무원이 아닌 기업의 입장에서 민원을 생각해 규제를 풀어냈다.

포스코특수강은 2006년 1월 창원시에 공장부지 부족문제의 해결을 호소하면서 하천을 복개할 수 없겠느냐고 문의했다. 그러나 현행 하천법에 '하천정비 기본계획으로 정해지지 않은 하천의 복개행위'는 금지돼 있어 벽에 부딪히는 듯했다. 이에 시청 공무원들은 관련 법률을 검토하고 하천 현장을 수차례 방문, 회사 직원들과 함께 해결책을 모색한 결과 7개월만에 하천 물길을 돌리는 방안을 생각해냈다.

이에 포스코특수강은 하천부지를 활용하여 2008년 1월부터 2010년까지 123만t 규모의 생산시설을 증설할 수 있었으며, 연간 1조 5,000억 원 이상의 매출을 이뤄내 지역경제 활성화에도 크게 기여할 수 있었다.

하지 못했던 3,000~4,000여 평을 효율적으로 사용할 수 있게 됐다. 회사는 이곳에 신단조공장과 함께 고철야적장을 세울 수 있었다. 기업은 또한 변경된 하천 물길을 생태 하천으로 조성해 시민들에게 돌려줬다. 공장부지 확충을 위해 하천 물길을 바꾼 이 '사건'은 전 국민의 관심을 받으며 기업사랑운동의 상징적인 사례가 됐다.

당시 포스코특수강은 이 민원이 해결되지 않는다면 공장을 해외로 이전하려 했다고 한다. 하지만 시의 적극적인 민원 해결에 힘입어 기업은 부지를 확보하게 됐고 시민은 일자리를 잃지 않게 됐다. 또 시는 지방세수를 늘릴 수 있게 됐다. 일석삼조의 효과를 본 셈이다. 지금도 이 일은 공무원과 기업, 그리고 관계기관이 머리를 맞대고 상생을 일궈낸 모범적인 사례로 평가받고 있다.

나는 규제란 절대악이 아니라고 생각한다. 문제는 우리들 '마음속 전봇대'다. 기업사랑운동은 우리 공무원들에게 '하면 된다'는 의지를 심어주었고, 마음속의 전봇대를 뽑아내는 계기가 되었다.

명장 카퍼레이드를 부활시키다

2009년 9월, 1980년대 중반에 사라졌던 기능올림픽 우승자 카퍼레이드가 '기업사랑의 도시 창원'에서 부활했다.

산업화 시대, 기능올림픽 세계 제패는 '우리도 잘살 수 있다'는 꿈과 희망을 심어줬다. 국민들은 거리에 나와 카퍼레이드를 하는 영웅들을 환호로 맞이했다.

30년 전에 태극기와 오색종이가 휘날리는 가운데 서울 도심에서 펼쳐졌던 카퍼레이드의 아련한 추억이 창원시에 다시 부활했다.

나는 캘거리 국제기능올림픽을 준비 중인 삼성테크윈 훈련장을 방문한 적이 있다. 이곳에서 훈련 중인 대표선수들을 격려하면서 "올림픽에서 금메달을 따면 카퍼레이드를 해주겠다"고 약속했다. 그리고 나는 이 약속을 지켰다. 기능인을 중시하는 문화를 만들어 내기 위해서였다.

나는 기술인력이 지역경제와 국가성장의 밑거름임에도 불구하고 기능인을 경시하는 풍조를 안타깝게 생각한다.

그해 8월 캐나다 캘거리에서 열린 제40회 국제기능올림픽에 참가한 창원시 선수단은 2개의 금메달을 목에 걸며 대한민국을 16번째 종합우승국으로 만들어줬다. 이들을 격려하기 위해 나는 약속대로 30여 년간 맥이 끊겼던 경축 카퍼레이드를 다시 선보였다. 선수단을 초청해 격려하고 축하 꽃다발을 전달했다.

우리의 경제성장은 탄탄한 제조업 덕분이었다. 그리고 그 제조업의 기적을 이끈 주역은 바로 기능인이었다. 나는 기능인이 직장에서 대접받고 사회에서 존경받는 풍토를 만들어야 한다고 생각한다.

1977년 첫 우승 때부터 범국가적인 경축퍼레이드를 펼쳐온 이래 지난 1984년에 중단됐던 경축행사를 다시 부활시켜야 한다.

세계 정상, 메이드 인 창원

　우리나라 기업의 역사는 그리 길지 않다. 1950년대 대한민국 100대 기업 중 현존하는 기업은 LG전자, 교보생명 등 7개 정도에 불과하다고 한다. 반면 선진국의 수많은 중소·대기업들이 수백, 수십 년의 역사를 자랑하고 있다.

　나는 우리의 도시들도 세계 일등제품과 마케팅기법으로 한국의 기업들이 도약할 수 있도록 노하우를 공유해야 한다고 생각한다. 맥가이버 칼로 통하는 '스위스 아미 나이프', '덴마크의 어린이 장난감 레고', '0.1㎜ 깃털로 세계시장을 스매싱하는 대만의 빅터' 등과 같은 기업이 대한민국에서도 태어나야 한다.

　이 같은 결과를 만들어내려면 기업 혼자만의 노력이 아닌 시의 노력이 합쳐져야 한다. 시의 노력이란 '기업사랑운동'과 같은 전 공무원들의 기업지원 프로젝트의 생활화를 말한다.

　창원에는 세계를 누비는 기업과 제품이 있다. 두산중공업과 STX중공업의 조선 및 중기보일러 발전설비, 현대로템의 철도차량과 부품, LG의 세탁기와 에어컨, 한국공작기계와 두산인프라코어의 금속 등 가공공작기계는 세계적인 제품이다. 삼성, 볼보코리아, 한국 GM 등에서도 글로벌 대표제품을 생산해 수출하고 있다.

　나는 창원시가 살기 좋은 도시가 된 데는 글로벌 명품을 생산하는 세계적인 기업들이 자리 잡고 있기 때문이라고 확신한다.

지식경제부가 2011년 선정한 세계일류 상품은 총 405개다. 이 중 창원시에서 생산되는 품목이 30개로 7.4%에 달한다. 이 중 세계시장점유율 1위 상품은 우리나라 제품이 131개다. 이 가운데 창원에서 생산하는 제품이 12개로 9.2%에 달한다.

세계시장점유율 1위 제품은 두산중공업의 해수담수설비와 선미주강품, 중유연소화력발전용 보일러, 두산엔진과 STX중공업의 선박용 디젤엔진, STX 조선의 중형 석유제품 운반선, STX엔진의 선박디젤엔진, 에스에프에이의 LCD용 초고속 양면편광판 부착기, LCD원판클린 스토크 등이다. 창원시가 '세계일류상품 생산도시'로써 여전히 대한민국 경제발전에 주도적인 역할을 하고 있다는 증거다.

일류상품을 만들어 내는 창원소재 기업은 두산, STX, 볼보 등 대기업과 강림중공업, 옵트론텍, 디에스터 등 우수한 기술력을 가진 중소기업들이다.

이들 기업은 세계적인 수준의 설계·생산기술을 토대로 지역발전과 국부 창출에 핵심역할을 하고 있다. 두산중공업은 해수담수시설, 대형 엔진용 크랭크샤프트, 선미주강품, 상업용 원자력발전소 원자로용기 등 10개 상품을, 볼보그룹코리아는 굴삭기, STX중공업은 선박용 디젤엔진, STX조선은 중형 석유제품 운반선, 중형 컨테이너 운반선, 에스에프에이는 LCD용 초고속 양면편광판 부착기, LCD원판클린 스토크를 생산하고 있다.

강림중공업에서 생산하는 선박용 보일러, 이코너마이저, 불활성 가스발생기, 선박용 소각기 등 3개 상품이, 옵트론텍에서 제조한 적외선 차단필터 등이 세계적 수준의 제품이다.

창원상공회의소가 2010년 유엔 상품무역 데이터베이스(UN Com trade)와 한국무역협회의 통계, 창원상의 내부자료를 바탕으로 한 '창원지역 주요 수출품의 세계점유율' 조사 결과에 따르면 창

세계일류상품 현황

연번	품목	업체명		세계시장 점유율
1	해수담수설비	두산중공업㈜	대기업	1위
2	굴삭기	볼보그룹코리아㈜	대기업	
3	선박용 디젤엔진	두산엔진㈜	대기업	1위
	선박용 디젤엔진	STX중공업㈜	대기업	
4	선박용 보일러	강림중공업㈜	중소기업	
5	중형 석유제품 운반선	STX조선㈜	대기업	1위
6	대형 엔진용 크랭크샤프트	두산중공업㈜	대기업	1위
	대형 엔진용 크랭크샤프트	STX메탈㈜	대기업	
7	배열회수 보일러	두산중공업㈜	대기업	
8	선박 디젤엔진	STX엔진㈜	대기업	1위
9	선박 중형 디젤엔진 과급기	STX메탈㈜	대기업	
10	중형 컨테이너운반선	STX조선㈜	대기업	
11	선미주강품	두산중공업㈜	대기업	1위
12	선박 중형 디젤엔진 크랭크샤프트	STX메탈㈜	대기업	1위
13	LCD용 초고속 양면 편광판 부착기	㈜에스에프에이	대기업	1위
14	LCD원판 클린 스토커	㈜에스에프에이	대기업	1위
15	굴삭기용 주행장치	㈜두산모트롤 BG	대기업	

연번	품목	업체명		세계시장 점유율
16	이코노마이저	강림중공업㈜	중소기업	
17	수력발전 수차 주강품	두산중공업㈜	대기업	
18	선박 대형 디젤엔진용 실린더라이더	STX메탈㈜	대기업	1위
19	대형엔진 선박용 터보차저	STX메탈㈜	대기업	1위
20	불활성 가스발생기	강림중공업㈜	중소기업	
21	냉강압연용워크롤	두산중공업㈜	대기업	
22	금형강	두산중공업㈜	대기업	
23	화력저압터빈용 로터샤프트	두산중공업㈜	대기업	
24	적외선 차단필터	㈜옵트론텍	중소기업	
25	터빈발전기용 로터 샤프트	두산중공업㈜	대기업	
26	중유연소화력발전용보일러	두산중공업㈜	대기업	1위
27	상업용 원자력발전소 원자로 용기	두산중공업㈜	대기업	
28	LCD용 8세대 글라스 스크라이빙 M/C	㈜에스에프에이	대기업	
29	선박용 소각기	강림중공업㈜	중소기업	
30	핌 머신	디에스터㈜	중소기업	

원지역 주요 수출품 20개 품목 중 9개 품목이 세계시장점유율 1% 이상을 차지한다. 나머지 11개 품목도 0.2% 이상 세계시장을 점유하고 있는 것으로 조사됐다.

2010년 기준 창원지역 주요 수출품 20개 품목 중 증기 발생 보일러와 보일러실 장치 등 발전설비는 세계시장의 10.6%를 점유하고 있다. 총 수출액은 8억 6,275만 900달러에 달한다.

LG전자가 주로 수출하는 대형 세탁기 등 섬유·가죽용 기계류는 세계시장점유율이 4.3%, 수출액이 11억 5,280만 8,000달러에 이른다. 현대로템 등이 생산하는 철도차량과 관련 부품은 수출액 6억 529만 5,000달러, 세계시장점유율 2.5%를 기록했다. 이는 우리나라 전체 동일 품목 수출의 93.7%에 달한다.

우리나라가 세계시장점유율 1위를 차지하는 선박·보트, 부유 구조물도 창원 제품이 세계시장에서 차지하는 비중이 2.1%에 달했다. 수출액은 34억 5,873만 9,000달러였다. 창원의 이 품목 주요 생산업체는 STX조선해양 등이다.

이밖에도 두산엔진·STX엔진 등이 생산하는 내연기관과 부품이 1.1%, 볼보와 클라크 등이 생산하는 굴착기 등 토목공사 장비가

2010년 창원 주요 수출품의 세계점유율 현황

순번	품목명	수출액	국내 점유율	세계 점유율	수출 기업
1	선박 보트 부유구조물	34억 5,873만 달러	7.4%	2.1%	STX, 조선해양 등
2	통신장비	34억 4,886만 달러	9.6%	0.8%	노키아, TMC 등
3	내연피스톤기관과 부품	15억 1,446만 달러	36.1%	1.1%	두산엔진, STX엔진 등
4	굴착기, 토목공사 장비	13억 4,694만 달러	24.0%	1.4%	볼보, 클라크 등
5	소형 세탁기등 가전	11억 7,121만 달러	33.7%	1.4%	LG전자 등
6	대형 세탁기등 가전	11억 5,280만 달러	44.8%	4.3%	LG전자 등
7	에어컨 등 냉난방기	11억 2,985만 달러	33.2%	1.2%	LG전자 등
8	증기보일러등 발전설비	8억 6,275만 달러	83.5%	10.6%	두산중공업, STX중공업 등
9	철도차량과 부품	6억 529만 달러	93.7%	2.5%	현대로템 등
10	금속 등 가공 공작기계	3억 2,908만 달러	27.9%	1.2%	한국공작기계, 두산인프라코어 등

1.4%, LG전자 등이 생산하는 소형 세탁기 등 가정용 전기장비가 1.4%, 냉·난방기가 1.2%, 한국공작기계·두산인프라코어·현대위아 등이 생산하는 가공 공작기계가 1.2%의 세계시장점유율을 자랑하고 있다.

통신장비, 차량 부품, 승용차, 전력기기, 펌프, 전기회로 접속용 기기, 모터, 전기기계장치, 특수산업용 기계, 철강봉과 형강 등 11개 품목도 세계시장점유율이 0.1%를 넘는다.

무한경쟁의 글로벌시장에서 한 자치단체에서 생산한 수출제품이 시장점유율 1%를 넘는다는 것은 매우 주목할 만한 일이다. 시장점유율 1%는 전 세계인 100명 중 1명이 창원 제품을 쓰고 있다는 의미다.

창원에는 현재 3,759개의 기업에서 12만 835명의 근로자가 일하고 있다. 이 중 대기업은 83개에 달한다. 통합 이후 창원의 주요 수출품의 국내외 비중이 계속해서 증가하고 있고, 지난 2011년 기준 수출액은 306억 달러로 증가세를 이어가고 있다.

나는 이 같은 역내 기업의 도약이 국가 전체의 국부창출에 큰 기여를 한다고 믿는다. 대한민국의 지방자치단체들은 역내 기업들이 세계적인 경쟁력을 발휘할 수 있도록 지원을 아끼지 말아야 할 것이다.

국내 첫 '창원메카지수'를 만들다

지역에 소재하는 상장기업들의 주가 동향을 한눈에 볼 수 있는 방법은 없을까.

우리 지역에 소재하는 메카트로닉스 분야 상장회사들의 주가동향을 지수로 만들었다. 이른바 '창원메카지수'를 개발해 2011년 5월 20일 한국거래소에서 공표했다.

창원 소재 기업들의 투자활동을 지원하기 위해 창원상공회의소, 한국거래소와 함께 국내 최초로 개발해낸 지수다. 창원메카지수는 2000년 1월 4일 지수 1,000을 기준으로 전일 종가를 기초로 산출되며 매일 창원상공회의소 홈페이지(http://changwon.korcham.net)를 통해 발표된다.

지수반영 기업은 유가증권과 코스닥시장에 상장된 기업이 대상이며 창원에 본사 또는 생산공장을 두고 있는 기계, 전기·전자, 철강, 금속, 운송장비 등 메카트로닉스 업종의 48개 업체다.

두산중공업㈜, 삼성테크윈㈜, 현대위아㈜, STX조선해양㈜, 두산엔진㈜, S&T중공업㈜, 현대모비스㈜, LG전자㈜, 두산인프라코어㈜ 등이 주요 대상 기업이다.

창원메카지수는 미국 필라델피아 반도체지수처럼 국내외 투자자들에게 창원지역 경제 동향과 국내 메카트로닉스시장의 흐름을 파악할 수 있는 지표로 이용되고 있다.

창원상공회의소가 2011년 한 해 동안 '창원메카지수' 운용을 분석해 본 결과, 연초대비 시가총액 증가는 14개사, 하락은 30개사, '변동 없음' 1개사(매매거래정지 1개사, 연중 신규상장 및 편입 3개사 제외)로 나타났다. 창원메카지수의 전체 시가총액은 연초 75조 933억 원에서 연말 65조 2,946억 원으로 9조 7,987억 원이 줄었다.

창원메카지수는 2001년 3월 이후 비교지수인 코스피지수 아래로 하락한 경우가 없어 창원소재 기업의 놀라운 경쟁력을 나타내고 있다. 이로 인해 창원메카지수는 2000년 1월 4일 1,000포인트를 시작으로 2011년 12월 29일 5,097.19포인트를 기록해 409.70%의 수익률을 나타냈다. 반면에 같은 기간 코스피지수는 1,000포인트에서 1,825.74포인트로 72.40%의 수익률을 올리는 데 그쳤다.

이처럼 창원의 주력생산제품인 메카트로닉스 업종이 시장에서 선전하고 있는 이유 중 하나는 시민운동으로 확산된 기업사랑운동이 일정부분 기여한 것으로 평가받고 있다.

'창원 코스닥 상장사'가 주목받다

창원지역에 본사를 둔 코스닥 상장사는 몇 개나 될까.

모두 16개사에 달한다. 창원상공회의소가 2012년 4월 현재 창원지역 코스닥 상장사 실적을 분석한 결과 1년새 영업이익이 평균 12.2% 증가한 것으로 나타났다.

이들 기업의 총매출액은 2조 330억 원으로 2010년 1조 6,705억 원보다 3,625억 원이 늘어 평균 21.7% 증가했다. 총 영업이익은 1,269억 원으로 2010년 1,131억 원보다 138억 원이 늘었다.

매출액 상위 코스닥 상장사는 경남스틸㈜ 3,379억 원, 삼보산업 ㈜ 3,043억 원, 삼현철강㈜ 2,123억 원, 신성델타테크㈜ 1,584억 원 순이다.

창원지역 코스닥 상장사의 매출실적은 자동차 부품, 기계, 철강금속, 금속가공 업종이 주도하고 있다. 자동차 부품 업종은 국내외 자동차시장의 매출 확대로 부품 수요·수출물량이 증가했다. 기계 제조 업종은 국내외 시장에서 공작기계, 감속기 등의 판매가 확대됐다.

영업이익은 성우테크론㈜이 210% 증가한 것을 비롯해 경남스틸㈜ 84.8%, 삼현철강㈜ 79.1%, ㈜대성파인텍 53.2%, 삼원테크㈜ 31.5% 증가하는 등 8개 업체의 영업이익이 증가했다.

이와 같이 창원지역 코스닥 상장사는 외형성장뿐만 아니라 수익성도 크게 높아진 것으로 분석되어 창원국가산업공단 내 기업의 활력이 지속되고 있음을 알 수 있다.

기업사랑운동, 제2도약 시동걸다

기업사랑운동을 전개한 지 8년이란 세월이 흘렀다.

이 운동을 어떻게 승화·발전시킬 것인가. 개인적으로 1기 '기업사랑운동'이 행정기관 주도로 이뤄졌다면 2기 기업사랑운동은 시민과 기업의 자발적인 참여로 이뤄지길 기대해본다.

2004년 10월 15일 '제1회 기업사랑 시민축제'가 시작될 때만 해도 '기업사랑'이라는 단어 자체는 매우 생소했다. 하지만 이제 '기업사랑'이라는 말은 우리에게 매우 친숙한 단어가 됐다.

8년 전과 비교할 때 경제와 사회환경도 크게 변했다. 유럽발 재정위기로 세계경제가 위기를 맞고 있고 기업들도 힘겨운 싸움을 하고 있다. 국가적으로 경제영토 확장을 위해 FTA를 적극 추진하고 있다.

창원시는 산업기반 고도화와 미래형 첨단산업도시 구현을 목표로 한층 더 업그레이드된 '기업사랑운동 제2도약'을 추진하고 있다. 전략 및 실행 분야를 4대 전략, 8대 분야 100개 단위사업으로 구체화했다.

세계적인 기업사랑의 산업도시 정착, 산업단지 고도화 및 전략산업 육성·발전, 기업애로 해소 및 생산적 고용동력 창출, 지속가능한 강소기업 육성 및 글로벌화 등을 4대 전략으로 내세우고 있다.

동시에 '기업 기 살리기', 경영·산업활동에 체감하는 기업애로사항 해소, 근로자 복지증진과 노사상생문화정착 및 안정화, 산업단지 고도화 및 전략산업 육성, 경쟁력 있는 산업 인프라 구축, 창업기업 육성 및 생산적 고용동력 창출, 중소기업 경쟁력 강화로 강소기업 육성, FTA시대에 대응하는 글로벌 마케팅 지원 등을 8대 추진과제로 설정했다.

이 같은 과제를 효율적으로 추진하기 위해 창원시는 핫라인을 개설했다. 기업인과 근로자의 애로사항을 듣고 바로 처리해주는 CEO 콜 전화(080-333-8585, 수신자 부담)를 개설했으며 '바로바로 해결 서비스'를 도입해 운영하고 있다. 또한 중·석식 시간을 이용해 기업애로를 청취·해소하는 '런치·디너타임'도 계획하고 있다.

'기업애로해결 멘토링 지원사업'도 시작했다. 중소기업체의 현장애로 해결과 경영혁신을 지원하기 위한 것이다. 중소기업 정보지원사이트를 개설해 물가정보, 입찰정보 등의 무료정보도 제공할 계획이다.

근로자 복지증진과 노사 상생문화 정착을 위해 노동복지회관을 신축하고 중소기업의 체력단련실 설치를 지원하는 '1사 1근로자 복지시설'을 확충하는 사업도 추진한다.

2기 '기업사랑운동'의 핵심은 산업단지 고도화와 전략산업 육성에 초점이 맞춰져 있다. 마산자유무역지역 고도화를 추진해 표준공장 3개 동 신축, 주차빌딩 완공 등 1차 확대사업을 빠른 시일 내에 마무리할 방침이다. 진북신촌농공단지의 노후화된 기반시설도 리모델링한다.

창원을 기계산업 메카에서 한국형 실리콘밸리로 탈바꿈시키기 위해 '창원과학기술원'을 설립하고 '창원연구개발특구'를 지정해 운영한다. 또한 '창원과학복합파크'를 건립해 이곳을 첨단과학 기술허브로 조성한다.

고졸 청년 취업에 대한 지원도 강화한다. 일자리창출 우수기업을 선정해 표창하고, 지역 내 대학 출신자를 정규직으로 채용할 경우 고용장려금을 지원한다. 1인창조기업 비즈니스센터를 개설해 아이템개발비, 컨설팅, 창업교육 등을 지원한다.

가족친화제도를 모범적으로 실천하는 기업을 대상으로 연간 2,000억 규모의 중소기업육성자금을 지원한다. 중소·벤처기업을 대상으로 산업재산권 출원비용도 지원한다. 지역 내 기업의 해외진출도 지원한다. 연간 3회에 걸쳐 해외 무역사절단을 파견해 맞춤식 수출상담을 할 수 있도록 돕는다.

기업사랑운동 제2도약 추진은 지금까지의 기업사랑운동을 한 단계 점프업시키기 위한 전략이다. 기업경영 활성화 지원에 맞춰졌던 초점을 한 단계 더 업그레이드해 고도화·첨단화하겠다는 구상이다.

나는 좀 더 세련되고 업그레이드된 2기 기업사랑운동이 기업의 글로벌 경쟁력을 키우고 지역경제를 활성화하는 데 큰 역할을 할 것으로 기대한다.

CHAPTER 2

환경수도프로젝트

환경은 도시의 미래다

카운트다운 '환경수도프로젝트'

오늘날 지구가 직면한 가장 거대하고 시급한 문제는 무엇일까?

아마 지구온난화로 발생할지 모를 환경재앙을 막는 일일 것이다. 우리 삶의 터전인 지구가 온실가스문제로 몸살을 앓고 있다.

2011년 11월 OECD가 발표한 〈환경전망 2050보고서〉에 따르면 2010년 전 세계 이산화탄소 배출량은 역대 사상 최고치인 30.6Gt으로 2050년까지 온실가스가 50% 증가해 지구 평균기온이 3~6℃ 상승할 우려가 높다고 경고한다.

지구의 온도가 상승하면 강우 유형이 바뀌고 빙하가 녹아 해수면이 상승해 극한 기후상황을 맞게 된다. 5,000만 년 전 지구보다 더 뜨거워 인간이 살 수 없는 상황이 될 수도 있다.

이 같은 우려에 따라 OECD는 '온실가스 감축' 목표를 구체적으로 제시하고 있다. 중요한 것은 온실가스 감축을 위한 행동이 더딜수록 비용이 높아진다는 사실이다.

기후변화의 심각성은 한국에도 현실로 나타나고 있다. 겨울철 이상고온 현상이 지속되면서 제주도를 비롯한 남부지방까지 아열대 기후로 접어들었다. 태풍과 홍수, 가뭄 같은 기상이변도 속출하고 있다. 환경부는 '기후변화에 의한 한반도 영향 예측사례'에서 "2050년 서남해안 저지대가 바다 속에 잠기는 기상재난이 발생할 수 있다"고 경고하기도 했다.

지구온난화는 반생태적 성장을 추구해온 인류의 성장전략에서 비롯된다. 환경재앙을 초래하는 공업화의 전략으로 짧은 기간 개발과 성장을 추진한 결과 지구촌은 점점 파괴되어 왔다.

나는 이 같은 성장은 이제 멈춰야 한다고 생각한다. 그래서 창원시는 도시발전과 성장이 균형을 추구할 수 있는 방법을 고민하게 됐다. 이렇게 해서 탄생한 게 '환경수도프로젝트'다. 창원시는 2006년 11월 2일 전국 지자체 최초로 '환경수도'를 선포했다. 창원의 새로운 미래상을 '환경'에서 찾기로 한 것이다.

세계적인 환경수도로 알려져 있는 독일의 프라이부르크와 슈투트가르트, 브라질의 쿠리치바, 일본의 기타큐수 등과 같은 친환경 도시 건설을 목표로 하고 있다. 이들 도시는 시민들이 참여해 친환경 희망도시를 만들었다는 공통점이 있다.

나는 2006년 독일과 네덜란드 등 유럽을 견학하며 적지 않은 충격을 받은 일이 있다. 자전거 도로와 도심 숲 가꾸기는 기본이고, 온실가스 억제정책은 물론 태양광 등 친환경에너지 사용을 의무화하고 있었다. 더욱 놀란 것은 기후관리 시스템을 적용해 만약을 대비하고 있다는 사실이다. '바람길 지도'를 만들어 공기의 흐름까지 관리하는 등 도시 구조의 전 분야에 생태마인드가 작동하고 있었다. 나는 이 같은 생태도시의 콘셉트를 창원시에도 적용하는 게 좋겠다고 판단했다.

창원은 환경수도를 추진하기에 좋은 조건을 갖추고 있다. 우선 계획도시인 만큼 녹지공간이 풍부하고 도시 전체가 산으로 둘러싸여 있는 장점이 있다. 주남저수지를 비롯해 용지호수와 낙동강, 삼귀해안 등 각종 생태환경도 갖추고 있다. 게다가 사통팔달로 뚫린 도로 인프라도 큰 자산이다. 나는 끊임없는 노력과 실천만 수반된다면 '환경수도'의 꿈은 꼭 실현할 수 있을 것이라는 자신감이 들었다.

환경수도 로드맵을 만들었다. 환경 인프라를 확충해 2015년까지 대한민국 환경수도를 만들 전략을 세웠다. 2020년까지 세계적 환경수도의 위상을 확보한다는 중장기 계획도 확정했다.

환경수도를 향한 8대 중점 과제도 선정했다. 푸른 하늘 맑은 공기 확보, 생태하천 조성과 안전한 물 공급, 생명력 있는 녹지네트워크 구축, 자연스러운 도시공간 조성, 녹색교통체계로의 전환, 재활용 가능한 자원 관리체계 구축, 지속가능한 에너지 보급, 에코커뮤니티 조성 등이 주요 실천과제다.

환경은 이제 삶의 질을 결정하는 차원을 넘어 절박한 생존의 문

제가 되었다. 한 도시의 지속가능한 발전도, 나아가 국가의 번영도 환경보전 없이는 어렵다. 환경수도를 향한 실천방안은 가까이 있다고 믿는다. 조금 덜 쓰고 덜 버리며, 약간의 불편을 감수하는 실천운동이 친환경 대한민국을 만드는 길이다.

나는 대한민국에 또 하나의 수도를 만들고 싶다. 바로 창원을 대한민국 환경수도로 만드는 일이다.

환경해법, 미래세대에게 찾다

어떻게 하면 환경수도의 꿈을 실현할 수 있을까.

나는 사람에게서 방법을 찾아야 한다고 생각한다. 모름지기 모든 일은 사람이 한다. 사람들의 생각이 바뀌면 모든 게 바뀌게 된다. 따라서 나는 어린이들에게 환경에 대한 마인드를 심어주면 장차 대한민국이 환경 선진국이 될 것으로 생각한다. 환경문제를 해결하는 해법을 미래세대에게서 찾은 것이다.

창원시는 전국 학생들을 위한 환경교육교재를 자체개발했다. 초등학교 4~6학년 교육교재로 개발해 환경에 대한 중요성을 널리 전파했다(환경교재 보급 : 2009년 37개교, 2011년 52개교, 2012년 71개교). 또한 창원 환경스쿨을 개설해 환경지도자 350명을 양성했으며 환경영화제, 환경포럼 등을 주기적으로 열어 환경에 대한 의식변화를 유도하고 있다.

도시환경 인프라에 대한 가이드라인도 바꿨다. 도시 조성단계에서부터 생태마인드를 접목하기 위해 2008년 7월 생태 가이드라인을 설정해 엄격히 적용하고 있다. 우선 북면 감계지구와 무동지구 개발사업에 생태면적이 40% 이상 적용되도록 했다. 노후화된 대원지구 주거단지는 생태주거단지로 재생하는 사업을 계획하고 있다.

또한 도시의 바람길, 물길, 생태분포도 등 36종에 해당하는 환경생태지도를 제작해 도시개발의 기초자료로 활용하고 있다. 이는 성장 위주의 도시개발 마인드를 친환경 중심으로 바꿔놓기 위한 시도다. 나는 이 같은 작은 시도들이 시간이 지나면 도시의 미래를 바꿔놓을 것이라고 확신한다.

도심하천, 생명력을 복원하다

친환경정책의 성패는 시민들의 참여를 끌어내는 데 있다. 이에 가장 좋은 방법은 친환경개발의 대표사례를 보여주는 것이다.

창원시는 '도심하천 생명력 복원'에서 방법을 찾았다. 단순 치수 기능을 담당하던 도심 하천을 생태하천으로 복원시킨 것이다.

도심을 관통하는 창원천, 남천, 산호천, 삼호천, 교방천을 환경부

도움을 받아 생태하천으로 변신시켰다. 이어 광려천, 토월천, 하남천, 회원천을 대대적으로 정비해 깨끗한 물이 흐르도록 했다.

하천으로 유입되는 오염원을 원천적으로 차단하기 위해 하수관거를 정비하는 한편, 하수처리시설을 대폭 증설하고 있다. 그리고 미생물 처리능력이 뛰어난 EM 흙공을 투척(334회 1만 595명이 참여)해 시민들 스스로 하천 살리기에 동참하도록 했다.

창원시는 전국 최초로 민관이 협력하여 추진하는 '마을도랑살리기사업'도 실시했다. 주민들은 도랑에 쓰레기 안 버리기, 소각하지 않기, 도랑청소 등 스스로 친환경활동을 하도록 했다.

한국수자원공사 경남지역본부, 한국생태환경연구소 등의 도움을 받아 수십 년간 퇴적된 오염물질을 도랑에서 걷어냈다. 그 결과 도랑수질은 2~3급수(BOD 2.4~4.8PPM)에서 1급수(0.8PPM)로 회복됐고 버들치와 다슬기가 돌아오고 있다.

마을 주민들이 참여해 '생태하천 만들기'를 추진한 결과 신음마을은 '대한민국 도랑살리기운동'의 발원지가 됐고 2011년 전국 도랑살리기 경진대회에서 대상을 수상하는 영예를 안았다.

탄소 배출 '제로도시'를 만든다

나 역시 지구가 점점 더워지고 있다는 것을 실감하고 있다. 나의 유년시절 겨울은 정말 추웠다. 지금 생각하면 겨울다웠다는 표현이 맞을 듯하다. 시골에서 태어나 한겨울이면 꽁꽁 언 무논에서 썰매를 지치기도 하고, 눈이 내린 날에는 눈밭을 뒹굴며 눈싸움을 하느라 하루해가 짧았던 기억이 생생하다.

그러나 요즘 겨울에는 눈다운 눈은 고사하고, 얼음 어는 것도 구경하기가 힘들다. 모기들도 1년 내내 활개를 치고 있다. 지금 우리는 수만 년에 걸쳐 겪어야 할 기온의 변화를 몇 십 년 사이에 겪고 있다. 10년이면 강산도 변한다는 말이 있지만, '10년이면 기후도 변한다'는 말이 나와야 할 지경이다.

다행히 전 세계가 지구온난화에 대한 대응방안을 모색하고 있다. 지구온난화 해법의 핵심은 온실가스 배출을 줄이는 길이다. 각 가정은 물론 관공서와 기업 등 사회구성원 모두가 탄소배출을 억제하고, 화석연료 사용을 줄이는 길이 최선이다. 도시의 체질도 저탄소로 바꾸지 않는 한 미래를 장담할 수 없다.

나는 2006년 독일 프라이부르크 지역에서 생태마을로 유명한 보봉(Vaubon)을 방문한 적이 있다. 태양열 주택과 자전거 중심의 교통 시스템이 강한 인상을 줬다.

특히 450여 세대의 주택은 필요한 에너지 전체를 태양열로 충당하고 있었다. 건물 전면을 남향으로 배치해 햇볕을 최대한 받아들이도록 설계됐다.

특수유리를 사용하는 등 에너지 사용을 최소화하도록 설계돼 있는 것도 특징이다. 일반주택과 비교해 4분의 1 수준의 에너지만 사용한다. 지구온난화에 대응하는 현실적인 본보기가 아닐 수 없다.

귀국 후 나는 신재생에너지사업을 포함한 저탄소 녹색도시 만들기에 대한 구상에 들어갔다. 환경수도 선포 1주년을 맞은 2007년 11월 2일을 이용해 당시 이규용 환경부장관과 '기후변화 대응 시범도시' 협약을 체결했다. 2015년까지 창원시의 지역내총생산량(GRDP)당 온실가스 배출량을 2004년 대비 35% 감축하겠다는 약속을 담았다.

기업의 참여가 중요하다고 생각해 창원시는 두산중공업, LG전자 등 10개사와 별도로 온실가스 줄이기 협약을 맺었다. 기업체와 지방자치단체가 온실가스 감축을 위해 자발적으로 협약을 맺기는 이번이 처음이었다. 이들 업체는 현재 온실가스를 줄이는 기술을 도입하는 등 친환경경영을 직접 실천하고 있다.

태양광 주택보급사업도 본격화했다. 2008년 주남저수지 인근 동읍 가월마을 일대를 시범마을로 지정해 80가구에 태양광시설을 설치했다. 그해 창원에는 총 280가구에 태양광시설이 설치돼 전국 최다 태양광주택 보급률을 기록하게 됐다.

태양광은 주택의 옥상이나 정원에 태양전지셀을 설치해 전기를 발전시켜 가정에서 사용할 수 있는 친환경에너지시설이다. 설치비의 70%(국비 60%, 시비10%)를 지원하기 때문에 해당 가구에서는 30%만 부담하면 된다. 월평균 4~9만 원의 전기료를 절약할 수 있는 장점이 있다. 시민들의 참여가 높았던 것은 에너지 절감효과가 입소문을 타고 널리 알려졌기 때문이다.

또한 생활폐기물소각장에서 발생하는 폐열을 재활용해 큰 효과를 보고 있다. 소각장에서 스팀을 하루 430t을 생산해 관내 3개 기업체(삼성테크원㈜ 1사업장, LG전자㈜ 창원1.2공장)에 공급하고 있다. 이를 통해 기존 연료를 소각열로 대체함에 따라 연간 45억 원의 원가절감 효과를 내고 있다. 온실가스배출 감축에 따른 인센티브를 포함하면 연간 5,600만 원의 수입을 추가로 얻고 있다. 또한 쓰레기 매립장에서 발생하는 가스를 자원화해 900㎾/h의 전력을 생산하고 있고 하수처리장에서 발생한 메탄회수에너지를 천연가스버스에 공급하고 있다.

경유차로 운영돼 오염물질을 대거 배출하던 650대의 시내버스는 천연가스버스로 모두 교체되어 탄소 배출을 줄여 나가고 있다. 공단 셔틀버스도 탄소 줄이기에 기여하고 있다. 승용차로 출퇴근하던 근로자들을 위해 공단셔틀버스를 도입했다. 이 결과 자동차 출퇴근 근로자가 줄어들어 교통정체 해소와 주차난 해소에 큰 기여를 하고 있다.

전기자동차와 전기이륜차 이용도 적극 추진하고 있다. 창원시청 관용차 40대를 전기자동차로 대체했으며 국책연구기관인 전기연구원과 함께 '스마트 그리드 사업'을 추진하고 있다.

저탄소 녹색성장은 이제 전 지구적인 생존전략이 되고 있다. 우리 모두가 그간의 삶을 되돌아보고 조금씩만 달라진다면, 지금 지구가 앓는 병이 크게 호전될 것이다.

맛있는 물, 강변여과수를 보급하다

사람은 음식을 먹지 않아도 약 90일을 생존할 수 있지만 물을 마시지 못하면 1주일을 버티기 힘들다고 한다. 그만큼 물은 중요하다. 지난 1990년대 낙동강 페놀사태에서도 보았듯이, 물은 국가기관이 각별히 신경 써서 관리해야 할 소중한 대상이다.

세계은행은 오는 2035년이 되면 지구촌 30억 명이 물 부족 현상으로 심각한 곤란을 겪을 것으로 내다보고 있다. 이에 따라 세계 많은 나라들이 안정적인 물 공급을 위해 고민하고 있다.

창원시는 전국 지자체 중 가장 안정적인 수돗물을 시민들에게 공급해보기로 했다. 강변여과수를 '미래 상수원'으로 개발한 것이다.

강변여과수는 강물을 그대로 취수하는 기존 방식과는 전혀 다르다. 강에서 200m 가량 떨어진 둔치 지하 40m에 취수정을 파서 원수(原水)를 얻는 시스템이다. 강물이 50~100일 동안 강 아래 모래·흙층을 지나는 과정에서 자연정화돼 오염·유해물질이 거의 제거되어 양질의 물로 재생산되는 것이다. 특히 기존의 정수 방식에서 쓰이던 응집제 등 약품을 쓰지 않아 그야말로 친환경적인 정수방식이다. 창원시는 강변여과수 개발을 위해 유럽 선진국에서 보편화되어 있는 취수방식을 벤치마킹했다.

창원시는 2001년부터 총 800억 원을 들여 8년에 걸쳐 친환경 정수시스템을 구축했다. 2007년 11월부터 전국 최초로 강변여과수를 공급하고 있다. 식수량은 하루 6만㎥ 규모로 대방동과 가음정동, 용지동, 소계동 일대 주민 15만 명이 혜택을 받고 있다. 현재 하루 8만㎥을 공급하는 2단계 사업도 마무리 지어 하루 14만㎥의 강변여과수를 공급하고 있다.

새로운 강변여과수 정수방식이 알려지면서 대산정수장에는 국내외에서 견학이 줄을 잇고 있다. 전국 지자체와 시민·환경단체, 기업체 등 모두 1,600여 명이 방문했다. 독일, 일본, 중국, 태국, 말레이시아 등 외국인 60여 명도 견학했다. 2008년 4월에는 강변여과수 개발 종주국이라 할 수 있는 독일의 대학교수들도 이곳을 방문해 취수시설을 둘러봤다. 전 세계가 물 부족이라는 난제에 빠져 있다. 나는 창원의 강변여과수 개발 사례가 널리 알려져 마음놓고 먹을 수 있는 물이 공급되길 기대해본다.

빗물을 저축해 이용하다

"빗물을 저축하다."

빗물을 저축하다니 이게 무슨 말인가. 창원시는 2010년 7월 '창원시 빗물관리에 관한 조례'를 제정했다. 빗물을 저축해 이를 활용하기 위한 시도다. 친환경 시책이다.

우선 주민센터 5곳(용지동, 반송동, 문화동, 봉암동, 웅동2동)에 빗물이용시설, 즉 빗물저금통을 설치했다. 건축물의 지붕면에서 모아진 빗물을 재이용해 물이용 효율성을 높이기 위한 것이다. '빗물저금통'은 빗물을 모으는 집수장치, 빗물을 모아두는 빗물저금통(저장소), 송·배수시설로 이뤄져 있다. 빗물저금통에 담긴 물은 조경수, 텃밭, 화장실, 청소, 소방용수 등으로 재이용하게 된다.

이는 도시의 물환경 악화로 빗물관리가 중요해짐에 따라 빗물의 효율성을 높이는 데 큰 기여를 하고 있다.

공업도시를 녹색도시로 재탄생시키다

지구온난화가 심각해지면서 '저탄소 녹색성장'이 전 지구적인 관심사가 되고 있다.

녹색성장은 화석에너지를 덜 쓰는 성장을 의미하며, 온실가스와 환경오염을 줄이는 지속가능한 성장을 의미한다. 결국 녹색기술과 청정에너지로 신성장동력과 일자리를 창출하는 새로운 국가 발전 패러다임이라고 말할 수 있다.

주요 선진국들은 기후변화 대응 차원에 더해 경제위기 타개책으로 저탄소 녹색성장에 힘을 쏟고 있다. 우리도 예외는 아니다. 이명박 대통령은 지난 2008년 광복절 축사를 통해 '저탄소 녹색성장'을 새로운 국가 비전의 축으로 제시했다. 이제 녹색성장 또는 그린에너지는 지구촌 공동의 목표가 되었으며, 국가 간 무한경쟁체제에 돌입했다고 볼 수 있다.

녹색투자는 경제위기를 돌파하는 대안으로 떠오르고 있다. 신재생 에너지 투자를 통한 일자리 창출 능력은 제조업의 2~3배나 된다. 태양광의 경우는 7~8배의 일자리 창출 효과가 있다는 통계도 있다.

나는 개인적으로 태양광주택사업에 큰 매력이 있다고 생각한다. 전국적으로 태양광주택사업을 확대한다면 가구별 전기요금을 줄일 수 있어 서민경제를 안정시킬 수 있다. 동시에 일자리 창출과 녹색성장산업 육성 효과를 기대할 수 있다.

창원시는 정부의 '녹색성장 5개년 계획'에 맞추어 다양한 그린사업을 추진하고 있다. 녹색 SOC사업과 녹색교통망 구축, 녹색공간 조성 등 3개 분야 17개 사업을 통해 서민형 일자리를 창출하고 있다. 신재생에너지 주택단지 조성, 자전거탐방로 조성, 건축물 옥상 녹화사업, 도심 숲 가꾸기 등이 추진했던 주요 사업이었다.

기후변화협약에도 앞장섰다. 지난 2007년 환경부와 시범도시 협약을 맺은 후 지금까지 20여 개 기업체와 온실가스 저감협약을 체결했다.

환경전문가는 물론 경제학자들도 수년 내 이산화탄소 배출에 무거운 세금을 매기는 나라들이 등장할 것이라고 경고한다. 미래를 준비하지 못하는 국가나 기업들은 수출길조차 막히게 되는 현실을 맞게 될 것이라는 전망이다. 녹색성장을 부르짖는 이유가 여기에 있다.

창원은 다행스럽게 창원공단의 많은 기업들이 동참하고 있다. STX엔진은 시운전폐기가스 방지시설 설치했고, 세플러코리아는 압축공기 시스템을 개선했다. 포스코특수강은 고효율에너지 생산기술을 도입했고 삼성테크윈은 부품을 세척한 물을 버리는 설비 옆에 63억 원을 들여 폐수를 정화하는 신재생에너지 이용시설을 설치했다. 하루 1,300t의 폐수가운데 1,000t을 정화해 연간 28억 원을 절약하고 있다. 두산중공업도 에너지 다소비 설비를 청정연

료용으로 바꿨다. LG전자는 공장건물을 보온성 패널로 바꿔 에너지 소비를 효과적으로 줄여 나가고 있다.

우리는 당면한 경제위기를 극복하면서 기후·환경·에너지문제를 해결하지 않으면 안 된다. 이 같은 고민을 해결해줄 연구시설이 창원시에는 785개나 자리 잡고 있다. 전기연구원, 재료연구소, 경남테크노파크 등 국책연구기관과 기업부설연구소 등이 대표적인 연구시설이다. 이들 연구소는 친환경 녹색성장을 뒷받침하고 있다.

나는 재생에너지연구센터는 물론 창원 R&D단지가 창원을 미래형 녹색도시로 바꿔줄 것으로 믿는다.

테마공원으로 공원천국을 만들다

도심의 공원이 주는 혜택은 이루 말할 수 없이 크다. 시민들에게는 여가를 즐길 공간과 심리적 안정감을 제공하고, 그 존재만으로 생태적·환경적 이득을 준다. 또 도시의 무분별한 확장과 개발을 막는 효과를 발휘한다.

나는 테마공원이 궁극적으로 시민 삶의 질 향상에 중요한 역할을 한다고 믿는다. 그래서 조성하기 시작한 게 테마공원이다. 많은 사람들은 창원을 떠올릴 때 공단을 먼저 생각해 공원이 없는 삭막한 도시일 것이라고 생각한다. 하지만 창원을 찾은 사람들은 도심 곳곳의 공원을 보며 깜짝 놀란다. '축복받은 도시'라며 찬사를 하는 사람들도 있다.

창원의 1인당 도시공원 면적은 32.3㎡로 서울에 비해 4배나 많다. 현행법(도시공원 및 녹지 등에 관한 법률)이 규정하고 있는 인구 1인당 도시공원 확보면적 기준(6㎡)보다 5배나 많다. 전국 도시 1인당 도시공원 평균면적(9.5㎡)과 비교하더라도 3.5배 넓다.

글로벌도시와 비교하면 어떨까. 2006년 말 기준으로 1인당 도시공원 면적은 미국 뉴욕 10.27㎡, 캐나다 토론토 29.69㎡, 영국 런던 24.15㎡, 독일 베를린 24.5㎡, 프랑스 파리 10.35㎡로 창원에 크게 못 미친다. 이외에도 창원은 레저와 여가를 즐길 수 있는 공간 창출을 위해 18개 동(洞)에 스포츠파크를 조성하는 사업을 추진한 결과 전국에서 유일한 '1동 1스포츠파크'를 확보하게 됐다.

창원에는 현재 자연공원 7개, 근린공원 31개, 어린이공원 152개, 체육공원 3개 등 모두 1만 6,265㎢에 달하는 198개 공원을 갖고 있다. 또 완충녹지 45개 소, 경관녹지 44개 소 등 총 89개 소 2,223㎢의 녹지를 보유하고 있다.

대문 밖만 나서면 공원이 반기는 공원천국이다. 그동안 추진해온 공원녹지네트워크의 산물이다.

"공원별로 테마를 만들어라."

창원 시내 공원들은 특색이 없다는 게 지적사항이었다. 이에 창원시는 2007년부터 다양한 테마공원을 조성하기로 했다.

맨 먼저 2008년 7월 가음정 체육공원 안에 장미공원을 조성했다. 1만 6,000㎡의 장미공원에는 6개 소의 장미터널과 30개의 장미꽃탑, 50여 종의 1만여 그루가 형형색색의 향기를 내뿜고 있다. 공원 산책로 곳곳에 허브를 심고 투광등과 조명등을 설치해 야간에도 아름다운 꽃을 감상할 수 있도록 했다. 봄에는 사람들이 몰려들어 발 디딜 틈이 없다.

폭포수와 바닥분수가 시원한 물줄기를 뿜어내는 삼동 벽천(壁泉)공원도 소문이 나면서 많은 시민들이 즐겨 찾는다. 높이 8m, 너비 30m의 벽천이 수변공원의 아름다움을 연출한다. 가족들이 즐겨 찾는 소풍장소로도 인기를 끌고 있다.

남산동 프리빌리지 앞 삼정자공원 내에 있는 전통놀이공원도 인기다. 이곳에서는 땅따먹기, 망줍기, 오징어놀이 등 기성세대의 어릴 적 추억의 놀이 31종을 체험할 수 있다.

삼동 올림픽공원에서 장미공원에 이어 인기 있는 테마공원은 국화공원이다. 계절별로 피는 국화 16종 4만 3,000본과 야생화 6종 1만 2,000본을 심어 시민들이 연중 꽃을 볼 수 있도록 꾸몄다.

용지호수에 설치된 음악분수는 창원의 새로운 랜드마크가 되고 있다. 국내 최고 수준의 시설로 평가받고 있는 이 음악분수는 50m 높이의 고사분수를 비롯해 다양한 모양의 연출이 가능한 시스템 분수를 갖추고 있다. 또 테마가 있는 영상이 워터스크린에 방영되는 레이저쇼도 관람할 수 있다. 야간 두 차례씩 펼쳐지는 공연(겨울 제외)은 시민들의 큰 사랑을 받고 있다.

이밖에 람사르 생태공원과 상남동 분수공원, 반송공원, 용지문화공원 등 다양한 테마공원이 시민들에게 즐거운 휴식공간을 제공하고 있다.

앞으로도 기업사랑공원, 캐릭터공원, 수목원, 단감테마공원 등을 조성할 계획이다. 또한 낙동강변과 삼귀해안의 자연환경을 개발해 생태휴식공간을 시민에게 제공할 방침이다.

이제 도심공원은 '도시 속 푸른 섬'이라는 소극적이고 정태적인 역할을 넘어서야 한다. 다양한 도시문화를 생산하는 문화발전소로, 또한 도시 공간에 활력을 부여하는 촉매제로서의 역할을 해야 하지 않을까.

나무 심어 도시온도를 낮추다

창원에 처음 들어서면 시원한 도로에 숲이 우거진 공원을 많이 볼 수 있다. 특히 도로변마다 줄지어 선 가로수를 보고 탄성을 자아내기도 한다. 공업도시로만 여겼던 창원을 녹색도시로 느끼게 될 것이다.

그렇다면 한 그루의 나무가 주는 경제적 가치는 어느 정도일까.

산림청에 따르면 느티나무 20년생 한 그루가 하루 4~7명이 소비하는 산소를 공급한다고 한다. 동시에 대기오염물질(탄산가스 1.0

㎏, 아황산가스 0.8g, 질소산화물 0.6g)을 흡수한다. 일반적으로 보통 성장한 나무 한 그루가 1년에 평균 5.6㎏ 가량 이산화탄소를 흡수하는 것으로 알려져 있다.

도로에 있는 가로수는 도로 온도를 2.6~6.8℃ 낮추고 습도를 9~23% 낮춰준다. 소음도 50%나 줄여준다. 1㏊의 숲은 연간 68t의 먼지를 정화하고 12t의 산소를 생산하는 것으로 알려져 있다.

더 재미있는 통계도 있다. 산림과학원에 따르면 사람이 일생 동안 배출하는 이산화탄소(CO_2)를 없애려면 947그루의 나무를 심어야 한다. 또 승용차를 대형에서 소형으로 바꾸면 870그루, 중형에서 소형으로 바꾸면 312그루의 나무심기 효과가 있다. 가정용 에어컨 설정온도를 2℃만 올려도 35그루, 일반형 컴퓨터 모니터를 절전형으로 바꾸면 36그루, 백열등을 형광등으로 바꾸면 9그루의 나무심기 효과가 있다.

이 같은 나무의 위력을 알기 때문에 창원시는 범시민 1,000만 그루 심기운동을 전개했다. 말이 1,000만 그루이지 사실 엄청난 숫자다. 이를 통해 도심 전체를 녹색띠로 연결해가고 있다.

온실가스를 줄이기 위해 '제1호 탄소중립 숲'도 조성했다. 이 숲은 기업활동이나 일상생활에서 발생하는 탄소를 상쇄시키기 위한 기후변화 대응 프로그램 중의 하나다. 총 133t의 탄소발생에 상응하는 편백나무 1,000그루를 식재했다.

특히 시민기념식수도 큰 인기를 끌고 있다. 생일, 입학, 졸업, 결혼 등 시민들이 각종 기념일에 스스로 나무를 심어 표찰을 부착해 나무사랑을 실천하도록 한 것이다.

창원시는 식목일이 아니더라도 나무를 심고 싶을 때, 축하할 일이 생겼을 때 문의만 하면 식수 장소와 나무 구입 등을 도와주고 있다.

시민기념식수 사업이 인기를 끌면서 묘목 기증도 줄을 이었다. 나무심기운동이 최대과제인 시민참여를 이끌어 낸 것은 무엇보다 의미 있는 성과였다. 옥상에 흙을 깔고 꽃과 풀, 나무가 어우러진 녹색쉼터를 만드는 옥상 정원화 사업에도 시민참여가 이어졌다.

녹색도시를 만들려면 한 그루의 나무를 심는 것보다 나무를 잘 관리하는 게 중요하다. 창원시는 첨단 IT기술인 전자태그(RFID)를 이용해 '가로수 관리시스템'을 구축했다. 총 10만 본의 가로수에 전자태그를 부착해 가로수의 위치, 수종, 심은 날짜, 병력 등을 체계적으로 관리하고 있다.

나무는 경제, 환경, 삶의 질 등의 측면에서 무궁무진한 잠재력을 가진 미래의 자산이다. 나무를 심는 것은 미래를 준비하는 것임을 잊지 말아야 할 것이다.

주남저수지, 생태명소가 되다

주남저수지는 창원의 제일 큰 자산이다. 국내 최대의 내륙 철새 도래지로 창원을 상징하는 곳이기 때문이다. 특히 지난 2008년 람사르 창원총회 때에는 공식 견학 장소로 세계인의 주목을 받았다.

주남, 동판, 산남 등 약 150ha의 저수지에는 다양한 수초들이 자생하고 있다. 주변의 논도 철새들의 안정된 먹이공급원 역할을 한다.

겨울이면 천연기념물인 재두루미, 노랑부리저어새, 큰고니를 비롯해 천연기념물 20여 종과 환경부 멸종위기 종 50여 종 등 150여 종 수만여 마리의 새들이 찾아온다. 이로 인해 탐조객들에게 가장 인기 있는 철새도래지가 됐다.

겨울철이면 고니 떼가 주남을 찾아 전국의 탐방객들을 설레게 한다. 1990년대 초 점차 줄어들던 가창오리가 1990년대 중반부터 다시 떼 지어 찾아와 기러기류와 함께 화려한 군무를 펼쳐 장관을 연출한다.

창원시는 주남저수지를 세계적 환경 브랜드로 육성하기 위해 다양한 시책을 추진 중이다. 주남저수지 주변 농경지 54만 7,000여㎡를 매입해 철새들의 먹이터와 쉼터로 제공했다. 탐방로와 관찰데크, 목교 등 탐조시설도 대폭 확충했다. 주남 수문~가월 연락수문 간 1.5㎞ 구간의 전봇대는 지중화했다.

204만㎡의 주변 농경지를 임차해 보리를 심거나 물을 제공해 철새들의 쉼터와 먹이터로 만들었다. 주남저수지를 형상화한 심벌마크와 재두루미를 친근감 있게 표현한 캐릭터 '새드리(Seadri)'도 만들었다.

행사에 참여하고, 환경단체 등에서도 탐조프로그램과 전시행사를 진행했다. 철새축제 때는 가창오리떼와 기러기떼의 군무가 탐조객의 눈길을 사로잡는다. 축제기간 5일 동안 무려 10만여 명이 찾는다. 특히 철새축제는 도시 브랜드 가치를 높이고 지역경제 활성화에도 기여가 높다.

자연은 사람에게 경이로움을 제공한다. 우리는 자연의 경이로움 속에서 더 크나큰 감동을 느낀다. 일본 이즈미에는 두루미 하나를 보기 위해 매년 수백만 명이 몰려든다. 우리에게 가장 소중한 자연자원을 세계적인 명소로 키워나가는 지혜가 절실히 요구되고 있다.

환경수도를 향해 나아가다

환경에도 올림픽이 있다. 람사르협약총회, 유엔사막화방지협약총회, 생물다양성협약 총회를 3대 환경올림픽이라 말한다.

창원은 이들 환경올림픽 중 2개를 개최한 국내 유일의 자치단체다. 창원시는 2008년 '제10차 람사르총회'를 개최했다. 아시아지역에서는 1993년 일본의 쿠시로총회에 이어 두 번째 개최였다.

2005년 우간다 캄팔라에 창원 개최를 확정한 후 3년 동안 준비했다. 2008년 10월 28일부터 8일간 열린 대회에서는 세계 160개국의 정부관계자와 NGO 등 2,000여 명이 참여해 환경수도를 만들기 위한 창원시의 노력에 박수를 보내줬다.

대회 슬로건은 '건강한 습지, 건강한 인간(Health Wetlands, Health People)'. 습지 보전과 현명한 이용, 지속가능한 발전을 위한 다양한 의제가 논의됐다. 습지보전과 기후변화에 대한 국제적 약속 '창원 선언문'을 채택함으로써 환경수도 창원을 인증받는 계기를 만들었다는 평가를 받았다.

2011년 10월에는 유엔사막화방지협약 제10차 총회(UNCCD COP 10)를 창원에서 개최했다. 아시아 국가 첫 개최였다. 194개 당사국 중 156개국 6,450명이 참여해 행사규모도 역대 최대였다.

'창원이니셔티브'를 채택해 국내 산림녹화기술을 전 세계에 알리는 가시적인 성과를 냈다. 창원 이니셔티브에는 사막화와 토지황폐화, 가뭄의 피해를 줄이기 위한 실질적인 이행 내용을 담았다.

창원시는 마지막 환경올림픽인 유엔 생물다양성 협약(UNCBD) 당사국 총회 유치에 도전장을 냈다. 람사르총회와 유엔사막화방지협약총회의 성공적인 개최를 노하우 삼아 창원시는 2014년에 열릴 UNCBD 제12차 총회를 경남도와 유치할 예정이다. 총회 개최지는 2012년 10월 인도 하이드라바드에서 열리는 11차 총회에서 결정된다.

UNCBD 총회에는 193개 당사국 고위인사, 국제기구, NGO 관계자 등 1만 2,000여 명이 참석할 예정이다. 창원시의 환경수도를 향한 도전은 멈추지 않을 것이다.

세계가 인정하는 환경도시를 만들다

환경수도를 만들기 위한 창원시의 다채로운 시책은 전국 지방자치단체로부터 주목을 받고 있다. 통합 이후 창원시의 도시정책을 벤치마킹하기 위해 창원시를 방문한 대외기관이 공식적으로 집계된 것만 무려 217개 기관, 4,807명에 이른다.

이는 창원의 도시정책이 전국 지방자치단체의 롤 모델이 되고 있다는 증거다. 가장 관심을 끄는 시책은 시민공영자전거 '누비자'로 대변되는 자전거정책이다. 113개 기관에서 2,068명이 벤치마킹해갔다. 생활폐기물소각장 견학을 위해 63개 기관이 다녀갔고, 11개 기관은 지자체 통합사례를 벤치마킹해 갔다.

중앙정부에서도 창원이 하면 따라했다. 행정안전부는 자전거타기를 국가의 주요전략과제로 선정했다. 친기업 정책과 관련해 산업자원부는 '기업사랑 원년'을 선포했다. 경제4단체에서는 모범기업인 선정·포상, 기업주간 운영, 기업사랑연합회 창설 등을 따라했다.

이는 창원의 기업사랑운동 시책을 그대로 반영한 것이다. 환경부에서는 나에게 제4차 에너지안보 및 기후변화 주요국 장관회의에서 창원시의 환경수도 정책을 발표하도록 요청했다.

창원시의 도시정책은 외부에서도 호평을 받고 있다.

행정안전부의 자전거 10대 거점도시로 선정된 창원시는 2007

년 친환경 경영대상 대상, 2009년 국가환경경영대상 우수상, 2009
년 녹색생활 실천 우수사례 대상, 2009년 자전거이용 활성화 최우
수기관상, 2011년 도시환경대상, 2011년 생생도시 경연대회 대상,
2012년 대한민국 녹색기후상 종합대상 등 환경관련 전국 평가에
서 상을 휩쓸었다.

대한민국 환경모델 대표도시로 인정받은 것이다.

환경분야 주요수상 현황

- 2007년 살고 싶은 도시만들기 대상
- 2007년 친환경 경영대상 부문 대상
- 2009년 국가환경경영대상 우수
- 2009년 녹색생활실천 경진대회 대상
- 2009년 자전거이용 활성화 감사패 수상
- 2009년 자전거이용 활성화 최우수기관 선정
- 2010년 대한민국 10대 자건거 거점도시 선정
- 2010년 UNEP 공인 리브컴 어워드(LivCom Awards) 수상
- 2011년 도시환경대상 녹색경영부문 대상
- 2011년 생생도시 경연대회 우수
- 2011년 지속가능발전대상 공모전 우수
- 2011년 제2회 그린스타트 경연대회 우수
- 2012년 대한민국 녹색기후상 종합대상

특히 UN환경회의가 공인하는 세계 살기 좋은 도시들에게 수여하는 리브콤 어워드(LivCom Awards)를 수상했다. 이 상은 세계적 환경도시들인 브라질 쿠리치바, 미국 포클랜드 등과 당당히 경쟁해 수상한 것으로 이로써 창원시는 세계가 인정하는 환경모범도시 대열에 합류하게 됐다.

창원시는 2008년 람사르 창원총회를 시작으로 UNEP 기후변화 적응 네트워크 개발회의, 2010년 UN 해비타트, 2011년 IPCC 국제기후전문가 회의, UN 사막화방지협약 당사국 총회 등 굵직한 국제 환경회의를 개최해 세계 환경회의의 중심도시가 됐다.

2011년 10월에는 창원시 주도로 제1회 세계생태교통연맹 및 세계자전거 축전을 개최해 초대의장도시가 됐다. 창원시는 2007년 ICLEI 제주총회, 2008년 G8 정상회의 개최에 앞서 서울에서 개최된 환경정상회의, C40 세계도시 기후리더십 정상회의, 2011년 생태회복력도시 총회, 2011년 에코시티 세계정상회의 등에서 사례발표가 이어졌다. 이를 통해 창원의 환경정책을 세계에 알릴 수 있게 됐다.

또한 나는 2011년 2월 스위스에서 개최된 지구에너지 바젤회의와 3월 호주 멜버른에서 개최된 C40 워크숍에서 창원시의 환경정책을 발표했다. 같은 해 6월 캐나다 밴쿠버에서 개최하는 벨로시티 글로벌회의에서는 기조연설을 맡았다.

세계녹색정상회의에 초청받다

나는 특히, 리우선언 20주년을 맞아 6월 브라질 리우데자네이루에서 Rio+20(유엔환경개발회의)의 공식행사로 열린 '제1회 세계녹색정상회의'에 초청받아 사례발표를 하는 영광을 안았다. 나는 여기에서 '창원시의 미래 20년, 지속가능한 도시를 위한 발전방안 및 전략'이라는 주제로 창원의 환경수도 정책을 전 세계에 알렸다.

특히 지속가능한 미래를 위해 삶의 터전인 지구를 살리는데 전 세계가 동참할 것을 호소해 박수갈채를 받았다. 연설이 끝난 뒤 이탈리아 나폴리 시장은 나폴리에서 열리는 '에코시티포럼'에 공식초

'세계녹색정상회의'에서 '환경수도 만들기' 사례 발표를 하는 필자

청하기도 했다.

제1회 세계녹색정상회의에서는 세계적인 환경 리더들과 각계 최고위급 정상들이 한 자리에 모여 '지속가능한 미래구축'을 위한 철학과 견해를 논의했다. 여기에는 리차드 브랜슨 버진그룹 창립자, 피처 로에스처 지멘스 CEO, 헬라 스미트 덴마크 총리, 라젠드라 파차우리 IPCC회장 등 40여 명의 녹색아이콘으로 상징되는 글로벌 환경리더들이 참석했다.

공영자전거 누비자

자전거가 지구를 살린다

한때 전국에 자전거타기 열풍이 분 일이 있다. 1997년 외환위기 때의 일이다. 많은 도시들이 자전거도시를 표방하고 나섰다. 그로부터 10여 년이 넘게 흐른 지금, 그 어느 도시도 자전거도시로 유명한 곳이 없다. 현재 우리나라 자전거 교통수단율 3%라는 초라한 성적표가 이를 잘 대변해주고 있다.

이유가 무엇일까? 구호만 외쳤을 뿐, 정확한 실태조사와 이용자의 의견수렴이 없었기 때문이다. 특히 보여주기식 행정으로 일관했기 때문이다. 특히 승용차 운전 억제를 유도하거나 자전거문화를 확산시킬 수 있는 핵심적인 정책이 빠져 있었다. 한마디로 시민들이 자전거를 타고 싶게 만드는 방안을 고려하지 않았던 것이다. 더욱이 자전거타기는 실천 의지가 중요한데, 정책을 끝까지 밀고 나가지 못했던 것도 주요 실패 원인이었다.

창원시가 '자전거특별시'를 목표로 잡은 것은 환경수도프로젝트가 그 모태다. 환경수도 8대 전략 중 '푸른 하늘 맑은 공기 확보'를 위한 실천방안 중 하나가 자전거타기다. 자전거타기는 심각한 사회문제로 대두된 극심한 교통체증과 대기오염, 고유가 문제를 해결하기 위한 것이다. 또한 건강한 사회 및 삶의 질을 향상시키기 위한 것이다.

자전거는 최근 새로운 녹색교통수단으로 세계적인 붐이 되고 있다. 처음 자전거도시 만들기 계획을 내놓자 주변의 반응은 시큰둥했다. 지금까지 성공한 도시가 없는 데다, 편리한 자동차를 버리고 자전거를 타자니 어느 누구도 좋아할 리 만무했다.

그러나 창원만큼은 자전거도시로 성공할 가능성이 있다는 확신이 섰다. 계획도시를 조성하면서 이미 자전거전용도로가 설치되어 있었다. 거기에다 시내 경사도도 3% 이내여서 자전거타기에는 더없이 좋은 여건이다. 산으로 둘러싸인 분지형 도시로 대기오염에 취약한 점도 자전거활성화 명분에 힘을 실어주었다.

가장 먼저 2007년 2월 자전거이용 활성화 조례를 제정했다. 시민들의 참여를 인센티브로 끌어들이기 위해서였다. 2020년까지 자전거교통분담률을 유럽 수준인 20%까지 끌어올리겠다는 야심찬 목표도 세웠다.

공무원들이 모범을 보이기로 했다. 일본 히메지시를 방문했을 때 공무원들이 자전거로 출퇴근하는 것을 보고 공무원 자전거 출퇴근 아이디어를 냈다. 히메지시는 자가용 출퇴근이 금지돼 있었다. 나는 공무원이 먼저 모범을 보이면 일반 시민은 자연스럽게 따라올 것으로 생각했다.

자전거 출근을 시작하자 처음에는 "저러다 말겠지"라며 비아냥거렸다. 그러나 자전거 타기가 지속되자 나의 진정성을 믿어주기 시작했다. 자전거 인구도 하나 둘 늘기 시작했다. 유가의 고공행진도 자전거 인구를 늘리는 계기를 만들었다.

읍면동마다 자전거타기 시민모임이 자율적으로 생겨났다. 매달 22일을 '둘둘데이'로 지정, 자전거 타는 날로 정했다. 자전거의 두 바퀴가 두 손과 두 발의 힘으로 굴러간다는 의미다.

자전거 인구가 늘면서 자전거인프라에 대한 불만이 쏟아졌다. 이에 시는 자전거전용도로의 위험한 구간을 말끔히 손질했으며, 자전거 통행 유도선을 표시하고 표지판도 부착했다.

좀 더 체계적으로 자전거정책을 펴기 위해 2008년 5월 전국 최초로 자전거 전담부서인 자전거정책과를 신설했다. 이어 창원만의 다양한 자전거정책을 하나 둘 발굴해 시행해 나갔다. 자전거상해보험 가입을 비롯해 근로자 자전거출퇴근 수당 지급, 자전거문화센터 개장, 시민공영자전거 '누비자' 도입 등의 정책을 속속 시행했다.

이들 시책은 모두 '전국 최초'라는 수식어가 따라 붙는다. 정부에서도 이들 시책이 자전거 활성화를 위한 가장 선진적인 정책이라는 평가를 내렸다.

지금도 창원의 자전거 정책을 배우기 위해 전국의 지자체는 물론 기관·단체의 문의가 쇄도하고 있다. 특히 '누비자' 시스템은 대한민국을 넘어 세계보건기구(WHO)와 UN 등 국제기구의 주목을 받으며 세계적인 녹색교통혁명 사례로 평가받고 있다.

주위를 보면 자전거를 좋아하면서도 체면이나 주위 시선 때문에 타지 않는 사람들이 많다. '자출족(자전거 타고 출퇴근 하는 사람)'인 나도 처음에는 양복을 입고 타려니 왠지 쑥스러웠다. 그러나 이제는 편안하고, 자전거 타는 재미도 쏠쏠하다. 우선 시민들과 격의 없이 만날 수 있어 좋다. 신호등 앞에 서면 정차한 택시기사들이나 지나는 시민들이 반갑게 인사를 건네 온다. 또 자연스럽게 운동이 돼 과식을 해도 배가 나오지 않는다.

자전거 도시 만들기 5년째인 지금, 창원의 교통 풍속도는 확 달라졌다. 넥타이를 맨 양복 차림으로 자전거를 타는 시민들의 모습이 낯설지 않다. 주부들이 장을 보러 가거나 학생들이 도서관에 오갈 때 '누비자'를 타는 모습도 자연스럽다. 그만큼 자전거 타기가 생활 속에 정착됐음을 의미한다.

어느 작가는 "인생은 자전거를 타는 것과 같다"고 말한다. '당신이 계속 페달을 밟고 있는 한 넘어질 염려가 없다'는 뜻으로 꾸준하고 묵묵하지 않으면 지탱할 수 없는 자전거를 인생에 비유한 것이다. 나는 자전거특별시로 가는 길도 마찬가지가 아닐까 하는 생각을 해본다. 기나긴 여정이지만 기꺼이 함께 호흡해주고 있는 시민들이 있기에 자전거도시의 미래는 밝다.

분명한 것은 환경과 교통, 에너지문제를 한꺼번에 해결할 수 있는 가장 확실한 대안은 자전거다. 자동차보다 느리지만, 우리의 미래와 희망에 확실히 당도할 수 있는 동반자다. 시내 곳곳이 자전거

물결로 넘실대는 자전거특별시의 진면목을 볼 수 있는 날이 그리 멀지 않을 것이라 확신한다.

쇼(Show), 그만하시죠

2007년 2월 창원시장인 내가 자전거를 타고 출퇴근을 시작하니까, 일부 시민과 지역언론에서 비판하던 말이다. "쇼(Show), 그만하시죠!"

'환경수도 창원' 선포 후 나는 자전거의 이용 활성화가 필수적이라 생각했다. 도로관리과에 자전거 TF팀을 발족했다. 중고자전거 사업, 자전거이용활성화 위원회 구성, '자전거이용활성화에 관한 조례' 제정 등 창원시만의 시책을 내놓았다.

공무원들의 출퇴근부터 의무화했다. 2007년 3월 2일부터 창원시청이나 동주민센터 반경 3㎞ 이내 거주하는 공무원은 자전거 출퇴근을 의무화했다. 승용차 이용을 억제하기 위해 시청 내 주차장은 유료화했다.

시장인 나부터 자전거 출근을 실천했다. 비오는 날이면 대중교통을 이용하고, 맑은 날이면 거의 매일 자전거로 출근했다. 하지만 초기에는 직원들의 반발이 거셌다.

"시장이 쇼한다, 호들갑떨다가 흐지부지 되겠지"라고 비아냥거리기 시작했다. 일부 언론에서조차 나의 자전거 출근에 대한 진정성을 확인하기 위해 잠복취재를 하는 웃지 못할 해프닝이 일어났다.

그러다 거의 2년 정도 아침에 자전거를 타고 출근을 하니 시민들이 인정해주었다. 현재 창원의 자전거 정책은 전국의 모범이 되었고, 국제사회에서 성공한 시책으로 인정받았다. 리더의 솔선수범, 진정성이 어떤 정책이라도 살아있는 정책으로 만들어줄 수 있다고 본다.

'자전거타기'를 문화로 승화시키다

아무리 자전거 보급률이 높다 해도 올바른 자전거문화가 정착되지 않으면 자전거를 안 타는게 낫다. 이에 창원시는 올바른 자전거 문화를 창출해내기 위해 다각적인 방안을 모색했다. 자전거 조례를 토대로 공동주택 53개 단지에 자전거거치대를 설치했다. 공공기관, 학교, 기업체 등 16곳을 자전거타기 시범기관으로 지정해 대중의 참여를 유도했다.

시내 130곳에 3,200대를 주차할 수 있는 자전거거치대도 설치했다. 반송 숲속 자전거도로, 공원·상가 자전거도로 등 216개 노선 593㎞를 정비했다. 특히, 대방로 4차선 중 1개 차선을 자전거 전용 차선으로 조성하는 한편 숲속 자전거길, 하천변 자전거길, 주남저수지 자전거도로, 낙동강 수변 자전거도로 등 테마형 자전거도로를 개설해나갔다.

자전거 생활화를 뒷받침하고 올바른 자전거문화를 창출하기 위해 '창원시자전거문화센터'도 2008년 9월 개장했다. 자전거에 관한 기초 교육, 정비·전시·쉼터 등의 서비스를 제공하는 전국 최초의 자전거 종합문화 공간이다.

센터 옆에는 자전거의 안전과 법규를 가르치는 자전거 교실, 도로 주행과 S자, 곡선 코스 운행법을 가르치는 자전거 주행 교육장을 갖췄다. 바이크 라운지에서는 모니터를 이용해 '시뮬레이션 자전거'도 체험할 수 있다.

연중무휴 자전거를 무료로 수리할 수 있는 정비소, 최신 자전거 전시장까지 갖췄다. 홍보관에서는 자전거의 변천사에 따른 모형, 예술 작품과 같은 유리 자전거, 추억의 자전거 등을 관람할 수 있다.

뒷바퀴에 비해 앞바퀴가 유난히 큰 빅휠 오디너리 자전거는 안장에 앉을 수 있도록 해 기념사진 촬영 장소로 인기다. 투르드 프랑스대회를 7연패한 랜스 암스트롱의 발 모형도 관람객들의 눈길을 사로잡고 있다.

자전거문화센터는 행정안전부를 비롯해 전국 지자체의 자전거 담당 공무원, 기업과 대학 등 다양한 기관에서 찾고 있다. 창원시자전거문화센터가 국내 최고의 자전거문화공간으로 발돋움했음을 반증한다.

센터는 표준모델이 되어 일선 지자체의 벤치마킹 사례가 되고 있다. 공식견학 코스가 되어 지금까지 190여 개 지방자치단체와 지방의회에서 5,000여 명이 다녀갔다.

자전거 타기를 활성화하기 위해 창원시가 내놓은 제도도 전국의 주목을 받고 있다. 자전거 상해보험과 근로자 자전거 출퇴근 수당 제를 전국 최초로 도입했다.

LIG손해보험과 계약을 맺고 2008년 9월 22일 자전거 상해보험을 대중화했다. 자전거 보험은 공무원이 2년에 걸쳐 설득한 끝에 이뤄진 결과물이었다. 시민들은 이 보험 덕택에 자전거 교통사고로 사망하거나, 다칠 경우 장애 등급에 따라 최고 2,900만 원의 보험금을 지급받고 있다. 또 사고로 4주 이상의 치료가 필요하다는 진단을 받으면 1인당 40만 원의 보험금도 받을 수 있다.

한 달에 15일 이상 자전거를 타고 출·퇴근하는 근로자에게는 최고 3만 원의 수당을 지급하는 출퇴근 수당제를 도입했다.

앞으로도 올바른 자전거문화를 선도할 수 있도록 자전거문화센터의 소프트웨어를 더욱 강화할 것이다. 다양한 법적·제도적 장치를 마련해 자전거타기가 문화로 승화될 수 있도록 할 것이다.

시민공영자전거 '누비자'가 태어나다

〈자전거 도둑〉이라는 옛 이탈리아 영화가 있었다. 주인공은 길거리 벽보 붙이는 일을 하기 위해 아내가 소중하게 간직했던 침대 시트를 전당포에 맡기고 자전거를 구입한다. 그러나 이튿날 자전거를 잃어버린다. 주인공은 도둑을 찾아 나서지만 번번이 놓치고 어쩔 수 없이 자신도 자전거 도둑이 돼 절망하게 된다는 줄거리다. 이 영화는 개발연대 가난한 우리네 정서와 맞아 떨어지면서 큰 사랑을 받았다.

누비자, KBS 〈체험 삶의 현장〉 프로그램에 소개

중고자전거 수거·수리작업과 시민공영자전거 '누비자' 시스템 등 창원시의 녹색성장 실천 현장이 KBS 1TV의 인기프로그램인 〈체험 삶의 현장〉을 통해 전국에 방영됐다.
〈체험 삶의 현장-창원편〉에서는 이만기 인제대 교수가 '자전거 리폼사업'의 일꾼으로 출연해 구슬땀을 흘리는 모습을 생생하게 보여주었다.
이만기 교수는 창원시자전거연합회 회원들과 함께 아파트단지 등을 돌며 방치된 중고자전거를 수거해 수리하는 작업과정과 완성된 자전거를 저소득층에 나눠주는 모습을 촬영했다. 이와 함께 전국 최초의 공영자전거 '누비자' 시스템 소개와 시승 모습, 자전거문화센터도 방영되었다.

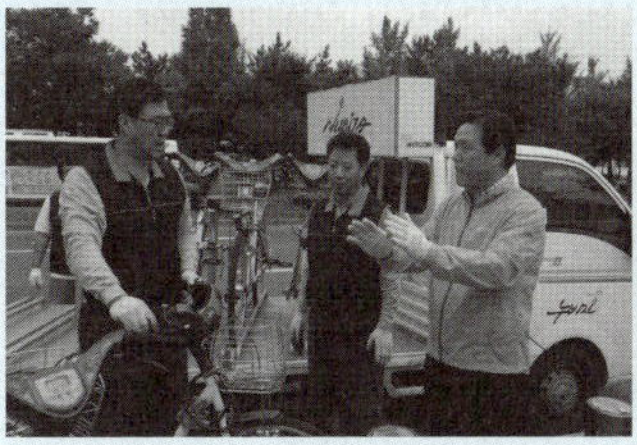

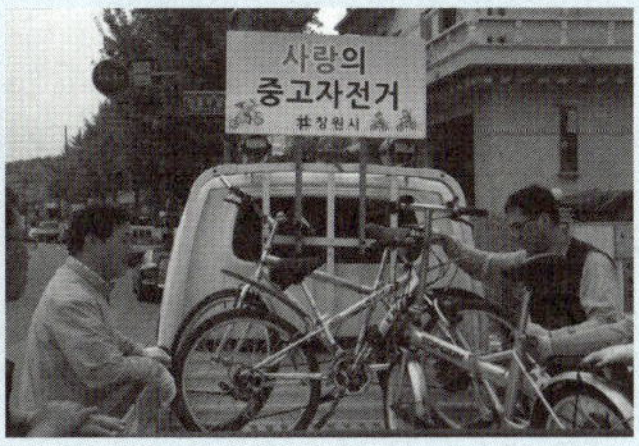

아마 자전거를 타는 사람치고 도둑을 맞아본 경험이 없는 사람은 거의 없을 것이다. 예나 지금이나 자전거 도난은 골칫거리가 아닐 수 없다.

자전거 이용을 기피하는 이유 중 하나가 일단 타고 나가면 계속 끌고 다녀야 하는 부담감 때문이다. '짐'이 된다는 것이다. 잘못 두었다가는 도둑맞기 십상이다.

'보관'과 '도난'의 문제를 한꺼번에 해결하고, 시민들이 언제 어디서나 자전거를 편리하게 탈 수는 없을까? 이 같은 고민 끝에 등장한 것이 '무인대여 공영자전거 시스템'이다. 자전거정책과에 특별 채용된 전문가와 프랑스 파리의 '밸리브(Velib)'를 비롯해 해외 주요 공영자전거에 대한 벤치마킹과 시스템 분석에 들어갔다. 세계적으로 알려져 있는 밸리브가 좋은 사례로 간주됐지만 난관에 빠졌다. 밸리브는 민간사업자(광고업)가 설치·운영해오고 있어 우리에게 필요한 자료를 내줄 수 없다는 것이었다.

다시 프랑스 리옹 등 '사이클로시티(Cyclocity)'사업에 투입되고 있는 제이씨데코(JCDecaux)사의 공영자전거를 벤치마킹해 이를 기본모델로 채택했다. 그러나 우리의 실정에 맞아야 하기 때문에 자체 모델과 시스템 개발에 들어갔다. 실무진과 함께 자전거 모형에서부터 안전성과 내구성은 물론 기능에 대한 논의와 토론이 이어졌다. 시민들의 안전이 담보된 만큼 허술하게 넘길 일이 아니었다.

수차례의 논의 끝에 우리나라 IT분야의 강점을 이용, 유비쿼터스 기술을 접목한 전혀 새로운 기능의 시스템을 도입하기로 결정했다. 위치추적장치(GPS)를 탑재하고 초고속 인터넷망을 활용해 첨단 상황관제실을 운영하는 게 핵심이었다. 안전성과 내구성을 고려해 전 세계 어느 공영자전거보다 튼튼하게 만들기로 했다.

자전거 터미널 설치공사가 시작됐고 공영자전거 명칭 공모에 들어갔다. 공모 결과 '누비자(NUBIJA)'가 당선작으로 뽑혔다. '누비다'와 '자전거'의 합성어인 '누비자'는 자전거를 타고 창원뿐 아니라, 전국을 넘어 세계를 누비자는 희망을 담고 있다. '가깝고 유용한 자전거, 재미있고 즐거운 유혹(Nearby Useful Bike, Interetsting Joyful Attraction)'이라는 의미로 알파벳 첫 글자를 딴 것이기도 하다.

날렵한 몸매의 '누비자'는 첫 선을 보이자마자 전국의 이목을 집중시켰다. 그도 그럴 것이 파리의 '밸리브'보다 훨씬 진일보된 시스템을 갖추고 있기 때문이다.

누비자는 속도계와 총 주행거리와 시간을 표시하는 전자 센서, 위치를 추적할 수 있는 GPS(위성항법장치)시스템, 잠금장치 등을 갖추고 있다. 특히 GPS는 시민이 빌려간 자전거가 전국 어디에 있든 위치 추적이 가능하도록 했다. 이 결과 지금까지 도난 자전거가 단 한 대도 없다. 프랑스 밸리브가 한 해 많게는 수천 대를 도난당한다는 해외토픽을 본적이 있다. 인근 국가는 물론 호주에까지 가 있었다고 전했다.

누비자의 운행 시스템도 독특하다. 버스정류장처럼 시내 곳곳에 전용 터미널이 있다. 터미널에는 자전거는 물론이고 운행 체계를 알리는 터치스크린 방식의 무인정보 검색시스템까지 갖추고 있다.

이용 회원으로 가입한 시민은 누구나 이 터미널에서 누비자를 빌려 탈수 있다. 2만 원의 연회비를 내고 자전거사랑카드를 발급받으면 된다.

2008년 10월 22일, 누비자는 역사적인 개통을 했다. 430대의 누비자와 자전거터미널 20개 소로 시작했다. 개통 초기에는 시스

누비자(NUBIJA)란?

- 누구나, 언제나, 어디서나 편리하고 손쉽게 이용할 수 있도록 유비쿼터스 (Ubiquitous)기술이 적용된 창원시의 무인대여 공영자전거

- 우리말 '누비다'와 '자전거'의 합성어
⇒의미 : 창원시 곳곳을 자유로이 다니다.

- 영문 'Nearby Useful Bike, Interesting Joyful Attraction'의 줄임말
⇒의미 : 가깝고 유용한 자전거, 재있고 즐거운 유혹

템의 불안정으로 운영에 다소 어려움이 있었지만, 곧 정상화되었다. 현재 누비자는 230개의 터미널과 4,630대가 운영되고 있으며 2012년에는 280개의 터미널과 6,000대로 확대할 계획이다.

누비자 이용은 2009년 5월 3일 '제1회 대한민국 자전거축전'을 계기로 폭발적으로 늘었다. 그해 5월 말 회원 수가 1만 명을 돌파했다.

누비자 도입 이후 지난 1,000일 동안 누비자의 총 이용횟수는 545만 2,542회에 달한다. 1일 평균 5,552회 이용된 것으로 나타났다. 이를 연도별로 살펴보면 241회(2008년)→4,229회(2009년)→6,118회(2010년)→1만 2,688회(2011년)로 매년 큰 폭으로 늘고 있다. 누비자 회원은 2011년 7월 1일 기준 9만 999명에 달한다. 10명당 1명이 누비자 회원인 셈이다.

누비자는 도입 이후 지난 1,000일 동안 지구 875바퀴에 해당되는 거리인 3,675만 1,610㎞를 주행했다. 에너지(유류) 절감액은 66억 1,500만 원(연비 10㎞/ℓ당 1,800원 기준), CO_2 감축량은 약 7,718t인 것으로 나타났다.

창원시민의 95.6%는 자전거타기를 긍정적으로 평가하고 있다. 나는 환경수도, 창원의 상징이 된 '누비자'를 사랑한다. '누비자'는 창원의 자랑이자, 새로운 녹색성장 아이콘으로 자리 잡게 될 것이다.

세계적 브랜드 '누비자'를 만들다

'누비자' 운영 시스템은 대성공이었다.

이 시스템을 배우기 위해 전국 지자체들의 견학과 문의가 이어졌다. 무려 190여 기관과 지자체, 각종 단체 등이 공영자전거 운영 체계를 견학하기 위해 창원을 찾았다. 이틀에 한 번 꼴로 방문한 셈이다. 전담부서인 자전거정책과는 아예 고유 업무를 못볼 지경이다. 그렇다고 멀리서 온 손님들을 나 몰라라 할 수는 없는 노릇이다.

누비자는 국내를 넘어 UN에서도 인정받았다. 2009년 3월 부산시청에서 열린 부산·경남 4급 이상 간부공무원 워크숍에서 한승수 전 국무총리는 "창원시는 람사르총회를 성공적으로 개최했고 '환경수도'를 주창하여 기후변화대응에도 선도적인 역할을 해 UN에도 잘 알려져 있다"고 전했다.

미국의회 라디오는 2008년 6월 누비자를 소개했다. 같은 해 11월 람사르 창원총회 때에는 아나다 티에가 람사르협약 사무총장이 누비자를 시승해 전 세계 환경인의 주목을 받기도 했다.

2009년 10월에는 누비자 개통 1주년을 맞아 일본 공영방송 NHK에서 누비자 운영체계와 성과를 취재했다. 누비자로 출근하는 공무원의 모습을 비롯해 자전거문화센터, 근로자의 자전거 출퇴근과 학생들의 자전거 등하교 모습을 소개했다.

지난 2008년 WHO(세계보건기구)와 유엔지역개발센터(UNCRD),

건강도시연맹(AFHC)의 주관으로 일본 나고야에서 열린 '환경적으로 지속 가능하고 건강한 도시 운송' 회의에서 누비자가 2010년 주요 정책·홍보사업으로 채택됐다. 누비자가 건강을 지키는 친환경 녹색 교통수단이란 점을 높이 평가했던 것이다. 이로써 창원시는 WHO로부터 2,000만 원을 지원받아 WHO가 주최하는 국제회의에서 누비자사업의 추진 경과와 성과에 대해 발표할 수 있었다.

2009년 4월 캐나다 에드먼턴시에서 열린 2009 지방자치단체 국제환경협의회(ICLEI) 세계총회에서도 누비자를 소개했다. 특히 에드먼턴 시장은 자전거에 관심이 많아 누비자 시스템에 대한 설명을 듣고 무척 부러워했다.

10월 창원컨벤션센터에서 열린 UCLG-ASPAC(세계자치단체연합 아태협의회) 총회, 2010년 UN해비타트 회의, 2011년 IPCC(기후변화정부간위원회) 세계기후전문가회의에 참석한 환경 전문가와 NGO대표들도 창원시자전거문화센터를 견학해 누비자를 직접 타보고 찬사를 아끼지 않았다.

2011년 4월에는 유럽지역 최고 권위의 자전거단체인 유럽자전거연합(ECF, European Cyclists' Federation) 버나드 엔싱크(Bernhard Ensink) 사무총장이 창원시를 방문해 자전거 관련 분야 전반에 대한 협력 및 교류 체계를 강화했다.

ECF 내 자전거이용자 단체, 학술적 전문가와의 교류를 약속했고 창원시 자전거정책과 공영자전거 누비자 관련 기고를 돕기로 했다.

ECF는 1983년에 결성된 12개 자전거이용자 단체의 연합으로 현재 39개국 65개 단체로 구성되어 있다. 각종 자전거이용활성화 캠페인 전개 및 자전거정책 입안을 담당하는 유럽지역 최고의 자전거단체다. 창원시는 ECF와 2010년 3월 자전거이용활성화에 대한 상호 업무협약(MOU)을 체결했다.

한 도시에 없던 새로운 녹색교통시스템을 정착시키는 것은 쉬운 일이 아니다. 특히 하나의 시스템을 세계적인 브랜드로 키워내기는 더더욱 그렇다. 나는 대한민국의 누비자가 세계적으로 성공한 녹색시대의 첨단 시스템으로 더욱 발전할 수 있길 기대해본다.

누비자 시스템 수출의 길을 찾다

누비자가 각광을 받을 수 있었던 것은 첨단 IT시스템을 응용했기 때문이다.

GPS(위치위성시스템)를 장착해 이동상황을 수시로 확인할 수 있고 언제 어디서나 반납·대여가 가능하도록 했다. 개인용 자전거 이용의 불편을 획기적으로 해소한 첨단시스템은 전 세계인을 놀라게 했다.

IT 선진국 대한민국의 역량을 과시하는 수단이기도 했다. 창원시는 스마트폰과 연계한 기술개발과 누비자 기술의 해외수출도 추진하고 있다.

우선 누비자 시스템의 상품화, 기술이전을 위해 ㈜KT와 업무협약(MOU)을 체결했다. 공공자전거 시스템 기술이전, 수출용 공공자전거 개발, 시장진출 등을 협력하기 위해서다.

국내 최고의 통신네트워크 기업인 KT의 IT 기술을 누비자에 접목해 누비자 시스템을 상용화한다면 누비자 수출에 물꼬가 트일 것으로 보인다. 이는 IT 융합형 친환경 녹색 교통을 개발해 낸다는 점에서 매우 의미 있는 도전이다.

실제 2011년 5월 독일 본에서 개최된 '생태복원력 도시총회'에서 크로아티아 호퍼민지아시의 드라젠프리스 부시장이 '누비자 시스템'에 대한 기술이전을 요구해왔다.

2012년 1월에는 미국 국립학술원 산하 교통연구위원회(TRB)의 학술대회(워싱턴)와 미국 남가주 정부연합(SCAG), 로스앤젤레스시 교통국, 워싱턴D.C 교통국, 캘리포니아주립공과대학(CAL POLY) 등에 누비자 운영사례를 소개했다. 특히 교통분야 세계 최고의 권위를 자랑하는 TRB의 초청으로 참가한 '제91회 연례학술대회'에서는 호평이 쏟아졌다.

미국 주요 도시와 대학들의 러브콜도 이어졌다. 로스앤젤레스시와 워싱턴시 등은 누비자만의 독자적인 기술과 운영 노하우의 우수성을 높이 평가하면서 이를 도입하겠다는 의사를 나타냈다.

SCAG 프랭크 웬 토지이용·환경계획 국장은 "누비자는 지금까지 본 공공자전거 시스템 중 가장 뛰어나다"며 "조만간 SCAG 산

하 6개 카운티의 191개 도시에 누비자 사례를 널리 알리고, 벤치마
킹을 하도록 하겠다"고 말했다. 웬 국장은 캐나다 밴쿠버에서 열린
'2012 벨로시티(Velo-city) 컨퍼런스'에 나를 초청해 누비자의 성공
사례를 들었다.

누비자 운영시스템의 우수성은 이미 국제사회에서 인정받고 있
다. 나는 누비자가 새로운 상품으로 자리 잡아 세계무대로 수출되
는 날을 상상해본다.

대한민국에 은륜 물결 희망을 띄우다

국내 최초였다. 2009년 5월 3일 자전거 역사에 한 획을 긋는 특
별한 날이 창원시에 생겨났다. '제1회 대한민국 자전거축전'이 열
린 것이다. 대통령도 참석한 이날 축전에는 전국의 자전거 마니아
와 동호인들이 대거 모여 도심을 온통 은륜 물결로 가득 채웠다.

전국 유수의 도시를 제치고 창원에서 대한민국 자전거축전이 개
최된 것은 여러모로 의미가 크다. 창원은 1970년대 조국 근대화와
산업화를 이끈 도시다. 이러한 상징적인 도시에서 이제 녹색성장
의 동반자인 자전거를 통해 제2의 국가발전의 미래를 선포했다는
데 의미가 있다.

또한 창원이 환경수도를 지향하는 녹색성장 현장이자, 대한민국
자전거정책을 선도하는 도시로 공인받은 것을 의미한다. 자전거천

국을 꿈꾸며 여타 지자체와는 비교가 되지 않을 정도로 가히 혁명적인 정책을 실현해 내고 있는 창원은, 자전거축전을 통해 명실공히 대한민국 자전거 메카로 우뚝 서게 됐다.

사실상 정부의 자전거축전 계획이 없었더라도, 창원은 2009년 4월이나 5월쯤 전국적인 자전거축제를 열 계획이었다. 이런 와중에 전국을 순회한 뒤 한 도시에서 축전을 개최할 것이라는 정부의 방침과 시기가 묘하게 맞물리면서 개최지가 창원으로 결정됐던 것이다. 이는 창원시가 그동안 자전거정책을 지속적으로 추진해 자전거도시로 인정받은 데 있었다.

행사 당일 도청광장에서는 행사장인 창원광장까지 타고 갈 '누비자'가 배치됐다. 누비자에 대한 발표에 이어 대통령과 부처 장관 그리고 전국의 시도지사들이 누비자를 타고 창원광장까지 퍼레이드를 펼치는 진풍경이 펼쳐졌다. 자전거도시 창원의 저력과 긍지를 새삼 드러내는 순간이었다.

이명박 대통령은 기념사에서 "자전거타기를 실천해 녹색성장을 이뤄나가자"고 역설했다. 또 잠자고 있는 자전거산업을 육성해 나갈 것이라는 점도 강조했다.

다채로운 이벤트도 이어졌다. 창이와 원이 캐릭터를 활용한 페이스페인팅, 타로카드 점성술, 키다리 삐에로 퍼포먼스, 자전거 튜닝교실, 무료 자전거점검 등이 마련됐다.

자전거 동호인, 일반시민 등 6,000여 명이 참가하는 자전거 퍼레이드도 펼쳐졌다. 참가자들은 창원광장을 출발해 종합운동장과 대방사거리, 공단본부삼거리를 거쳐 창원광장을 돌아오는 16.5㎞ 구간을 달렸다. 은륜의 물결이 도심을 수놓았다.

대한민국 자전거축전은 전국적으로 자전거 인구를 늘어나게 하는 기폭제가 됐다. 대통령이 누비자를 타는 모습이 전국에 방영되면서 누비자 또한 더욱 명성을 날렸다. 당시 5,000명 가량이었던 누비자 회원 수는 순식간에 1만 명을 돌파했다.

창원은 세계적인 자전거 도시로 거듭나기 위해 끊임없이 가속페달을 밟을 것이다.

필자가 '제1회 대한민국 자전거축전'에서 이명박 대통령과 함께 자전거를 시승하고 있다.

CHAPTER 4

더불어 사는 사회

최고의 복지는 일자리다

글로벌 경제위기가 계속되면서 서민경제가 직격탄을 맞고 있다. 가계부채 1,000조 원, 공기업을 포함한 정부부채 800조 원으로 '부채경제'가 경제를 더욱 위축시키고 있다.

여기에 정치적 표퓰리즘이 맞물리면서 무상급식, 무상보육, 무상교육이라는 3무(無) 복지정책이 논란을 일으키고 있다. 무상복지는 지방자치단체에 심각한 재정 압박을 초래하고 있다.

더욱 심각한 것은 경제난이 장기화하면서 청년실업이 사회문제로 부상하고 있다는 점이다. 청년뿐만이 아니라 40·50대 부모들도 일자리를 구하지 못해 일자리 대전쟁이 연출되고 있다. 어떤 '시니어 사원' 모집 공고에는 명문대 석·박사 학위를 가진 사람이 70여 명이나 몰려들었고 대기업이나 중견기업 간부를 지낸 사람도 400명이 넘었다고 한다. 이 같은 현상이 우리사회 현실이다.

나는 2012년 새해 전 직원이 함께하는 정례조회에서 시정의 역점을 상대적으로 힘들어 하는 서민생계를 챙기고, 청년일자리와 사회적 희망일자리를 만드는 데 전 행정력을 집중하자고 제안했다. 그만큼 일자리 창출이 시급하다. 나는 일자리를 창출해 시민들에게 먹을거리를 제공하는 게 시가 해야 할 가장 중요한 복지정책이라고 생각한다.

창원시는 사회적 기업을 적극적으로 지원하고 있다. 고용노동부의 인증을 받은 사회적 기업 9개, 경남도가 지원하는 예비 사회적 기업 15개, 그리고 지방자치단체 처음으로 창원시가 직접 선정·지원하는 창원형 사회적 기업 4개 등, 총 28개가 새로운 비전을 만들어내고 있다.

앞으로 사회적 기업 50개 설립을 목표로 하고 있다. 이들 사회적 기업에는 변호사, 세무사, 노무사, 경영지도사 등 전문가들의 서비스를 무료로 제공한다.

'창업하기 좋은 도시'를 만들기 위한 정책도 차근차근 추진되고 있다. 창원시는 2011년 3월 1인 창조기업 비즈니스센터를 열어 입주기업 30개를 지원하고 있다.

월 임대료 1만 5,000원이며 매달 평가에 따라 5~100만 원의 아이디어 개발료를 지원한다. 현재까지 지적재산권 15건을 출원하는 등 가시적인 성과가 나오고 있다.

공무원들이 직접 일자리 창출에 앞장서고 있다. 시청과 구청 공무원, 취업전문상담사 등 28명이 '찾아가는 일자리 전담반'을 꾸려 관내 3,500개 지역업체를 방문해 '1명 더 고용하기'를 제안하고 있다.

청년 채용을 독려하기 위해 채용보조금도 지급한다.

근로자 50명 이상인 관내 기업이 지역대학 출신자나 지역거주자를 정규직으로 채용하면 1인당 월 80만 원씩 6개월간 채용보조금을 지급한다.

실업계 고졸자 특별 임용제도도 도입했다. 이 제도는 기술직 9급 공무원 채용에서 전체 인원의 30% 가량을 실업계 고졸자 가운데 채용하는 것으로, 2012년 5명을 선발할 계획이다.

다행스럽게 창원시 고용상황이 호전되고 있다. 지식경제부 공식 공장 등록시스템인 '공장설립관리정보시스템(Femis)' 자료를 분석한 결과 창원시 제조업체의 상시 일자리는 2010년 통합당시 11만 7,659개에서 2011년 6월에 12만 672개로 3,000개가 늘었다. 고용노동부가 주관한 '2011 전국 지역브랜드 일자리사업 경진대회'에서도 전국 167개 광역·기초지자체 중 창원시가 유일하게 대상인 대통령상을 받았다.

3무(無) 4강(强)의 복지가 간다

경제원리로 복지정책 펴다

통합 전 창원시장이었기 때문에 나는 옛 마산과 진해 주민들이 상대적 소외감을 느끼지 않도록 하고 싶었다. 마산과 진해 시민의 우려를 불식시키기 위해 그만큼 세심한 부분까지 신경을 써야 했다.

시민과 직접 만나는 읍면동 순방과 각종 행사 때는 마산·진해지역을 우선적으로 방문했다. 오히려 창원지역 시민들로부터 역차별한다는 오해를 사기도 했다.

통합 이전 창원, 마산, 진해는 시민생활과 직결된 제도가 서로 달라 통합 초기 지역별로 민원과 혼란이 잇따랐다. 따라서 법과 제도를 정비하는 게 급선무였다. 대표적으로 쓰레기 처리방법, 시내버스 운영체계, 상하수도 요금, 장수수당, 출산장려금, 주민세, 화장장 사용료 등이 서로 달랐다.

"통합으로 특정 지역이 불이익이 생기지 않도록 하자."

통합의 기본원칙을 이렇게 설정했다. 시민 모두가 공감할 수 있는 합리적인 제도장치를 만들라고 지시했다. '최소비용 최대효과'의 경제원리대로 주민수혜는 최고로 하면서 주민부담은 최소화하는 쪽으로 행정의 초점을 맞췄다. 이를 위해 시민에게 수혜를 주는 조례 19건은 상향 조정하고 부담을 주는 조례 8건은 하향 조정했다.

"창원으로의 상권 쏠림 현상으로 마산·진해지역의 상권 피해가 우려된다"는 불만의 목소리가 나왔다.

불만을 차단하기 위해 수의계약사업은 해당 지역의 업체가 발주할 수 있도록 지침을 마련하는 한편 내역을 100% 공개하도록 했다. 특히 임시청사가 있는 창원지역으로 기관과 기업을 이전시키

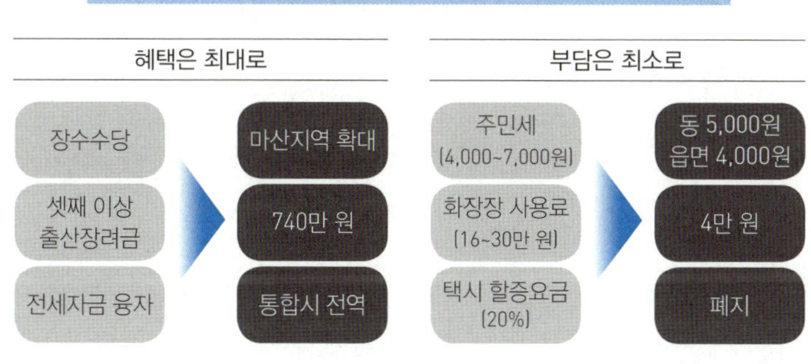

지 못하도록 공문을 보내 특정지역 쏠림 현상을 진정시켰다.

창원지역 주민들만 혜택을 보던 시민공영자전거 '누비자'도 마산·진해로 확대했다. 소공원과 쉼터, 문화체육시설도 균형 발전이 이뤄지도록 했다.

복지정책은 3무(無) 4강(強)에 초점을 맞췄다. 밥 굶는 사람, 집 없는 사람, 학교 못가는 사람이 없는 3무 도시를 만들고 있다. 나아가 노인, 장애인, 보육, 여성의 복지가 대한민국에서 가장 강한 4강 도시를 만들고 있다.

나는 서민들이 보다 나은 삶을 살 수 있도록 배려하는 시정이 더불어 사는 통합시의 희망으로 간주하고 있다.

3무(無)정책, 서민생활을 안정시키다

"창원에는 밥 굶는 사람, 집 없는 사람, 돈 없어 학교 못가는 사람
이 없도록 하라."

창원시는 3무정책을 복지의 기본으로 삼고 있다.

'가난은 불편한 것일 뿐 부끄러운 것은 아니다'는 말이 있다. 그
래도 장밋빛 미래를 꿈꿀 수 있었던 산업화시대에서는 이해할 만
한 명제였다. 심각한 사회양극화 현상과 함께 가난과 학력이 대물
림되고 있는 오늘날 가난이란 그때와는 상황이 다르다. 가난은 불
편을 넘어 삶을 옥죄는 질곡이 될 수도 있다. 한국의 경제규모는 세
계 10위권이지만, 빈부격차에 따른 양극화 현상은 우리 사회를 위
협하는 가장 심각한 요인으로 등장했다.

전셋집을 전전하는 저소득층은 은행 문턱이 높기만 하다. 전세
대란이 일어나면 서민들은 월세 부담을 안고 가계 지출을 줄여야
하는 등 허리띠를 더 졸라매야 한다. 전세난은 매년 겪게 되는 상황
이라고 그냥 넘겨버릴 수 없는 상황이 됐다.

매달 2~3만 원 하는 방과 후 특기적성 교육비조차 못 내는 어린이
들이 많다. 일부는 점심값도 내지 못한다. 학원은 물론 과외는 꿈도
꾸지 못한다. 자신의 의지와 상관없이 빈곤가정에서 태어났다는 이
유만으로 교육기회를 박탈당하고 있다. 빈부 차로 인한 사교육의 격
차는 낮은 학력 수준으로 고착화되어가고 있는 것이 현실이다.

이 같은 현실을 극복하기 위한 대안 중 하나로 창원시는 3무(無) 정책을 추진하고 있다. 서민들의 주거·급식·교육 걱정을 없애기 위해 만든 특수시책이다. 창원시는 2007년 이른바 밥 굶는 사람, 집 없는 사람, 진학 못하는 학생이 없도록 하겠다는 의지로 '저소득 주민 생활안정기금 융자조례'를 제정해 저소득층에게 전세자금을 지원하고 있다. 시행 첫해 모두 61세대가 수혜를 받았다. 이후 2011 년까지 총 440세대가 107억 원을 지원받았다. 2014년까지 922세 대가 300억 원을 지원할 계획이다. 도계지구 504세대, 봉림지구 1,395세대 등 국민임대주택 공급해 서민 주거안정을 돕고 있다.

밥 굶는 시민이 없게 하기 위해 차상위 계층에 지원하던 급식지원 대상을 일시적 생계곤란 세대까지 대폭 확대했다. 매년 노인과 장애인 등 저소득층 6,000여 명이 무료급식 혜택을 받고 있다. 농어촌 초·중·고생, 도시 저소득층 자녀도 무료로 급식을 지원받는다. 앞으로 모든 초·중·고생은 무상급식 혜택을 받게 된다. 저소득층은 양곡 구입가의 50%를 지원받는다.

부모들의 사교육비 부담을 줄여주는 정책도 펴고 있다. 학원비 매칭사업을 통해 저소득층 자녀들이 학원등록을 할 때는 3만 원을 지원해 준다. 관내 2,190개 학원이 참여하고 있다. 2011년 연 8,279명이 혜택을 받았다. 저소득층 300명은 대학생과 휴학생에게 방문학습 도움을 받았다.

이밖에 대학생 멘토링사업, 저소득층 자녀 장학금 지원, '사랑의 꿈나무 키우기' 결연사업도 창원시가 자랑하는 복지사업이다.

특히 3무정책은 저소득층의 생활기반 조성을 위한 사업이다. 복지정책 수범사례로 손꼽히고 있다.

나는 가난과 학력이 대물림되는 고리를 끊어야 한다고 생각한다. 지자체의 지원으로는 한계가 있다. 창원시의 작은 노력이 이 고리를 끊는 데 얼마나 기여를 할지는 알 수 없다. 이제는 정부가 나서 자산형성을 돕는 사회투자 방식으로 복지정책이 바뀌어야 한다. 특히 저소득층 자녀들에게 교육 기회를 제공하는 것은 필수다. 지금은 가난하더라도 내일은 행복해질 수 있다는 꿈과 희망을 심어주어야 한다.

3대 시책, 시민 행복을 배가하다

서민체감형 복지를 어떻게 실천할 것인가.

삶의 가장 기초적인 행복 인프라, 주택 없이 살아가는 서민들에게 우리 시가 무엇을 제공할 수 있을까. 의욕 없이 주저앉은 세대에게 어떻게 새로운 삶의 의지를 갖도록 할 것인가.

나는 서민체감형 복지를 고민했다. 이 같은 고민을 풀기 위해 2011년 말 '서민의 어려운 마음을 함께 나누고 행복을 더한다'는 차원에서 행복공감 3대 시책을 도입했다. 65억 원의 특별예산도 편성했다.

가장 먼저 '무지개 울타리' 만들기 시범사업을 도입했다. 재래식

화장실을 수세식으로 바꿔주고 간단한 샤워시설을 설치해주고 있다. 지하셋방에 사는 저소득층과 독거노인, 장애인 세대에게는 환풍기를 달아주고 있다. 연탄사용 세대에는 안전장치를 달아주고 있다.

두 번째로 '빈곤틈새가정 두레박'사업을 시작했다. 돈이 없어 '단전·단수'를 당하거나, 추운 겨울 연탄 한 장 없어 밥을 못해 먹거나 추위에 떨어야 하는 신빈곤층에게 희망을 주고 싶었다. 기초생활 3대 공공재 요금, 즉 연탄구입비, 수도요금, 전기요금을 지원하고 있다.

세 번째로 '건강행복지수 올리기' 사업을 시행했다. 미등록 희귀난치성 질환으로 희망을 잃어가고 있는 소외아동, 결손가정 등에게 의료비를 지원했다. 면역력이 약한 만 12세 이하의 아동 모두에게 국가필수예방접종 8종(B형 간염, 결핵, 홍역, 수두, 일본뇌염)에 대한 비용을 전액 지원해줬다. 대한민국의 미래세대가 건강하게 자랄 수 있도록 하기위해서다.

의료비 지원 대상에서 제외됐지만 생활형편이 어려운 아동에 대해서는 1인당 200만 원 정도를 지원해 경제적 가계부담을 덜어주고 있다.

3무 4강 복지정책 : 창원만의 맞춤형 복지정책으로 3무(無), 즉 밥 굶는 사람, 집 없는 사람, 진학 못하는 학생이 없고, 4강(强), 즉 노인, 장애인, 보육, 여성의 복지가 강한 도시를 일컫는다.

행복공감 3대 복지정책 : 법적인 보호 밖에서 어려움에 빠져 있는 세대, 돈 없어 연탄을 살 수 없거나, 전기세, 수도요금을 납부하지 못해 생활불편을 겪고 있는 세대, 희귀난치성 질환을 앓고 있으면서 보호를 받지 못하는 아동을 지원하는 고효율 저비용의 경제적 복지정책이다.

엄마의 보육걱정을 덜어주다

우리나라는 세계에서 '아기를 제일 안 낳는 나라'다. 출산율은 1.22명으로 세계평균 2.54명의 절반 수준으로 세계에서 두 번째로 낮다. 이대로 가면 2050년에는 인구가 500만 명이 감소할 것이라는 예측이 나오고 있다.

출산율이 낮은 것은 국민 개개인의 의식차이도 있겠지만, 사회적 현상이 가장 큰 원인이다. 아이를 낳으면 안심하고 맡길 만한 보육시설이 부족하다. 맡긴 후에도 급식과 안전성에 대해 불안감을 느낀다. 엄마가 보육에 있어 가장 걱정되는 것은 '질병 없는 성장, 시설에서의 안전한 먹을거리, 안전한 보호생활'일 것이다.

창원시는 엄마의 걱정거리를 덜어주기 위해 보육환경 개선을 추진했다.

보육교사의 처우를 개선해 보육환경의 질이 향상될 수 있도록 했다. 교사인건비, 적정근무시간, 교사확보, 급식의 적정기준을 관리하는 창원형 '안심보육 가이드라인'을 만들 계획이다.

'실효성 있는 평가제도'를 도입해 인센티브와 패널티를 동시에 적용했다. 우수보육교사와 장기근무교사에게는 '맘든든 교사 인증제'를 도입해 자긍심을 느끼도록 할 것이다. 어린이집 운영위원회가 제기능을 발휘하도록 했다.

시설의 안전, 급식, 위생 등 보육서비스 분야에 대해 상시점검이 이뤄지도록 했다. 보육시설 근무자 또는 보육시설 이용 학부모가 보육서비스를 상호 평가하는 보육 모니터단을 구성할 필요도 있다.

시대마다 새로운 가족 모델이 등장한다. 요즘에는 혼외출생률이 증가하고 있고 이혼과 별거, 편부모가정, 재구성가정의 아이들이 늘고 있다. 이제는 이들 가족과 아이에 대한 정부 차원의 지원책이 뒤따라야 할 것이다. 즉, 아동이 사회적·가족적·심리적·애정적·물리적으로 명랑한 환경에서 성장할 수 있도록 종합적인 지원시스템을 구축해야 한다.

0세에서 6세까지 아동의 성장관리가 필요하고 종합적인 질병방지 프로그램을 도입해야 한다. 아이와 관련된 모든 정보를 기록하고 관리하는 체계적인 지원시스템도 국가차원에서 마련해야 한다.

장애인복지 이정표를 만들다

중증장애인들에게 삶의 희망을 어떻게 찾아줄 것인가.

창원시는 대결단을 내렸다. '중증장애인 복지타운'을 조성해 2012년 6월 문을 열었다. 이곳에서 중증장애인들은 작업을 할 수 있고 재활운동, 체육활동을 할 수 있다.

이 타운에는 대규모 장애인전문작업센터, 곰두리체육센터, 직업재활센터가 들어서 있다. 지하 1층 지상 4층, 연면적 2,975㎡ 규모로 지어진 장애인전문작업센터는 휠체어를 타고 작업을 하는 것은 물론 이동에 전혀 불편이 없도록 생산라인에 엘리베이터가 설치돼 있다. 이 센터에서 현재 50여 명의 장애인들이 인쇄물, 현수막 제작, 기업체 작업복, 전기전자조립품을 생산하고 있다. 앞으로 200명까지 확대할 예정이다. 지하 1층 지상 2층의 직업재활센터는 작업 능력이나 숙련도가 낮은 장애인들을 보호하면서 직업 능력을 길러주는 역할을 하게 된다.

바로 인접한 곳에는 3,997㎡ 부지에 지하 1층 지상 3층 규모의 장애인 전용체육관인 '시립곰두리국민체육센터'를 만들어 장애인들의 재활을 돕는다. 센터 1층에는 25m 수영장 5레인과 유아용 풀장, 탈의실 및 샤워장, 휴게실 등을 갖췄다. 2층은 체육관과 체력단련실, 건강상담실, 사무실, 휴식공간 등 다목적 강당이, 3층에는 다목적실을 비롯한 프로그램실이 배치되어 있다.

이 센터는 장애인들의 다양한 체육·문화 활동, 휴식과 맞춤형 복지서비스 제공으로 장애인의 삶의 질 향상에 기여하고 있다.

노인종합복지관, 어르신 건강을 지키다

의료기술의 발달로 평균수명이 높아지면서 노인인구가 급속도로 늘고 있다. 하지만 노인을 위한 사회복지시설은 턱없이 부족한 게 현실이다. 더 많은 사회활동이 필요하지만 재취업을 위한 인프라 또한 부족하다. 창원시는 노인종합복지관을 건립해 그 해답을 찾았다. 어르신들이 배우면서 건강을 챙기도록 한 것이다.

2006년 4월에는 사파정동 53번지 일원에 사업비 96억 원을 투자해 지상 2층의 노인 여가생활문화공간인 창원시 노인종합복지관을 개관했다. 물리치료실, 체력단련실, 공연장, 취미교실, 식당, 당구장, 탁구장, 이·미용실, 상담실, 다목적 강당, 컴퓨터실, 게이트볼장 등을 갖춰 노인들의 요람이 될 수 있도록 했다. 사회복지사 7명, 물리치료사 2명, 간호사 1명, 영양사 1명, 조리사 2명, 사무실 직원 5명 등 18명이 이곳에서 노인들의 건강을 챙겨주고 있다.

만 60세 이상의 노인과 그 배우자가 이용할 수 있고, 국민기초생활 수급자는 전 시설물과 프로그램을 무료로 이용할 수 있다. 경로식당에서는 저렴한 가격에 점심을 먹을 수 있다. 노인대학을 포함한 컴퓨터교실, 한글반, 요가반 등 모두 50여 개의 사회교육프로그램은 월 3,000원 이내에서 저렴하게 이용할 수 있다.

2012년 2월에는 창원 의창구지역 어르신들의 제2 배움터이자 쉼터인 의창노인종합복지관이 문을 열었다. 부지 1만 41㎡, 연면적

4,892㎡에 지하 1층, 지상 2층 규모로 대강당, 강의실, 바둑실, 장기실, 서예실, 체력단련실, 컴퓨터실, 물리치료실, 당구장, 탁구장, 공동작업장, 식당, 노래방, 이·미용실 등 주요시설이 들어서 있다.

노인종합복지관은 어르신들에게 종합적인 서비스 제공해 노인복지와 노인정책의 구심점 역할을 하고 있다.

소상공인을 끌어안다

골목상권이 위협받으면서 서민경제가 타격을 받고 있다.

창원시는 대형마트 영업시간 제한을 위한 '유통기업상생발전 조례'를 만들었다. 창원에 있는 대규모 점포와 준대규모 점포는 영업시간 제한과 의무휴업일을 지켜야 한다. 제한규정에 해당하는 점포는 근로자의 건강보호를 위해 오전 0시부터 8시까지 영업시간이 제한된다.

통계청이 집계하는 매장면적 3,000㎡ 이상인 대형마트는 창원에 홈플러스 3곳, 롯데마트 5곳, 이마트 3곳 등 총 11곳이 있다. 의무휴업일은 매월 2일간, 두 번째와 네 번째 일요일로 정했다 이 같은 조치는 전통시장을 활성화시키고 소상공인과 영세자영업자를 보호하기 위한 것이다. 나는 대기업과 중소기업, 대형점포와 소형점포가 상생하는 모델을 빨리 만들어야 한다고 생각한다.

창원시는 저렴한 가격과 질 높은 서비스로 승부하는 '착한 가게'

에 대한 인센티브를 확대하고 있다. 그동안 소상공인 경영안정 자금 2,000만 원 이내 대출금에 대해 2.5%의 이자를 1년간 지원했다. 하지만 착한 가게나 물가안정 모범업소에 대해서는 최고 5,000만 원(금리 3.0%)을 지원한다. 현재까지 착한 가게 최저가업소 55개, 가격할인업체 14개 소, 물가안정 모범업소는 13개 소를 지정했다.

창원은 오래된 건물을 문화관광 자원화하고 있다. 오래된 전통 건물을 스토리텔링해서 침체된 상권을 살리기 위한 것이다. 창동과 부림시장이 그 대상이다. 창동의 옛 골목들은 이야기가 있고 문화가 있는 낭만의 거리로 다시 태어나고 있다. 쇠락한 부림시장의 빈 상가는 시가 임차해 사회적 기업에게 제공하고 있다. 이 같은 노력은 취약계층에게 일자리를 제공하고, 쇠퇴한 상권도 부활시키는 일석이조의 효과를 내고 있다

시민 건강 챙기는 건강도시를 만들다

우리는 전통적으로 건강을 막연히 병이 없는 상태로 생각해왔다. 그러나 19세기 이후 건강은 신체 개념에서 심신 개념으로, 또한 사회적 개념으로 확장되었다.

세계보건기구에서도 건강에 대한 정의를 "질병이 없거나 허약하지 않다는 것만 말하는 것이 아니라, 신체적·정신적·사회적으로 완전히 안녕한 상태에 놓여 있는 것"이라고 했다.

결국 건강하고 행복한 삶은 개인의 건강은 물론 사회적 건강성이 확보될 때 비로소 가능하다.

그러나 오늘날 많은 사람은 사회문제와 건강문제로 생존 자체를 위협받고 있다. 창원시는 이 같은 현실에 적극 대처하기 위해 2002년 국내 최초로 '건강도시' 개념을 도입했다. 건강도시란 도시의 모든 부분에 '건강' 개념을 적용하는 것이다. 도시기반시설은 물론 일상에서도 주민이 건강하고 활력 있게 생활할 수 있도록 환경을 조성하는 것이다. 한마디로 시민들의 건강한 삶에 최상의 가치를 두고 모든 정책을 펴는 것을 의미한다.

창원은 지난 2004년 6월 전국 최초로 세계보건기구 서태평양지역 건강도시 회원으로 가입했다. 도시의 국제적 위상을 업그레이드시킨 점도 자랑이지만, 무엇보다 건강도시 프로젝트를 확산시키는 계기가 됐다.

지속가능한 도시 개발, 물리적 환경 개선, 깨끗한 음용수 공급, 금연 프로그램, 외국인 근로자 건강증진 등 10개의 주제를 선정해 다양한 정책을 추진하고 있다. 건강도시 개념을 적용함에 따라 도심공원을 비롯해 녹지개선사업과 체육공원시설은 운동도 하고 휴식도 즐길 수 있는 건강공간으로 탈바꿈하게 됐다.

'비만 없는 도시' 프로그램과 '찾아가는 금연클리닉'은 시민들은 물론 기업체로부터 큰 호응을 얻고 있다. 지난 2008년에는 '금연환경 조성 및 지원에 관한 조례'를 제정, 소공원, 어린이공원, 학교주변 도로, 버스·택시 승강장 등을 자율금연구역으로 지정해 운영하고 있다.

창원시의 건강도시 만들기 프로젝트는 시민의 적극적인 참여를 끌어내고 있다. 매년 개최하는 '시민건강축제'와 '시민건강 달리기대회'에는 시민들이 대거 참여해 장사진을 이룬다.

창원시는 2008년 10월 세계보건기구로부터 건강도시 본상을 받았고 건강도시연맹(AFHC)으로부터 '건강도시의 창조적 개발상'과 '발전상'을 수상했다.

2006년 9월 창원은 전국 14개 회원도시가 참가한 가운데 열린 대한민국 건강도시협의회 창립총회에서 의장도시로 선출됐다. 이어 2009년 2월 임시회에서도 재선임되어 대한민국 건강도시를 선도하는 지자체로 자리매김했다. 대한민국건강도시협의회 의장이라는 개인적인 영광도 있지만, 협의회 활동을 통해 지자체 간 정보교류와 건강한 대한민국을 향한 정책방안들을 제시한다는 데 큰 의미가 있다. 전국건강도시협의회는 전국의 건강도시를 대표하는 공인단체로 모두 42개 도시가 참여하고 있다.

'환경수도'정책의 시행은 건강도시 프로젝트를 더욱 탄력받게 했다. '환경'과 '건강'은 선순환 관계이기 때문이다. 개인은 물론 도시의 환경과 건강은 이제 생존의 문제와 직결됨으로써 우리가 추구해야 할 최고의 가치가 되었다.

이제 창원은 공업도시라는 회색의 이미지를 털고 녹색도시, 건강도시로 재도약하고 있다. 그 경쟁력의 이면에는 시민건강과 삶의 질 향상이 큰 몫을 하고 있다.

'건강을 잃으면 모든 것을 잃는다'는 고전적인 문구를 떠올리지 않더라도 행복의 기본은 건강이다. 창원은 시민 모두가 건강하고 행복한 삶을 영위할 수 있도록 건강도시 프로젝트를 더욱 가속화할 것이다.

건강지킴이 '치유의 숲'을 만들다

시민들에게 정신적 행복감을 주는 방법은 없을까. 정신적으로 평온함을 제공할 수 있는 방법은 없을까.

창원시는 도시 인근에 '치유의 숲', 즉 삼림욕장을 조성하기로 했다. 편백나무와 잣나무, 소나무 등 침엽수림을 집중적으로 심기로 했다. 편백나무는 심신 치유에 효과적인 피톤치드가 가장 많이 발생하는 나무다.

피톤치드는 숲속의 식물들이 만들어 내는 살균성을 가진 모든 물질을 통틀어서 지칭한다. 숲 한가운데서 숲의 향기를 깊이 들이마시고 조금씩 내뱉는 복식호흡을 하면 효과가 훨씬 크다. 초여름부터 초가을까지 일사량이 많고 온도와 습도가 높은 시간대가 좋다고 알려져 있다.

창원시에서는 힘든 운동을 못하는 이들을 위해 가까운 산에 숲속길을 만들고, 편백나무와 잣나무가 많은 곳에 치유의 숲을 만들었다. 진해구 드림파크의 산책로 주변은 편백나무 군락지다. 빽빽하게 조성되어 있어 깊은 숲속에서 맡을 수 있는 편백나무의 고유 향이 기분을 편안하게 해준다.

의창구 천주산의 달천계곡에는 잣나무 숲이 넓게 분포되어 있다. 여기에는 평상과 벤치가 잘 조성되어 있다. 30분만 앉아 있어도 에너지가 충전되는 느낌을 받을 수 있다. 성산구 대암산에는 인위적으로 잣나무 군락지를 빽빽하게 조성했다.

나무 사이의 앞·뒤·좌우가 반듯하여 움직임이 자유롭고, 평의자와 나무벤치에서 많은 시민이 휴식을 취하는 명소다. 의창구 태복산도 인위적으로 편백나무 숲을 조성했다. 등산을 하다가 잠시 쉬었다 가기에 안성맞춤이다.

많은 학자들은 세계를 공포에 떨게 했던 사스의 출현이 중국 광동지역 일대의 숲이 황폐화된 것과 깊은 관련이 있다고 보고 있다. 숲과 나무가 없는 곳의 공기는 살아 있는 공기가 아니다. 숲의 훼손은 피톤치드의 상실을 의미한다. 피톤치드는 공기 중의 각종 균과 바이러스를 억제하거나 죽이는 역할을 하면서 공기를 정화하고 자정능력을 높여 준다. 피톤치드는 보이지 않는 곳에서 인류의 건강을 지켜왔던 것이다.

최근 시민의 최대 관심사는 건강이다. 도심 인근 숲을 잘 가꾸어

시민의 심신을 달래고, 인간의 면역력을 높여주는 '치유의 숲'은 시
민의 건강 지킴이 역할을 톡톡히 하고 있다.

피톤치드(Phytoncide)란?

수목이 해충이나 미생물로부터 자기를 방어하기 위해 공기 중에 발산하는 천연
의 향균물질을 말한다. '식물(Phyton)'과 '죽이다(Cide)'를 뜻하는 그리스어의
합성어로 식물이 내뿜는 살균성 물질을 총칭한다. 피톤치드의 주성분은 휘발성
이 강한 테르펜류가 주를 이루며, 향기 이외의 성분도 다수 함유되어 있다.
피톤치드를 접하려면 울창한 숲속을 찾아 삼림욕을 하는 것이다. 피톤치드는
식물 자신을 위협하는 해충과 박테리아, 각종 균에는 치명적으로 작용하지만
사람에게는 스트레스 해소, 면역력과 자연치유력 향상 등 많은 이로움을 주
는 양면성을 갖고 있다. 이러한 이유로 피톤치드는 숲의 경이로운 물질이자
자연이 인류에게 선사한 신비한 선물이라고 불린다.

'먼지털이', 등산로 명물되다

도심 주변 산은 이제 우리시민이 가장 즐겨 찾는 여가공간이자
심신수련장이 되었다. 창원시는 늘어나는 등산인구 수요에 적극적
으로 대처하기 위해 인근 등산로에 친환경적이고 다양한 편의시설
을 설치했다.

110만 시민을 하나로 연결하는 창원형 올레길인 112㎞의 '숲속

나들이 길'도 만들었다. 기존 마산의 무학산 둘레길과 창원의 숲속 나들이 길, 진해의 드림로드를 연결하는 사업으로 무학산, 천주산, 정병산, 장복산으로 이어지는 산을 타고 걸으면, 앞으로 진해만이 보여 배산임수의 절경을 만끽할 수 있다.

숲속나들이 길은 높은 산을 오르지 못하는 노약자와 시민들이 언제 어디서나 손쉽게 접근이 가능하고 가볍게 오솔길을 산책하다 하산할 수 있으며, 동호인들이 장거리 일주코스로도 자주 활용하고 있다. 평일에는 5,000명, 주말에는 2만 명 이상이 이용한다.

등산로 이용객이 늘어나면서 시민들의 요구도 늘어났다. 일반적으로 등산로를 정비하고, 잠시 쉴 수 있는 휴식공간을 마련해주는 것은 예산을 투입해서 해결하면 된다. 그런데 등산으로 인해 지저분해진 옷과 신발을 깨끗이 하고, 혹시 있을지 모르는 벌레나 세균을 털어내는 기구가 있다면 좋겠다는 한 시민의 제안이 있었다. 자기의 건강 수준에 맞게 운동을 할 수 있도록 등산방법과 등산에 따른 운동효과 등에 대해서도 안내해 주는 시스템을 마련해줄 것을 이야기하는 등산 마니아도 있었다.

이 같은 제안에 따라 등산로 입구에 등산과 건강정보 알림판을 설치했다. 차량을 청소하는 압축기 형태의 먼지털이 기계를 설치했다.

시민들로부터 폭발적인 인기를 얻었다. 추가로 창원사격장 뒤 정병산, 창원축구센터 뒤 대암산, 천주산 등산로 입구에 먼지털이

기계(AIRGUN)를 설치했다. 이 기계는 하산하는 등산객의 등산화 및 등산복의 먼지를 털어주는 효자노릇을 했다.

창원시가 도입한 먼지털이 기계는 인근 타 시·군에서 벤치마킹할 정도로 하나의 명물로 자리 잡아 갔다. 창원시의 모든 등산로 입구에는 먼지털이 기계를 설치해 시민들의 건강을 지켜주고 있다.

종합스포츠센터, 맞춤형으로 만들다

건강도시 프로젝트는 3가지 전략이 핵심이다. 금연·금주·비만클리닉 등 시민생활습관을 변화시키는 것, 지역의 의료 인프라를 확충하는 것, 그리고 시민들이 집 앞만 나서면 운동을 할 수 있는 공간을 마련해 주는 것이다.

통합 전 창원시에는 1개 읍, 2개 면, 12개 동 등 15개의 주민센터가 있었다. 나는 무조건 "1개의 주민센터에 1개의 주민스포츠파크를 만들라"고 지시했다. 2012는 5월 10일 동읍주민운동장이 준공됨으로써 옛 창원시에는 모든 주민센터에 1개의 스포츠파크를 확보한 유일한 도시가 됐다.

또한 옛 창원시에는 성산구 가음정동에 있는 시민생활체육관이 실내스포츠센터로서 기능을 하고 있었다. 당시 인구 50만의 도시 인구를 고려하면 인프라가 턱없이 부족했다.

현재의 의창구 지역은 실내종합스포츠파크가 없어 시민들이 상

창원서부스포츠센터 실내빙상장

대적인 소외감을 느꼈다. 이 때문에 의창구 지역에 종합스포츠센터를 설치해 달라는 요구가 거셌다.

그래서 도계동에 3년간의 공사기간을 거쳐 2009년 6월 서부지역 시민들의 오랜 숙원인 서부스포츠센터를 개관했다. 지하 2층 지상 4층의 스포츠센터 시설은 빙상장, 수영장, 다목적 실내체육관, 스쿼시장, 헬스장, 에어로빅장 등 실내시설뿐만 아니라, 외부공간을 적극적으로 활용한 길거리 농구장, 이벤트광장 하늘마당 옥상 조경테크, 벽천 등 야외 휴식공간과 부대시설을 조성했다.

특히 2010년 2월에는 제91회 전국동계체육대회의 쇼트트랙 경기가 이곳에서 열렸다. 빙상 불모지인 영남권에서는 최초로 개최된 대회였다. 2010년 7월에는 전국초등학생 선수 500명과 관계자 등 2,500명이 참가하는 제26회 전국 꿈나무 체육대회 빙상경기가 열렸고, 2011년 2월에는 제8회 전국장애인동계체육대회가 열려, 역내 동계스포츠 활성화에 기여하고 있다.

창원서부스포츠센터 실내빙상장은 일반인에게도 인기다. 학생과 연인, 가족단위 방문객으로 북새통을 이룬다.

2010년 7월 통합 창원시 이후 구 마산과 진해지역은 시민을 위한 공간이 상대적으로 부족했다. 가장 대표적인 것이 체육공간이었다. 창원지역에는 동서부로 나누어 대규의 실내종합스포츠센터가 있어 시민에게 좋은 운동기회를 제공하고 있었다. 반면에 마산권에는 종합운동장내에 실내수영장과 배드민턴장이 하나 있었으나, 진해에는 이러한 시설이 없었다.

통합으로 시민이 원하는 것은 창원처럼 만들어 달라는 것이었다.

마산회원구에는 운동장이 있어 별도로 필요하지 않았고, 합포구 쪽에 실내종합스포츠센터가 필요했다. 경남대학교 인근에 있는 월영동 소재 6,215㎡ 면적에 250억 원을 투입해 수영장, 스쿼시장, 탁구장이 있는 마산종합스포츠센터를 2014년에 준공할 계획이다. 진해지역에는 시운학부터에 문화체육센터를 건립한다.

대학병원을 유치하다

건강과 건강권에 대한 관심이 높아지고 있다. 건강권이란 개인이나 사회가 적극적인 건강의 유지·증진과 질병의 예방·치료 등을 요구할 수 있는 권리다. 한마디로 건강할 권리다. 이 건강권에는 건강복지시설에의 접근권도 포함된다.

지금까지 수도권에 집중된 대형 의료기관들 때문에 지방 주민들은 소외감을 느끼고 있다. 특히 창원을 중심으로 중남부 경남 200

만 지역주민들은 그동안 3차 의료기관이 없어 큰 불편을 겪어왔다.

산업경쟁력과 환경, 재정 등 모든 면에서 뛰어나지만 유독 의료 빈곤에 허덕여왔던 게 사실이다. 물론 창원의 파티마병원과 삼성병원 등 종합병원과 대학병원이 있긴 하지만 지역민을 아우르기에는 역부족이다.

이 때문에 양질의 의료 서비스를 받기 위해 많은 사람들이 수도권과 부산 등 타 지역으로 원정진료를 떠난다. 환자는 물론 가족들도 시간적·경제적 손실로 이중, 삼중고를 겪는다. 이에 따라 지역주민들 사이에선 "우리 지역에도 번듯한 대학병원이 있었으면 좋겠다"는 목소리가 나왔다.

이제 중남부 경남 도민의 오랜 숙원이었던 대학병원 건립이 현실화됐다. 창원시가 오랜 기간 노력한 끝에 경상대학병원과 건립협약을 맺음으로써 향후 경남의 의료복지에 새로운 획을 긋게 됐다.

대학병원 건립 작업은 2010년 말부터 부지 보상에 들어갔고, 예비타당성 조사도 끝마쳤다. 성주동 삼정자공원 일원 8만㎡의 부지에 연면적 10만 1,104㎡, 700병상 규모로 2014년 개원을 목표로 하고 있다. 병원동은 지하 3층 지상 9층, 연구동은 지하 1층 지상 4층으로 지어진다. 지하 1층 지상 5층 규모의 기숙사와 함께 장례식장을 갖춘다. 1,070대의 차량을 수용할 수 있는 주차장도 건설한다.

병원 측은 호흡기 알레르기, 암, 외상·중독, 산업보건, 뇌·심혈관 재활 등 발병 빈도가 높은 17개 질환센터를 운영하기로 했다. 특히 경남이 간암 사망 1위라는 점에 착안, 이에 집중한다는 방침을 세워놓고 있다.

또 경상대병원은 서울대학교병원과 진료협정 MOU를 체결해 공동 진료의 길을 열어놨다. 두 대학은 양전자방출단층 CT촬영(PET-CT)을 공동 판독하고 있으며, 2012년까지 전자의무기록 시스템을 구축, 진료기록과 검사기록을 공유할 예정이다.

대학병원이 건립되면 지역기업·연구소·대학이 상호 연계, 창원지역 메디클러스터(Medi-Cluster) 조성의 중추적 역할을 할 것으로 기대된다. 장기적으로는 약학·치과·보건·한의학 전문대학원 등을 유치, 경남의 중심 의료교육기관으로 발전할 것으로 전망하고 있다.

지난 2008년 대학병원 유치와 관련해 실시한 용역조사 결과, 대학병원이 설립되면 4,900여 명의 고용 창출과 1,800억 원의 부가가치, 3,600억 원의 생산유발 효과가 있을 것으로 분석됐다.

지역민들의 여망이 담긴 대학병원의 설립 절차가 순조롭게 진행되고 있다. 향후 의료 서비스 수준 향상은 물론 지역경제 활성화에도 큰 도움을 줄 것으로 기대한다. 대학병원이 건강권에 대한 시민들의 욕구를 해소하고, 생명산업과 경제성장의 동력으로 발전할 수 있도록 지역민들의 적극적인 관심이 요구된다.

CHAPTER 5

대중교통 혁명

대중교통체계 혁명을 일으키다

명품도시의 중요한 특징 중 하나는 대중교통의 편리성에 있다. 특히 한 도시의 교통은 시민들의 발과 같은 역할을 하기 때문에 인프라 구축에 각별히 신경을 써야 한다.

이런 점에서 대중교통체계는 시민 생활의 질을 가늠하는 도시의 핵심 인프라다. 대중교통에 투자하는 것은 모든 시민에게 이익이 되어 돌아가게 된다. 혜택이 이용객에게만 돌아가는 것이 아니라 교통 혼잡을 줄일 수 있기 때문에 모든 사람에게 돌아간다고 할 수 있다.

창원시는 한동안 버스 산업에 많은 투자를 했다. 그러나 정부와 시에서 엄청난 예산을 쏟아 붓고도 활성화는 고사하고, 시민들의 이용은 줄어들었다. 물론 자가용 이용 급증이 큰 원인이었다.

그런데 여기에는 더 큰 이유가 있다. 시민들의 버스 이용이 불편하다는 점이다. 즉, 제시간에 오지 않고, 접근성도 낮고, 몇 번씩 갈아타야 하는 불편이 있었다. 게다가 요금도 서비스 수준에 비해 그리 싸지 않았다.

창원은 더군다나 통합 전 마산시 위주의 노선체계로 인해 시민들의 불편이 컸다. 특단의 대책이 필요했다. 2004년 버스 운영체계에 대한 전면 개편에 착수했다.

간선과 지선의 노선을 전면 개편해 창원 중심으로 버스 운영체계를 개편하기로 했다. 버스이용을 활성화하는 데 초점을 맞췄다. 무료환승제를 도입한 데 이어 버스전용차로제 도입, 버스정보시스템 구축, 공영차고지 조성을 집중 추진했다.

1980년 4월 마산시와 분리됐던 창원시는 이후 모든 부분에서 독립적 생활시스템을 갖췄다. 하지만 유독 시내버스만은 옛 마산시에 의존했다. 8개 버스업체 가운데 창원시 면허업체인 3개사도 마산에 상주하고 있었다. 이에 따라 버스가 마산에서 출발해 창원지역을 한 바퀴 둘러가는 형태로 노선이 운영되고 있었다. 이렇게 26년 동안 굳어져 있는 노선과 운영체계를 바꾸는 일은 험난한 가시밭길이었다. 혁명수준의 교통체제 개편이었기 때문이다.

노선 개편을 위해 공감대를 만들어내는 작업부터 시작했다. 복잡한 노선을 놓고 격의 없는 토론을 벌였다. 실무진들은 버스 운송업체, 마산시 관계자와 무려 80여 차례나 만나 협상을 벌였다. 마산시와 버스업체의 반발은 예상보다 거셌다. 협상결렬 위기를 맞기도 했지만 1년 6개월에 걸친 설득 끝에 노선조정 합의를 이끌어냈다.

마산시 위주였던 기존 118개의 불합리한 노선 가운데 29개 노선을 폐지하고 89개로 개편했다. 운행간격도 종전 평균 30분에서 15분 이내로 줄였다. 노선번호 체계도 간선일반 100번, 시내지선 200

번, 좌석 700번 읍면노선 10번 단위로 통일했다.

무료환승제를 도입해 최초 탑승시점 이후 1시간 이내 어디에서든지 무료로 환승할 수 있도록 했다. 창원~마산 간 최단거리를 운행할 수 있도록 급행버스도 도입했다. 버스업체 3개사의 창원 이전과 공영차고지 조성도 진행했다.

2005년 6월 1일, 개편된 노선의 역사적인 운행에 들어가기로 했다. 그러나 암초를 만났다. 마산·창원지역 8개 시내버스 업체 노조가 임·단협 결렬에 따라 파업에 돌입한 것이다.

첫 운행이 무기한 연기됐다. 대신 버스운행 전면 중단에 따른 시민불편을 최소화하는 데 온 힘을 쏟았다. 택시 500대를 임차해 출퇴근시간에 버스요금을 내고 이용할 수 있도록 버스 노선에 투입했다. 전세버스 50대도 긴급 운행했다.

공무원들과 자원봉사자들이 버스정류소마다 배치돼 시민들을 안내했다. 승용차를 모는 운전자들은 자율적으로 카풀을 실시하는 등 성숙한 시민의식을 보여주었다. 파업은 12일 동안 계속됐지만, 시민 모두가 한 마음 한 뜻으로 슬기롭게 대처해 혼란을 최소화할 수 있었다.

6월 20일 드디어 노선개편 운행을 시작했다. 26년만의 대중교통혁명이 현실화되는 순간이었다. 초기에는 혼란도 나타났지만 시민들이 큰 호응을 보였다.

창원 끝과 마산 끝을 연결하는 간선노선을 줄이고 지선노선을 확대해 목적지에 대한 접근성이 높아졌다. 배차간격도 줄어들어 기다리는 시간도 짧아졌다. 동양, 대운, 창원 등 3개 버스업체는 옛 창원시로 이전해 창원 중심의 독자적인 배차 추진도 가능하게 됐다.

2007년 9월에는 24개 노선운영에 대한 책임을 강화하기 위해 1개 노선을 1개 업체가 전담하는 노선전담제를 시행했다. 이는 버스회사 간 경쟁유도로 서비스의 질을 획기적으로 높이는 효과를 가져다줬다.

노선전담제

노선전담제는 한 노선을 여러 회사가 공동운행하는 게 아니라 1개 버스회사가 1개 노선만을 책임지고 운행하는 방식이다. 노선운영 책임자는 노선에 대한 주인의식과 책임감을 발휘할 수 있어 정시운행, 운전자 친절 등 서비스 혁신이 가능한 제도다.

노선별로 서비스평가를 시행하게 되며, 정기적으로 버스 탑승조사와 교통불편 접수현황, 버스업체의 자체 서비스개선 내용 등을 종합적으로 평가해 연말에 인센티브를 제공한다.

반면 결행이나 무정차통과, 조기출발, 지연출발, 인사하기 미이행, 차량 시설물 불량 등에 대해서는 보조금 삭감(건당 70만 원에서 30만 원) 등 패널티를 과감하게 부여해 서비스개선을 유도한다.

버스노선 개편과정에서 창원시가 갖게 된 보람은 직원들의 업무에 대한 자신감이었다. 시청 공무원들은 아무리 험난한 사안도 의지만 있다면 풀어나갈 수 있다는 교훈을 얻게 됐다. 나아가 26년만의 대중교통 혁명은 '시민 편익 증진'이라는 목표아래 '하면 된다'는 의지의 산물이기도 했다.

똑똑한 버스정류장을 만들다

버스를 이용할 때 시민이 느끼는 가장 큰 불편 중 하나는 '버스가 언제 도착하느냐'다. 창원시는 이 같은 불편을 없애기 위해 버스 정류장에 '유비쿼터스 혁명'을 일으켰다. 버스 도착시간을 미리 알려주는 '똑똑한 정류소'를 만든 것이다.

창원시는 2005년 6월 버스 노선개편 이후 시내버스 서비스의 질을 높이는 정책을 추진했다. 실시간으로 버스정보를 알려주는 버스정보시스템(BIS)을 비롯해 LED 행선지판, LCD 동영상 시스템 등 '유비쿼터스 교통시스템'을 구축했다.

버스정보시스템(Bus Information System)은 버스와 정류소에 유무선 통신장비를 설치, 위치추적장치(GPS)를 통해 버스위치, 운행이력, 도착예정시간 등의 정보를 실시간으로 알려주는 최첨단 교통시스템이다. 정류장 대기승객은 물론 운전자와 버스승객도 알 수 있다.

2005년 말 14억 4,000만 원의 예산을 들여 6개월여 동안 구축한 뒤 2006년 8월 본격적인 가동을 시작했다. 버스에 239대의 차량단말기를 달고, 비교적 승객이 많은 창원역과 시외버스터미널, 정우상가, 대동백화점 입구 등 52개소에 정류장 안내단말기를 설치해 서비스에 들어갔다.

당시만 해도 시민들은 자신이 기다리는 버스가 어디에 있으며, 언제 도착할 것인지를 알 수 없어 무작정 기다리는 불편을 겪어야 했다. 또 버스 운전자는 앞차와의 운행간격을 알 수 없어 여러 대의 버스가 몰려다니는 경우가 많았다. 그러나 이 버스정보시스템은 모든 것을 바꿔놓았다. 시민들은 무작정 버스를 기다리지 않아도 되었고, 결행, 조기 출발, 무정차 출발, 도중 회차 등 불법운행을 근절할 수 있었다. 시내버스의 서비스 수준을 획기적으로 개선할 수 있었다.

창원시는 2007년 2차 사업을 추진해 96개소 정류소에 단말기를 설치했다. 버스회사의 차량관리와 배차계획에 대한 효율성을 높여주었다. 이것으로 교통정책을 과학적으로 추진할 수 있게 됐으며 교통서비스를 수요자 중심으로 접근할 수 있게 됐다.

시내버스 노선번호와 경유지, 기종점이 자동으로 표출되는 LED 행선지판은 버스승객의 편의성을 높여줬다. 관내 3개 회사 일반버스 131대에 설치된 LED 자동 행선지판은 주요경유지를 2초 단위로 알려줬다.

이전까지 버스 운전사들은 매일 직접 행선지판을 손으로 교체하는 불편을 감수해야 했다. 특히 야간에는 시민들이 노선번호와 경유지를 알 수 없었다. 'LED 행선지판'은 야간에도 행선지 번호 식별을 쉽게 하는 데 크게 기여했다.

시내버스 안에는 'LCD 동영상 시스템'을 도입했다. 이 시스템을 통해 정류장 위치안내, 시정소식, 공익광고, 긴급뉴스 등 다양한 정보를 실시간으로 제공할 수 있게 됐다.

지난 2008년 시범적으로 30대의 버스에 설치했다. 정류장 위치를 문자로 안내할 수 있어 청각장애인에게 큰 도움을 줄 수 있었다. 모니터를 전체 버스 208대에 설치할 경우 4억 원 정도의 예산이 예상됐다. 하지만 장비와 관련된 비용을 전액 광고사업자가 부담해 시는 부담을 줄일 수 있게 됐다. 오히려 버스업체는 버스 1대당 월 2만 원의 임대수수료를 받을 수 있어 경영에 다소 도움을 받을 수 있게 됐다.

창원형 시내버스체계 완성하다

2010년 7월 1일 통합 창원시 출범은 생활권의 광역화를 의미하게 됐다. 대중교통체계를 개선해 마산, 창원, 진해 거주민을 하나의 생활권으로 묶어내는 게 급선무였다. 특히 폭증하는 교통수요에 효율적으로 대처하는 게 우리가 해야 할 중요한 업무 중 하나였다.

창원시는 의창구 소계동과 진해구 용원 사이를 운행하는 757번(10대, 20분) 직행좌석을 신설했다. 창원중앙역 개통에 맞춰 220번(3대, 10~20분) 버스를 신설한 데 이어 내서지역 240번(2대, 50분) 등 3개 노선 15대를 우선적으로 신설했다.

하지만 시민들의 요구에 완벽하게 대응하는 데는 한계가 있었다. 변화된 도시여건에 걸맞은 전면적인 개편이 필요했다. 이에 창원형 시내버스체계에 대한 고민을 시작했다.

개편의 핵심은 역내 원활한 교통체제와 서비스 질에 맞춰졌다. '시내버스 노선체계 개편', '교통카드 시스템 고도화와 환승체계 개선', '시내버스 내외부 업그레이드', '시내버스 업체 서비스 평가', '대중교통 인프라 구축 및 개선' 등 5가지를 테마로 확정했다.

● 테마 1 = 시내버스 노선 개편

대중교통 이용객이 무엇을 원하는지를 우선 파악했다. 2011년부터 연구용역, 전문가 자문회의, 시민설명회, 인터넷 설문조사, 운수업체 업무협의 등 다양한 채널을 통해 각계의 의견을 청취했다. 이를 토대로 시는 2012년 3월 9일 버스노선을 전면 개편했다.

68개 노선에 버스 79대를 투입했다. 급행 좌석노선(2개 노선)을 신설하고 고급좌석버스를 도입했다. 출퇴근 시간대 혼잡을 줄이기 위해 배차간격을 축소하는 탄력배차제도를 도입했다. 특히 공단셔틀버스(2개, 노선 5대)를 확대하고 불합리한 노선은 통·폐합했다.

• 테마 2 = 신교통·환승제도 도입

통합 창원시가 되면서 교통카드 시스템 업그레이드가 시급했다. 2002년 7월 5일 도입한 교통카드 시스템은 이용률이 78%에 달할 정도로 이미 자리를 잡고 있었다.

통합 후 창원시는 2010년 12월 1일 교통카드 이용범위를 기존 2종(선불 1종, 후불 1종)에서 13종(선불 4종, 후불 9종)으로 확대했다. 신교통카드 시스템을 도입하고 교통카드 보충소 863개 소를 확대해 교통 인프라를 확충했다.

생활권이 광역화함에 따라 승차기준 1시간 이내의 환승체계로는 더 이상 이용객의 수요에 대응하기 어려웠다. 이에 시는 2011년 12월 30일부터 승차기준 환승체계를 하차기준 환승체계로 서비스를 개선했다. 하차기준 간선·지선 25분, 읍면 40분으로 환승시간을 차등 적용함으로써 많은 시민들이 혜택을 받게 됐다.

• 테마 3 = 시내버스 디자인 혁신

한 도시의 시내버스의 모습은 움직이는 도시 디자인이다. 대중교통의 쾌적한 실내 환경과 운수종사자의 친절도는 그 도시의 전체 이미지를 좌우한다.

"시내버스 디자인을 혁신하라."

나는 디자인과 색상의 콘셉트를 '글로벌' 주제로 확정했다. 세계로 진출하는 글로벌도시로의 시작을 표현하고 싶었다. 버스 옆면의 곡선과 직선이 조화를 이뤄 세계로 뻗어 나가는 창원의 느낌을 표현했다. 지평선의 떠오르는 태양을 모티브로 해 뒷면의 곡선을 심플하게 표현했다.

버스의 색상도 단순화했다. 급행과 직행좌석은 주황색, 간선버스는 파란색, 지선·마을·공영버스는 연두색으로 통일했다. 버스 색상은 버스의 용도를 식별하는 데 큰 도움을 줬다. 창원의 692대 시내버스 외부색상 디자인은 특허출원을 해서 우리시만의 독특한 상징이 되도록 했다.

1922년 시내버스가 운행한 이래 이 같은 변화는 버스 관련 업체의 변신을 끌어냈다. 버스회사는 스스로 유니폼 착용을 결정했고 친절하게 승객을 대하기 시작했다.

• 테마 4 = 시내버스 서비스 혁신

버스 인프라만 바뀌고 서비스가 바뀌지 않으면 안 된다. 시내버스회사의 서비스 수준을 평가해 우수업체에 대해서는 인센티브를 주기로 결정했다. 반면에 서비스 하위업체는 패널티를 부여하기로 했다.

2010년 하반기부터 현재까지 3회에 걸쳐 평가가 실시됐다. 연속 하위 3위 이내로 평가된 운수업체에 대해서는 보조금을 삭감(패널티)했다. 이 같은 평가제도는 버스회사의 변화를 끌어내 서비스 개선으로 이어졌다. 이 결과 시민이 그 혜택을 고스란히 받게 됐다.

• 테마 5 = 대중교통 인프라 혁신

버스정보시스템은 시민들 불편을 해소해주는 기폭제 역할을 했다.

하지만 진해구에는 버스정보시스템(BIS)이 구축돼 있지 않아 불편이 뒤따랐다. 우선 주요 68개소 정류장에 BIT단말기를 설치해 시민불편을 해소했다.

곧이어 버스정보시스템(BIS)을 고도화해 통합 BIS센터를 구축하는 한편 정류장단말기(BIT) 83개 소 구축, 노후화된 차량단말기(200대) 교체, 정류장 QR코드 서비스 등을 통해 대중교통 인프라를 개선했다. 이를 통해 시민들은 버스이용이 편리해졌고 시간 낭비를 줄일 수 있게 됐다.

창원은 버스회사 재정건전화도 모색하고 있다. 덕동공영차고지와 성주동공영차고지는 2012년 8월에 준공했고 진해웅천공영차고지는 2013년 9월 준공할 계획이다.

창원시의 대중교통 정책은 시민이 신뢰하는 대중교통체계 구현을 목표로 하고 있다. 아무리 좋은 정책도 시민이 뒷받침해 주지 않으면 소용이 없기 때문이다. 특히 도시의 특성을 살린 '창원형 교통시스템 구축'이 효과를 발휘할 것으로 기대한다.

교통신호체계를 연동화하다

창원의 2012년 6월 현재 차량등록대수는 55만 6,000대로 세대당

1.36대의 차량을 보유하고 있다. 인구가 늘고 소득수준이 향상되면서 늘어나는 차량은 도심지 교통혼잡과 체증을 심화시켰다. 이로 인해 시민들 교통불편과 공단기업 물류비 증가의 원인이 됐다.

게다가 도로를 넓히고 주차공간을 확보하는 데는 한계가 많았다. 시는 교통신호 데이터베이스를 재구축해 전자교통 신호체계를 연동화하기로 했다.

먼저 주요교차로 교통량과 도로기하구조를 전면 조사했다. 이를 통해 가로축 통행시간을 단축시키고 차량 정지횟수를 줄였다. 횡단보도 길이에 맞게 보행신호시간도 조정했다.

차량의 평균 주행속도가 빨라지고 상습정체구간도 크게 줄어드는 효과가 나타나기 시작했다. 시내 전체 도로의 평균주행속도가 종전 시속 27.4㎞에서 47.6㎞로 73.6% 가량 빨라졌다. 가로축 통행시간도 45.6% 단축됐다. 운전환경의 쾌적성을 나타내는 정지율은 84.1%가 줄어들었다.

출퇴근시간대 극심한 교통체증을 빚었던 창원대로(소계광장~성주광장)는 주행속도가 시속 22.5㎞에서 42.9㎞로 빨라졌다. 정지율도 42.8%에서 13% 감소하면서 운행시간이 26분에서 13분으로 단축됐다.

교통신호체계 연동화는 유류비와 교통혼잡비용 등을 절약할 수 있어 경제적 비용이 연간 1,200억 원 가량 감소된 것으로 분석되고 있다. 게다가 배기가스 감축에 다른 환경개선 효과, 시민의 스트레스 감소 등 보이지 않는 효과도 대단하다.

최근에는 출퇴근시간 차량정체가 심했던 창원시 마산자유무역지역 정문 교차로 교통 상황이 호전됐다. 6호 광장 쪽 연결도로의 확장 효과도 있지만 해안도로 전담순찰대가 그 역할을 톡톡히 했기 때문이다. 전담 경찰관이 도로마다 진입하는 차량수를 보며 신호체계를 직접 조정했다.

출퇴근 때 차량이 가장 많은 해안로-가야상가-자유무역교 직진

"시내교통 속이 다 시원합니다"

"30분 걸리던 출근시간이 10분이면 거뜬해졌습니다. 저는 마산에서 창원으로 출퇴근하는 직장인입니다.

요즘 창원시 신호체계 개선으로 정말 출퇴근 시간이 빨라졌습니다. 예전엔 좀 달리면 신호에 걸리고 정말 짜증이 많이 났었는데 지금은 일정한 속도만 유지하면 뻥뻥 뚫리니 제 속이 다 시원해집니다."

- 창원시 홈페이지, 열리시장실 시민의 소리

"창원대로가 논스톱으로 통과되네"

"어, 창원대로가 논스톱으로 통과되네! 대로에 설치된 10개의 신호등에 모두 파란불이 켜져 과거 높은 양반의 나들이 때처럼 느껴집니다."

- 창원시청 방문객

신호는 다른 신호보다 시간이 2배 이상 길었다. 하지만 교통신호가 연동되면서 한꺼번에 몰렸던 차량이 동시에 빠져나가 정체가 줄게 됐다. 또 사이드카 4대를 운영해 양덕동과 산호동, 어시장의 교통 상황을 점검하고, 인근 불법주차를 단속해 교통흐름을 개선했다.

마산자유무역지역일대를 순환 운행하는 530번 공단셔틀 버스기사는 "요즘 잘 뚫려 배차시간을 조정해야 할 정도다. 소통이 잘 돼 속도를 줄여가며 버스 시간을 맞추고 있다"고 말한다.

공단셔틀, 자가용 이용을 줄이다

"어떻게 하면 자가용 이용을 줄일 수 있을까."

창원시의 특성을 분석해봤다. 우선 공단 내 기업체 85개사 6,000명을 대상으로 근로자 통행실태를 분석했다.

창원은 도시 특성상 직장과 거주지가 분리되어 있는 구조였다. 창원공단에는 대기업 53개사를 비롯해 2,000여 개의 중소기업이 상주해 있었다. 대기업 근로자들은 회사버스로 출퇴근하고 있었으나 중소기업은 회사버스가 없어 승용차를 이용하고 있었다.

대중교통체계가 거주지 중심으로 되어 있다 보니 공단근로자를 위한 배려가 부족했다. 공단 내에는 자가용 이용자의 불법 주차로 물동량 이동에 방해를 주고 있었다.

해답은 '공단셔틀버스' 도입에서 찾았다. 2007년 11월 창원공단

내 월림·창곡·통일지구를 중심으로 공단셔틀버스를 도입했다.

4개 노선에 29인승 중형 좌석버스 10대를 평일과 토요일 사이 투입했다. 좌석버스 요금이 아닌 일반버스 요금을 내고 일반시내버스와도 환승할 수 있도록 했다. 출퇴근시간대에는 공단지역에 버스를 집중배차하고 이용객이 드문 낮시간대에는 창원지선에 활용했다.

2008년에는 운행시간 전면조정, 정차지점 확대의 공단셔틀버스 운행 활성화 방안을 마련해 시행했다. 공단셔틀버스 이용을 활성화하기 위해 공단근로자에게 500개의 교통카드를 제공했다. 교통카드 사용자는 연말정산 시 소득공제를 받을 수 있어 인기를 끌게 됐다.

현재 월림창곡지구 4개 노선 10대, 팔용차룡지구 3개 노선 6대가 하루 2,000명을 수송하고 있다. 통합 이후 9개 노선 18대 106회 운행하고 있어 1일평균 이용객이 3,000명 이상으로 추정하고 있다.

시민도 공단 근로자도 모두 행복한 버스이용이 됐다. 나홀로 승용차 이용이 크게 줄었다. 출퇴근시간대 도심지 교통체증은 사라지게 됐다.

창원대로와 공단도로, 기업체의 공장부지에 자가용 주차가 줄어 물류난을 해소할 수 있게 됐고 신규사원 모집도 용이해졌다. 유휴부지 활용, 출퇴근 비용절감 등 편익과 경제적 이익이라는 일석이조의 성과도 거둘 수 있게 됐다.

국도 25호선, 도농을 통합시키다

창원은 분지형 도시로 4면이 산으로 둘러싸여 있다. 이 때문에 도심에서 농촌으로 나가려면 우회할 수밖에 없다. 이로 인해 많은 차량이 도심을 관통해 시내교통 혼잡이 심해져 도시의 외연확대를 방해했다.

포화 상태에 있는 시내 간선도로의 교통량을 분산하는 게 과제로 떠올랐다. 특히 공단경쟁력을 강화시키기 위해 우회도로를 만들어 물류비용을 줄여주는 게 급선무였다.

'국도 25호선'을 개통하기로 했다. 창원시 용동에서 동읍까지 도로개설 길이 5.85㎞, 폭 20m, 터널 2.2㎞(양방향)에 2,000억 이상

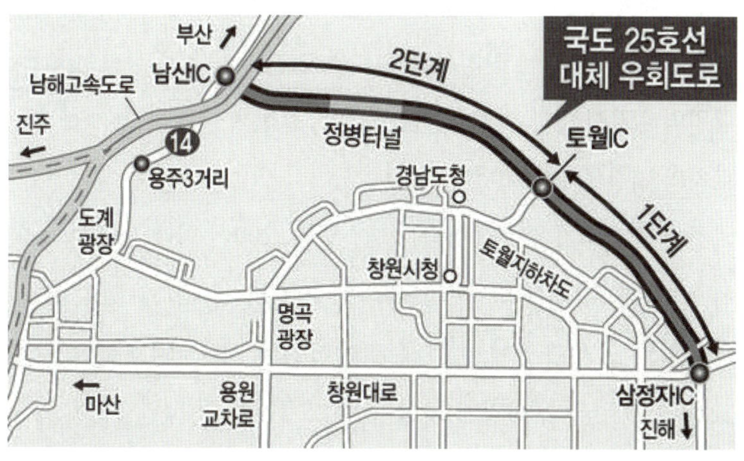

국도 25호선 대체우회도로 위치도

이 소요되는 것으로 조사됐다.

창원시는 2002년 타당성조사를 거쳐 10년만인 2012년 3월 도로를 임시로 개통했다. 창원 중심가와 동읍을 이동하는 시간이 대폭 단축되는 효과를 가져다줬다.

그러나 개통까지는 난항이 많았다.

도로의 통과 지역에 위치한 창원대와 길상사의 집단행동으로 7년간 공사착공도 못했다. 길상사에서는 비산먼지 분진, 소음과 환경파괴로 신앙생활 피해에 따른 신도수 감소를 이유로 도로의 이전을 요구했다.

창원대학에서는 소음으로 인한 학습권 침해를 이유로 반대했다. 동읍 쪽 덕산마을에서는 토지와 지장물 보상의 협의가 지연되어 공사의 진행이 장기화되었다.

창원대학과는 지역의 공동발전을 위한 양보, 방음둑 설치와 방음숲 조성을 설계에 반영시켜 협의를 이끌어냈다. 길상사는 KTX 창원역세권 개발과 연계해 이전하기로 결정해 해결되었다. 문제는 토지와 지장물 보상이었다.

창원시 간부가 총출동했다. 1대1 면담, 200여 차례의 방문과 설득 끝에 교착상태에 있던 도로공사를 2008년 시작할 수 있었다.

창원의 도계광장에서 김해로 이어지는 국도 14호선 공사가 2014년 완료된다. 이렇게 되면 국도 25호선이 2014년 2월에 완전 개통되게 된다.

현재 임시개통으로도 도심 관내를 통과하는 국도의 교통량을 시외곽으로 우회시켜 일부 교통혼잡을 해소할 수 있게 됐다. 창원시는 '국도 25호선'이 창원·마산·진해의 통합을 앞당기고 진해와 창원과의 접근성을 높여 도시와 농촌 간 통합을 앞당겨줄 것으로 기대하고 있다.

창원형 도시철도를 만든다

"통합창원시를 1시간 내 생활권으로 만들라."

인구 110만이 통합된 광역도시권의 통합효과를 높이려면 시민들의 이동권을 확보하는 게 중요하다. 이에 창원시는 창원, 마산, 진해 세 지역을 오가는 광역교통망 구축을 서두르고 있다.

창원시 안에서 1시간 내 접근이 가능하도록 위한 것이다. 현재 마산지역은 연결로가 봉암다리뿐이고, 진해지역은 안민터널과 장복터널이 유일한 통로다.

소통과 화합을 위한 해법은 창원도시철도 건설이다. 기초자치단체로서는 최초로 시행하는 도시철도건설사업은 저탄소 녹색대중교통 도입과 연결돼 있다. '환경수도' 프로젝트라는 것이다.

도시철도건설은 2011년도부터 2020년까지 7,232억 원을 투입해 마산합포구 가포~창원역~진해구 석동(1단계)~진해구청(2단계)에 이르는 총연장 33.9㎞(1단계 30.15㎞, 2단계 3.75㎞)에 정거장 38개 소(지상 36, 고가 2)를 노면전차(트램)로 잇는 사업이다.

한국철도기술연구원과 협약을 체결해 본격적으로 업무를 추진하고 있다. 녹색교통 기술개발, 도시철도 건설 자문, 철도산업 발전을 위한 산·학·연 교류, 철도 신기술 보급, 철도전문인력 양성 등의 업무를 공동으로 추진한다.

전철 대체수단으로 바이모달 트램(Bimodal Tram)이 검토되고 있다. 바이모달 트램은 광역버스 두 대를 연결한 것으로 도로 위를 달릴 수 있고 회전반경이 짧아 탄력적으로 노선을 짤 수 있다. 건설비도 다른 차세대 교통수단에 비해 적게 든다.

한국철도기술연구원 곽재호 박사는 "트램의 건설비용이 1㎞에 200억 원으로 경전철(400억 원 이상)의 절반 수준에 불과하고 환경적으로도 트램이 월등하다"고 말한다.

또한 트램은 걸어서 승·하차가 가능해 접근성이 뛰어나다. 또 버스, 자전거 등 다른 교통수단과 환승도 수월할 뿐만 아니라 단독주택도 조망권을 뺏기지 않는다. 정시성과 안정성을 확보할 수 있으며 교통수요에 탄력적으로 대응할 수 있다.

2011년 4월에 기획재정부와 도시철도 예비타당성 조사에서는 일반 트램만을 분석 대상으로 했다. 앞으로 도시철도 사업타당성 평가용역에서 바이모달 트램을 검토할 계획이다.

광역교통망 확충사업도 적극 추진한다. 성산구 천선동을 잇는 제2안민터널 사업에 국비 40억 원을 투입해 2014년 본격 착공할

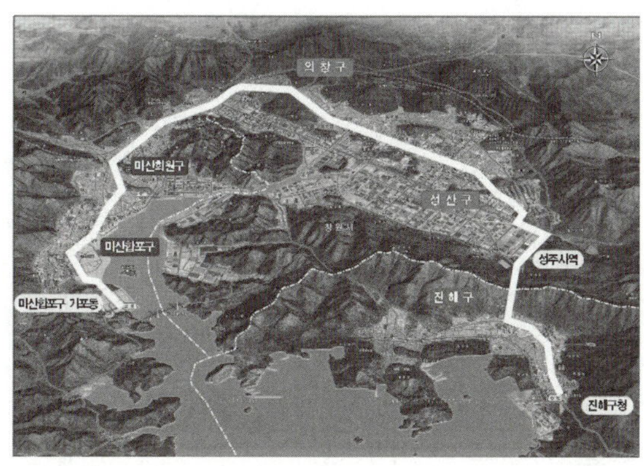

창원도시철도노선
계획표

예정이다.

창원시와 인접한 창녕군 부곡면, 함안군 칠원·여항면 등 창원 외곽을 연결하는 도로 건설도 추진 중이다. 창원 북면 신촌리~창녕군 부곡면 부곡리 6.99㎞를 폭 11.5m로 건설하는 국도 79호선 개설사업도 추진하고 있다.

창원시는 트램이 신성장동력산업을 창출하고 신규 고용을 창출해줄 것으로 기대하고 있다.

CHAPTER 6

고품격 도시 설계

창원, 감성도시로 다시 태어나다

도시 디자인, 토털 개념으로 바꾸다

국내 대부분의 도시는 지난 반세기 동안 양적 팽창에 주력했다. 창원시도 예외는 아니었다. 이로 인해 구도심의 쇠퇴, 열악한 주거 환경, 혼잡한 교통문제가 당면과제로 떠올랐다. 창원시는 자율행정통합도시로 재탄생하다 보니, 마산·진해와 창원 간 사회적·공간적 양극화 현상을 극복하는 게 과제였다.

쟁점은 마산·창원·진해 간 조화로운 도시발전을 어떻게 끌어내는 것이냐다. 도시설계를 통해 태어난 도시가 아니라 자연발생적으로 생겨난 도시였기 때문에 3개 시는 도시 이미지에 격차가 컸다. 창원시는 도시 디자인을 다시 하기로 결정했다.

이에 기능을 파는 시대를 넘어 감성을 파는 시대에 걸맞게 창의적으로 도시 디자인을 하기로 했다. 도시의 이미지 구축과 개별 시설물의 이미지를 연결시키는 '토털 디자인(Total Design)' 개념을 도입했다. 과거 개별 시설물 위주의 디자인이 아니라 건물 또는 광장, 길(가로)과 시설물의 디자인이 조화를 이루는 지를 도시 디자인의 핵심으로 판단했다.

이에 따라 토털 디자인의 개념을 두 가지로 설정했다.

첫째, 디자인의 대상은 시설물이다. 버스정류장, 펜스, 볼라드, 가드레일, 신호등, 벤치, 가로등, 안내표지판 등과 같은 '공공시설물'과 도시의 '간판'에 토털 디자인의 개념을 접목했다. 둘째, 공간 디자인에 토털 디자인을 접목했다. 길(가로), 광장, 공원, 전통시장, 하천 등의 '공공공간'은 물론 관공서, 학교, 도서관, 병원, 박물관, 미술관, 기차역 같은 공공건물이 창원시의 디자인 이미지와 조화를 이루도록 했다. 공공시설물과 공공공간에 대한 디자인이 진행될 때 '조화'를 최우선 조건으로 했다. 소위 명품도시가 추구하는 '격(格)의 도시'를 만들기 위한 시도였다.

창원시의 이 같은 '토털 디자인' 개념은 창원시를 좀 더 품격 있는 도시로 만들어주고 있다. 도시와 시민이 도시 디자인에 좀 더 관심을 갖고 토털디자인을 추구한다면 창원은 더 품격 있고 멋있는 도시로 다시 태어날 것이다.

도시행정, 방식을 바꾸다

시민들은 지금까지 도시행정을 자신과 무관한 일로 간주했다. 특히 도시계획 부문은 더욱 그러했다. 시에서 알아서 도시 디자인을 하는 것으로 간주했다. 시민들이 적극적으로 참여해 자신의 생각을 개진할 방법은 없었다.

공공사업을 예로 들어보자. 근처에 도로가 난다면 한쪽은 집값이 껑충 뛰어 즐거워하는데, 다른 한쪽은 차량에 따른 소음과 배기가스 때문에 피해를 보게 된다. 이렇듯 공공사업은 주민생활에 밀접한 영향을 주지만 문제가 생긴 뒤에야 시민들은 이를 문제시한다.

나는 이 같은 도시행정방식에 일대 변화가 필요하다고 생각했다. 공공시설물을 디자인할 때는 전문가뿐만 아니라 주민들이 참여해 그들의 의견을 반영하는 게 중요하다고 생각했다. 다시 말해 시민커뮤니티는 시민들이 직접 디자인하는 게 좋다. 이렇게 되면 도시공간의 질을 높이고, 시민들이 체감할 수 있는 명품도시의 골격을 시민들이 직접 완성할 수 있게 된다.

이 같은 시도는 도시공간을 좀 더 아름답게 바꿔놓을 것이다. 시정부는 시민들의 요구사항에 귀 기울여야 하기 때문에 보다 다양한 의견을 도시개발에 반영할 수 있게 된다. 간판은 물론 도시경관을 만드는 데 있어서도 시민들의 의견반영이 도시개발에 힘을 가져다줄 수 있다. 간판은 상인이면 누구나 장사를 잘하기 위해 소유하고 싶어 한다. 이것이 근원적인 한계다. 하지만 간판이 늘어날수록 그것이 가져다주는 효율성은 줄어들게 된다. 실제로 아무리 크고 강렬한 간판을 만든다고 해도 과거와 같은 마케팅 효과를 거두기 힘들다. 이제 간판이 점차 존재의 가치를 잃고 있기 때문이다.

그런데도 사람들은 계속 내 간판을 마련한다. 그만큼 '장사=간판'이라는 고정관념이 시민들을 지배하고 있다. 하지만 무질서한 도시간판은 도시 이미지를 훼손시키는 역할을 하고 있다. 보도와 차도가 구분 없는 도시도 문제점이다. 얼마 전까지 시청 바로 뒤 상업지역이 그랬다.

창원시는 시민 스스로 '문화의 거리'를 조성하도록 제안했다. 2009년도에 지역주민을 중심으로 사업추진위원회가 만들어졌다. 이렇게 만들어진 '시민커뮤니티'는 이곳을 디자인이 제대로 된 거리로 변신시켰다. 간판을 교체하고, 차도를 좁히는 대신 보도를 넓히는 디자인혁신이 이뤄졌다. 사람들 통행에 불편했던 거리는 사람 중심의 걷기 편한 거리로 다시 태어났다.

도시를 리모델링하는 데 있어, 시민들을 혁신을 위한 파트너로 받아들여야 한다. 그들의 문제를 그들의 시각으로 스스로 해결해 나갈 수 있도록 해야 한다.

도시 디자인 비전을 만들다

"지식기반 경제시대, 세계는 창의성 기반 경제(Creativity-Based Economy)를 만들어 가고 있다."

경영 구루 개리 하멜 런던 비즈니스 스쿨 교수의 말이다. 영국은 2004년 '런던계획(The London Plan)'을 발표했다. 디자인을 정책

키워드로 삼아 도시정책의 프레임을 새롭게 짜기 위한 시도였다. 도시 특성에 맞는 디자인으로 도시 이미지를 재창조하기 위한 시도가 이뤄졌다. 몇 가지에 초점이 맞춰졌다.

첫째, 기존의 도시 공공공간을 훼손하지 않으면서 도시의 지속적인 성장을 끌어내자. 둘째, 런던을 보다 살기 좋은 도시로 만들자. 셋째, 런던을 다양한 경제성장이 가능한 풍요로운 도시로 만들자. 넷째, 사회통합을 촉진시켜 빈곤과 차별을 없애자. 다섯째, 런던으로의 접근성을 높이자. 여섯째, 런던을 보다 매력적이고 디자인된 녹색도시로 만들자.

'풍-화-격'의 명품도시를 만드는데 디자인 도시를 핵심 키워드로 삼았다. 거리, 근린, 지역, 스카이라인·조망·가로경관, 광장과 보행로, 거리의 공공시설물, 횡단보도, 산책로, 공원과 정원, 주요건물, 공공건물, 강과 운하, 지하철과 기차역, 교통시스템과 교차로 등을 새롭게 디자인하는 시도를 추진하고 있다.

2012년 세계 디자인 수도로 선정된 핀란드의 헬싱키도 마찬가지다. 헬싱키는 '디자인을 일상 속으로'라는 내용의 디자인 슬로건을 채택했다. 도시에 있는 자원, 즉 도서관, 지하철, 버스, 오래된 건물들을 시민들이 만족해할 공간으로 다시 디자인하겠다는 구상이다.

도시는 시민들의 삶을 규정하는 공간이다. 따라서 시정부는 도시가 어떤 모습으로 변해야 바람직한지에 대해 그 해답을 제공할 수 있어야 한다. 매력적이면서 개성이 있는 '디자인 도시'가 그 해답일 것이다. 물리적인 양적 발전도 중요하지만 도시의 매력을 다시 발견하고, 그 매력을 중심으로 활기가 살아날 수 있는 품격 있는 도시, 디자인 도시가 만들어져야 한다.

'시민 간 결속을 이어주는' 매개공간으로써 도시가 다시 태어나야 한다. 덴마크 코펜하겐은 걸어 다닐 수 있는 도시 만들기 장기계획을 추진한 결과 '걸어 다니기 아름다운 도시'를 만들었다.

창원시도 마찬가지다. 창원시만의 명확한 목적과 매력을 살리기 위한 디자인 비전이 필요하다. 각종 시민단체와 집단, 다양한 의사결정기구가 참여해 창원만의 디자인, 도시 매력을 창조해야 한다. 이것이 '디자인 수도'를 향한 첫걸음이 될 것이다.

도심공간 생명력을 불어넣다

시책으로 도심을 디자인하다

정책은 도심을 재탄생시키는 데 중요한 역할을 한다. 세계 선진 도시들은 오래 전부터 디자인을 정책 키워드로 잡아 다양한 도시 개발 정책을 펴왔다. 도시 특성에 맞는 디자인을 개발해 도시의 브랜드 이미지를 만들어 냄으로써 관광객을 끌어들인다. 건축물은 물론 옥외광고물과 공공게시판, 버스정류장, 공중전화부스, 맨홀

뚜껑에 이르기까지 도시 내 모든 시설물이 도시의 얼굴이기 때문에 시정부의 적극적인 시책은 도시의 모습을 변화시킬 수 있다.

인구 50만의 한적한 도시였던 스페인의 빌바오는 구겐하임박물관이라는 건축물 하나로 매년 400만 명이 찾는 유럽의 명소를 만들어냈다. 코펜하겐도 작은 인어상을 도시의 상징물로 만들었다.

창원시도 이 같은 세계 각국의 정책을 고려해 도시 디자인을 주요 시책으로 활용하고 있다. 2006년 도시경관 기본계획을 수립한 데 이어 2007년에는 도시 디자인과를 신설했다. 옥외광고물 조례와 경관 조례까지 제정해 도시를 리모델링하고 있다. 대표적으로 용호상업지역을 '문화의 거리'로 조성했다. 무질서하게 늘어서 있던 전선·통신선을 모두 지중화했다. 인근 9개 빌딩, 153개 업소의 간판은 예쁜 디자인으로 교체했다.

보행자와 차량 통행이 혼재됐던 도로를 정비해 인도를 대폭 확대했다. 동시에 배리어 프리(Barrier free, 휠체어를 타고도 불편 없이 다닐 수 있도록 함) 개념을 적용해 보도와 차도의 턱을 없앴다. 차량 중심의 도로를 보행자 중심의 거리로 확 바꾼 것이다. 이 같은 노력 끝에 '문화의 거리'는 청소년들이 즐겨 찾는 문화명소가 됐다. 인근 상가의 매출도 늘어 상권 활성화에도 큰 몫을 하고 있다.

창원시의 도시 디자인사업은 '도시경관 디자인지침'과 '도시경관계획', '간판 개선' 등 시 전반적인 디자인정책을 구체적으로 실현해 냈다는 데 의미가 있다. 특히 디자인정책을 추진하기 위해 시민

참여를 이끌어 냈다는 것은 매우 의미 있는 시도였다. 공무원은 물론 전문가와 상인대표의 참여는 최상의 결과를 만들 수 있었다.

이 결과 용호동 문화의 거리는 2009년 말 행정안전부가 전국 230개 기초자치단체를 대상으로 한 옥외광고물 정책 평가에서 최우수기관으로 선정됐다. 대통령 표창과 함께 특별교부세 1억 원도 지원받았다. 2010년에는 '대한민국 디자인대상'에서 기초자치단체 중 1위로, 국무총리상의 영예를 안았다. 또한 국제공공디자인대상 시상식에서 공공부문 최우수상(Junior Grand Prix)과 PDA(Public Design Award)인증마크를 수상했다.

창원시는 앞으로 권역별로 도시디자인사업을 확대할 계획이다. 특히 시민들의 관심과 동참이 감성이 있는 도시, 다시 찾아오고 싶은 쾌적하고 아름다운 도시, 즉 명품도시를 만드는데 기여할 것으로 전망한다.

도시 얼굴, 간판을 바꾸다

도시 미관을 이야기할 때 빠지지 않는 것이 간판이다. 도시를 아름답게 하는 효과도 있지만 제대로 정비되지 않으면 도시 미관을 가장 해칠 수 있는 애물단지가 된다. 선진국을 여행해 본 사람이라면 누구나 잘 정돈된 간판을 보고 부러워한다. 국민소득 2만 달러 시대에 우리나라의 간판 수준은 여전히 후진국을 벗어나지 못하고 있다. 간판을 보고 업소를 찾을 것이라는 선입견에 사로잡혀 있기 때문이다.

이 때문에 경쟁적으로 간판을 크게, 튀게, 많이 달려고 한다. 하지만 난잡한 간판은 지저분할 뿐만 아니라 시민들의 눈살을 찌푸리게 하는 요인이 된다. 공동체의 삶을 훼손하는 것이다. 창원시는 2007년 7월 '간판과의 전쟁'을 선언했다. 창원광장 주변 365m 구간 토월로를 '도시 디자인 시범거리'로 선언한 것이다.

상가건물에 어지럽게 걸려 있던 간판 400여 개를 정리하는 게 난제였다. 주민협의회를 구성해 밤낮 없는 설득작전에 돌입했다. 기존 간판의 제작비가 얼마가 됐건 모두 철거하고 새로 디자인된 업종별 간판을 달아주기로 했다. 간판의 크기와 글씨가 작아져 광고 효과가 떨어지고 간판의 위치가 마음에 들지 않는다는 불만이 쏟아졌다. 시장 명의로 협조서한을 보내고 담당 직원이 두 달여 동안 읍소한 끝에 결국 상인들을 설득할 수 있었다. 설득은 17개월 동안 계속됐다.

건물 16채, 187개 업소에 걸린 간판 422개를 모두 철거하고 현대식으로 바꿨다. 주인 없는 간판 1,076개를 정비했다. 간판에 이어 보도 개선과 버스정류장, 가로시설물 재설치 등 가로경관사업까지 마무리되자 시민들의 격려가 이어졌다. 창원시에서는 이제 지정된 크기의 간판만 달 수 있다. 새로운 간판은 도시 미관을 크게 향상시키고 있다.

간판세 제정 건의

간판과 옥외광고물은 도시의 문화수준을 측정하는 척도이자 도시의 이미지를 창출하는 상징물로, 도시의 가치와 운명을 결정할 정도로 그 중요성이 높아지고 있다. 그러나 전국 도시를 살펴보면 무분별한 광고물 설치와 난립으로 도시의 아름다움을 훼손하고 있어 안타깝다. 유럽을 방문해보면 고풍스런 도시에 걸맞게 정연된 간판을 볼 때면 항상 부러웠다.

유럽 네덜란드의 한 도시를 방문할 기회가 있었다. 그 도시에서는 간판의 크기와 형태에 따라 세금을 부과하는 등 엄격히 규제를 하고 있다는 것을 알았다. 우리나라에도 이제는 간판의 정비와 규제가 필요하다고 생각했다.

불법 유동광고물(현수막, 벽보, 전단지)을 도로, 주택, 상가 등에 무차별적으로 살포하는 행위를 막고, 네온류 상업광고물의 과도한 빛의 사용 억제를 통한 에너지 절약 차원에서 옥외광고물 등 관리법 개정 건의문을 297명의 국회의원에게 발송했다. 또한 간판세를 부과하는 외국사례를 벤치마킹하여 간판세 제정안을 만들어 2011년 8월 31일 행정안전부에 건의했다. 이 법안의 내용은 간판세의 제정목적, 정의, 과세대상, 납세의무자, 납세지, 간판세율, 과세기준일 납기 등 총 12조로 구성되었다.

이것은 한국의 도시들이 세계적인 경제력과 국가위상에 걸맞게 도시의 얼굴도 아름답게 가꾸어 나가는 계기가 될 것이다.

최근에는 전통시장의 간판 정비를 시작했다. 상남시장, 진해중앙시장, 가음정시장의 묵은 간판을 들어내 찾기 쉽고 아름다운 간판으로 교체하고 있다. 70년 전통의 상남시장은 간판 정비로 시장의 모습이 바뀌면서 모든 점포가 모두 분양되기까지 했다. 시장의 얼굴, 간판이 바뀌면서 특별한 효과가 발생한 것이다. 이것이 바로 '체감하는 디자인사업 효과'다.

간판은 도시의 얼굴이다. 우리는 간판 풍경을 통해 도시를 인식하고, 간판과 호흡하며 살고 있다. 간판정비사업은 도시 미관을 어지럽혀 온 얼굴을 산뜻하게 바꾸기 위한 것이다. 그동안 간판이 인간을 지배해 왔지만 이제 간판을 통해 사람이 즐거움을 느껴야 할 것이다.

시민이 주인인 도시를 만들다

도심 속 소도시를 구현하다

도시가 발달할수록 '자족도시'가 인기를 끌게 된다. 자족도시란 주거, 업무, 쇼핑, 레저, 문화 등 다양한 시설을 한 곳에 집적시켜 생활의 편익을 높인 복합단지를 말한다.

창원에도 이 같은 자족도시가 있다. 국내 첫 복합단지인 '더시티

세븐(The City 7)'이 2008년 창원에 문을 열었다. 의식주를 한곳에서 해결할 수 있는 '콤팩트 시티'다. 도시에 활력을 불어 넣고 도시의 얼굴을 바꾸는 디자인으로 창원 도심의 랜드마크 역할을 하고 있다.

창원에는 국가공업공단이 있어 컨벤션센터가 들어선 이후 대규모의 국제행사와 연계할 수 있는 복합공간이 필요했다. 단지 내에서 주거, 업무, 쇼핑, 문화, 여가, 교육 등 모든 일을 해결할 수 있도록 도심 속 소도시 역할을 할 수 있도록 했다.

창원시에서는 가장 높은 오피스텔(43층 2개 동과 32층 2개 동), 국내외 대표적 브랜드가 입주한 쇼핑몰 3개 동, 22층의 트레이드센터 1개 동, 특급호텔, 교육문화센터, 할인마트 등까지 갖췄다. 바로 옆에는 2,500명 이상이 동시에 국제회의를 할 수 있는 회의장, 전시공간, 중소기업지원센터 등으로 구성된 창원시 소유의 컨벤션센터(CECO)가 들어서 있다.

이 같은 도심 속의 복합공간인 '콤팩트 시티'는 지역경제 활성화에 큰 기여를 하고 있다. 1만 8,000명에 달하는 직·간접적 고용창출을 일으키고 있다. 매년 4,600억 원의 경제 유발 효과도 있다. 이로 인해 지방세수가 100억 이상이 늘어난 것으로 분석되고 있다.

창원의 대표적 복합단지 '더시티세븐(The City 7)'

에코타운, 명품 생태마을이 되다

사람이 걷기 편하고 차량이 불편한 마을, 전체 면적의 50% 이상이 녹지공원인 생태마을이 있다. 바로 친환경생태마을 '에코타운'이다. 북면 감계리에 1,300여 억 원을 투자해 들어설 7,000여 세대의 '에코타운'은 사람이 중심인 생태마을이다.

모든 횡단보도는 인도와 높이를 맞췄다. 사람은 편리하게 지나지만 차량은 요철을 지나기 때문에 불편하게 설계됐다. 너비가 6~8m로 좁은 도로지만 한쪽에 2m짜리 보행로를 설치했다. 차도 너비는 4m뿐이다. 10m 도로는 보행로가 양쪽에 2m로 설치되기 때문에 차도는 6m에 불과하다. 일반적으로 너비 12m 이상인 도로에만 인도를 설치하는 것과 비교하면 파격적이다.

도심 가운데를 흐르는 3km의 하천 둔치에는 보행자 전용도로를 만든다. 보행로를 따라가는 하천과 저습지는 생태천이 된다. 곳곳의 생태웅덩이에는 수생식물이 살게 된다. '에코타운'에는 국내 최초로 환경부 지침인 생태면적률 개념을 도입했다. 녹지 비중을 아파트 30%, 단독주택 5%, 학교 20% 이상 확보해야 한다. 생태 면적은 지반 위에 조성한 녹지가 기준이다. 땅의 훼손을 적게 하고 더 많은 녹지 확보를 유도하기 위해 녹지 밑 지하에 콘크리트 시설물이 있으면 지상 녹지면적의 40~80%만 생태면적으로 계산한다.

공원 녹지율은 24%에, 주거지역 평균 생태면적률 26%를 포함하면 체감 녹지율은 50%에 달한다. 도시 전체를 에코시티로 만들기 위해 하천복원, 공원특화, 자전거도시 등 다양한 시책도 진행되고 있다. 북면의 에코타운이 완공되면 대한민국 주택건설에 있어 표준모델로 작용할 전망이다.

생태면적률이란?

생태면적률이란 건축대상지의 전체 면적 가운데 녹지나 수(水)공간, 옥상화단, 벽면녹화 등 자연 순환기능을 가진 토양면적이 차지하는 비율을 말한다. 2007년 환경부는 25만㎡ 이상 도시개발사업을 벌일 경우 생태면적률을 적용토록 지침을 마련했다.

창원시는 2008년 7월 창원 시내 공공건축물의 신축 등의 경우에 자연 순환기능을 가진 녹지, 옥상녹화, 연못 등을 30% 이상 확보하는 것을 내용으로 하는 '환경친화적생태도시' 규정을 지자체 중 처음으로 도입했다. 일반주택 등 민간 부문은 생태면적률 20% 이상을 권장하고, 이를 충족하면 용적률 완화, 세제감면 등의 인센티브를 제공한다.

도시 전체를 대상으로 '생태도시규정'을 도입한 지자체는 창원시가 국내 처음이다. 구체적으로 일반주택은 20% 이상, 공동주택은 30% 이상, 일반건축물은 20% 이상, 공공문화체육시설 및 공공기관이 건설하는 시설 또는 건축물은 30% 이상 생태면적률을 확보하도록 규정하고 있다.

도심 속 추억의 거리를 되찾아

나는 통영에서 올라와 마산공고를 졸업했다. 이후 경남대학교 행정학과 야간을 다니면서 친구들과 어울렸던 곳이 경남대학교 앞의 댓거리와 가포, 창동이다. 1974년 행정고시에 합격한 뒤 경남도청에 근무할 때도 손님을 모시고 주로 갔던 곳이 창동 뒷골목이다.

이 당시 창동은 젊음의 거리이자 낭만의 거리였다. 마산수출자유무역지역과 한일합섬에서 일을 마친 수많은 근로자들, 그리고 경남대학교 젊음 청춘들이 밤새워 놀던 곳이다. 막걸리와 어갈비집, 바덴바덴, 축제, 고구려 등 아직도 기억이 생생하다. 그러나 창동과 오동동의 화려함은 경남모직과 한일합섬이 퇴출되면서 서서히 사람들의 관심에서 멀어졌다.

창원시는 이들 낭만의 거리를 복원하기 위해 '마산 원도심 재생 마스터플랜'을 확정했다. '천년항구 마산포 르네상스'를 슬로건으로 했다. 부제로는 '시빅 프라이드(Civic Pride)'를 정했다. 마산이

창동예술촌을 되살리다

창동은 6.25전쟁 당시 전국의 유명한 문화예술인들의 대표적인 피난처였다. 다양한 예술인들이 모여 창작활동을 했고, 창동르네상스로 불릴 정도로 유명했다. 1970년대 마산수출자유무역의 활성화와 함께 최대 전성기를 누렸으나, 무분별한 도시 확장에 따른 도심의 중심성 약화, 새로운 환경에 대한 대응력 부족, 지역커뮤니티 상실 등으로 상권이 무너졌다.

그러나 2010년 국토부가 도시재생테스트베드사업으로 창동을 포함해 오동동, 부림시장, 어시장권 활성화 사업을 본격 추진함으로써 부활의 기지개를 펴고 있다.

창동예술촌이 2012년 5월 25일 준공되면서 마산 원도심 부활의 시작을 알리고 있다. 창동사거리 쪽샘, 시민극장 골목 일대 빈점포 50개 소, 길이 400m 구간이 스토리가 있는 명품거리로 다시 태어났다.

창동예술촌은 '마산예술흔적골목', '에꼴드 창동골목', '문신예술골목'의 3개의 테마로 구성됐다. 마산예술흔적골목은 1950년~1980년대 골목 모습을 복원했다. 에꼴드 창동골목에서는 예술인들이 창작과 연구활동을 할 수 있도록 했다. 문신예술골목에는 체험아트공간과 테마상가가 들어섰다. 창원시는 앞으로 이 지역을 확대해 '예술특구'로 지정할 방침이다.

가지고 있는 오랜 역사성과 문화적 가치를 발굴하고 발전시키기로 했다. 이를 위해 마산 원도심 개발 방향도 설정했다. 사람을 끌어들일 수 있는 강한 자력이 있는 '집객도심', 도심의 역사성을 살린 문화예술창조도시 구현을 지향하기로 했다.

마산 부흥의 시발점이 될 창동예술촌을 준공했다. 오동동 문화광장 조성사업, 도시재생사업이 생태하천복원사업과 연계될 수 있도록 할 계획이다. 원도심 속 역사적인 골목길은 문화체험공간으로 발전시킨다.

마산원도심 도시재생사업은 연간 190만 명의 방문객을 유치해 연 300억 원의 생산유발 효과가 생길 것으로 기대하고 있다. 이외에도 지역의 사회문화적·관광적·환경적 측면에서 다양한 활성화가 기대된다.

군부대, 성장 아이콘으로 바꾸다

1950년 6.25전쟁 이후 조성된 도심지 내 군부대가 외곽지역으로 이전하고 있다. 창원시는 지역 군부대에 주목했다. 군부대 이전을 계기로 상대적으로 낙후된 의창구 일대를 성장시키기 위해서다. 2004년 8월부터 이전을 추진한 이래 4년만인 2008년 11월에 이전 합의각서를 체결했다.

의창구 소답동 일대 군부대 95만 7,000㎡, 북면사격장 31만㎡,

토지 등 총 129만 9,000㎡와 국방·군사시설을 창원시에 양여했다. 창원시는 함안군 군북면 일원 514만 2,000㎡를 국방부에 기부하는 대신, 의창구 일대 땅을 양여하는 방식으로 사업을 추진했다. 창원시가 대체시설을 기부하고 주둔지를 개발해 활용하는 방식이다.

군부대 이전은 긍정적인 효과를 가져다줬다. 군부대를 유치하는 함안군은 73억 7,000만 원의 지방재정 수입 효과를 비롯해 832억 4,000만 원의 간접소득 효과, 2,863명의 고용창출 효과를 기대할 수 있게 됐다.

창원시는 부대 이전사업이 18년 만에 결실을 보게 됨으로써 이전지역을 개발해 도시의 균형발전을 도모할 수 있게 됐다. 진해구에는 시운학부 터와 옛 육대부지가 있다. 시운학부 터는 매각해 문화체육센터와 도서관을 합친 복합시설을 세우기로 했다.

총 1만 8,800㎡ 부지에 연면적 1만 6,290㎡ 규모의 복합시설이 들어선다. 소장자료 8만 5,000권을 가진 도서관, 1,000석의 객석이 갖춰진 관람석이 만들어진다. 옛 육대부지의 소유권은 2014년 12월에 창원시에 귀속된다. 창원시는 이곳을 대학캠퍼스 설립, 연구기관 설립, 신규 야구장 신축, 통합시 청사 건립 등 다양한 활용방법을 모색하고 있다.

마산만, 시민의 품으로 돌려주다

바다를 끼고 있는 세계적인 도시들은 바다를 도시발전의 동력으로 삼고 있다. 호주 시드니, 프랑스 니스, 중국 위해 등은 해변을 끼고 있는 글로벌도시다. 이들 도시는 해안을 공원이나 쉼터로 개발해 바다를 도시의 얼굴로 바꿨다. 창원시는 마산만을 대한민국 바다도시의 상징으로 만들 계획이다. 1970년대 한국 7대 도시의 영광을 되찾고, 부활의 기지개를 펼 수 있도록 할 방침이다.

마산자유무역지역을 사람이 찾는 도시로 변신시키고 마산만을 시민에게 돌려주면 마산권 경제 부흥에도 큰 변화가 생길 것으로 전망한다. 창원시는 마산지방해양항만청과 '마산만워터프런트' 조성을 위해 업무협약을 체결했다.

마산만을 차별화된 해양공간으로 재창조해 창원을 해양관광도시로 육성·발전시키기 위한 워터프런트 조성사업의 밑그림을 마련했다. 기본적으로 13㎢에 달하는 마산만을 재탄생시키기 위한 것이다. 친수·관광형, 수산·도시형, 항만·산업형 등 3개 영역 6개 지구로 나눠 개발을 추진한다.

친수·관광형으로 개발될 서항지구는 레포츠공원, 역사민주공원, 문화예술공원, 크루즈터미널이 들어서게 된다. 수산·도시형으로 개발될 구항지구에는 마켓스트리트(벼룩시장), 축제거리, 바다소리시설 등이 복합된 씨사이드 콤플렉스가 들어선다. 또 귀산지구에는 낚시, 번지점프 등 해양체험공원과 함께 마창대교와 연계한 워터스크린, 해상산책로 등 마창프롬나드(산책로)가 만들어진다.

항만·산업형인 봉암적현지구와 항만산업지구에는 컨벤션센터, 수변광장 등 자유무역지구 기념공원과 친환경 놀이시설, 관찰데크, 물레방아 등 생태공원이 건립된다. 워터프런트사업은 1단계로 부지와 기반조성(2013~2015년), 2단계 토지분양과 공공사업 조성(2016~2018년), 3단계 토지분양과 공공사업 완료(2019~2021년) 등을 거쳐 2021년 본격적으로 운영된다.

나는 마산만 워터프런트사업이 지역 간 균형발전을 가져와 창원을 고품격 해양관광도시로 만들어주는 교두보가 될 것으로 믿는다.

마산만 워터프런트사업 조감도

녹지형 중앙분리대, 사고를 줄이다

계획도시인 창원시는 우리나라 경제발전의 상징이다. 구간 길이 15㎞, 폭 50m의 왕복 8차선 도로인 '창원대로'가 계획시 창원을 동서로 양분하고 있다. 서쪽에는 공단이 집중되어 있다. 전시에는 전투기의 이착륙이 가능하도록 도로의 너비가 여유 있게 조성됐다. 이에 따라 중앙분리대와 육교를 설치하지 않았다.

교차로 곳곳에 지하차도가 설치돼 있는 데다 신호가 순차적으로 작동돼 웬만한 거리까지는 신호등을 받지 않고 시원스럽게 달릴 수 있다. 도로 양 옆에는 자전거 전용도로가 설치되어 있다. 창원시는 창원대로 10.8㎞에 녹지형 중앙분리대를 설치하기로 했다. '녹

창원대로 녹지형 중앙분리대조성사업 조감도

색도시 창원'의 모습을 보여주고 교통사고를 줄이기 위해서다. 녹색분리대가 없어 창원대로에서는 최근 3년 사이 11명이 교통사고로 죽고 907명이 다치는 인명사고가 발생했다.

창원시는 양방향 자전거 전용도로 폭을 2.5m로 축소하고 남는 공간을 폭 3m의 녹지형 중앙분리대로 조성한다. 녹지형 분리대가 만들어지면 도로교통 안전성이 크게 확대될 전망이다. 교통사고 예방은 물론 도심 녹화에도 크게 기여하게 된다.

안전하면서도 푸른 도심 교통환경을 운전자들에게는 만끽할 수 있는 기회를, 시민들에게는 새로운 도심녹색 휴식공간을 제공할 것으로 기대한다.

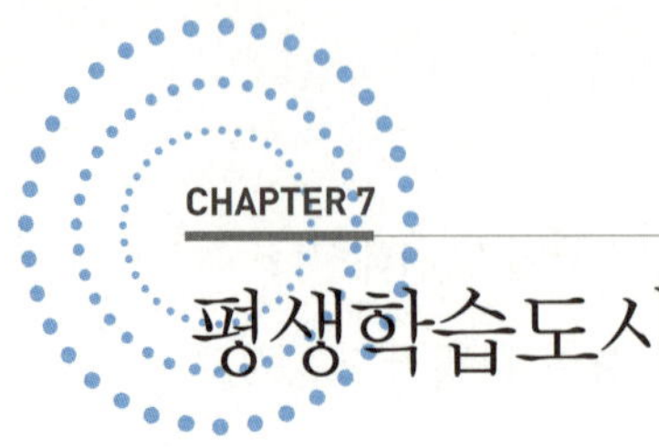

CHAPTER 7

평생학습도시

평생학습, 글로벌 모델이 되다

창원은 글로벌교육도시를 지향하고 있다. 미래학자 엘빈 토플러는 "21세기 문맹자는 글을 읽을 줄 모르는 사람이 아니라 학습하고, 교정하고, 재학습하는 능력이 없는 사람"이라고 했다. 급변하는 지식정보화사회에서 학습을 멈추면 시대의 미아가 될 수밖에 없다는 엄중한 경고이자, 평생학습의 중요성을 표현한 대목이다.

창원시는 평생 공부하는 창원 시민을 만들기 위해 평생교육시스템을 구축했다. 이 결과 2004년 교육인적자원부가 선정하는 평생학습도시가 됐다. 평생학습도시란 말 그대로 시민 누구든지 언제, 어디서나 평생학습할 수 있는 도시를 말한다. 창원시는 평생학습도시로 선정된 이후 평생학습조례를 제정해 전담부서와 평생학습센터를 설치해 운영하고 있다. 평생교육원, 사회교육센터, 마을도서관 등 평생학습네트워크는 창원만의 자랑이다.

26곳에서 운영하고 있는 평생교육센터에서는 630여 개 강좌를 개설해 운영하고 있다. 무려 1만 7,000여 명의 시민이 다양한 프로그램에 참여하고 있다. 37개 마을도서관은 주민의 사랑방 역할을 하고 있다. 저소득층과 어린이, 가정주부를 대상으로 맞춤형 프로그램을 운영하고 있다. 작은 도서관은 주민들의 학습욕구와 여가문화를 충족시키는 공간이 되고 있다.

특히 2006년부터 시작된 '창원아카데미'는 주민 평생학습의 동반자가 되고 있다. 각 분야의 유명 강사들이 매달 두 차례 수준 높은 강의를 제공한다. 지금까지 10만여 명의 시민이 수강했고, 회원만 1만 명이 넘는다.

학습기관 130여 곳에서 2,000여 개 프로그램, 강사 220명, 자원봉사자 50여 명이 종합학습의 기회를 제공하고 있다. 또한 사이버평생학습원에서도 현재 14개 분야 550개 프로그램을 제공하고 있다. 회원 수만 5,000명을 넘어섰다.

지역 내 6개 대학에 위탁 운영하고 있는 평생교육원 프로그램도 인기다. 외국어, 교양, 생활체육, 자격증 등 295여 개 강좌를 통해 1,957여 명이 혜택을 받고 있다. 주5일 근무가 확산됨에 따라 직장인을 위한 주말과정과 자격증반은 특히 인기다.

2006년부터 실시하고 있는 '농촌여성 평생학습교육'은 농촌여성의 능력개발을 위한 양성의 요람으로 자리매김하고 있다. 화훼장식기능사반, 한식조리기능사반, 홈패션반이 특히 인기다. 이 과정의 도움을 받아 수백 명이 한식조리기능사 자격증을 취득했다. 농업기술센터는 이 같은 교육평가 결과를 토대로 2008년부터는 노인복지사자격증반과 리더양성반 등 프로그램을 확대해 22개의 다양한 과정을 개설해 운영하고 있다.

창원시의 평생학습 프로그램은 2007년 제6회 전국평생학습축제를 통해 전국은 물론 국제사회에 알려지게 됐다. 이 축제에는 세계 30개국 평생학습 관계자와 13개 국제학습도시가 참여해 창원시의 평생학습 프로그램에 강한 지지를 표명했다. 5일간 계속된 행사에는 국내외에서 무려 140만 명이 참여했다. 총 523개의 평생학습 관련 기관과 단체가 참여, 195개의 홍보관을 설치해 129개 교육 프로그램을 소개했다.

특히 전 세계 교육도시 전문가가 참여하는 '유네스코 평생학습 세계회의'와 'IAEC(세계교육도시연합) 컨퍼런스'가 열려 세계 학습 정보 교류의 장이 됐다. 창원의 평생학습 정책은 국내는 물론 아시아권 도시들의 벤치마킹 대상이 됐다.

미래인재 육성을 지원하다

선진문화탐방, 학생들 꿈을 심어주다

후세들에게 교육만큼 더 큰 투자는 없다. 창원시는 미래사회를 주도할 인재육성을 위해 인프라에 많은 투자를 하고 있다. 한 사람의 미래는 그 사람이 가지고 있는 꿈에 좌우된다고 한다. 꿈을 가진 자와 가지지 않는 자의 미래는 엄청난 차이가 있다. 자라나는 청소

년들이 뚜렷한 목표의식을 가지고 무한한 도전정신을 갖도록 하기
위해 창원시는 다양한 사업을 추진하고 있다.

창원시는 2008년 '우수학생 해외선진문화탐방'제도를 도입했다.
관내 재학생 중 고등학교 1학년 2학기 전체 학년 석차가 3% 이내인
학생이 대상이다. 학교장의 추천을 받아야 하고 저소득층 자녀에게
우선권을 준다. 지금까지 400여 명이 혜택을 받았다. 매년 80~90명

"더 큰 세상에 대한 눈을 떴습니다"

미국, 우리나라와는 반대편에 위치한 먼 나라, 마음속으로는 항상 동경해
왔지만 아직 한 번도 가보지 못했던 곳이다. 쳇바퀴처럼 반복되는 일상에
서 벗어나 한 번도 접해 본 적이 없는 새로운 경험을 할 수 있는 기회가 생
기게 됐다는 자체가 나에게는 엄청난 행운이자 도전이었다. 말로만 들어
오던 꿈의 대학 아이비리그(IVY league, 하버드, 예일, 펜실베니아, 프린스
턴, 콜롬비아), MIT의 입학설명회도 듣고, 캠퍼스투어도 했다.
미국에서 한국과 동양의 문화를 알리기 위해 노력하시는 동암문화연구
소 전혜성 박사님을 만나 열정과 인생의 목표를 생각하게 됐다. UN본부
도 방문했다. 반기문 사무총장님을 만나 뵙지는 못했지만 세계적인 문제
가 논의되는 곳을 한국인이 지휘한다는 사실 자체가 너무 자랑스러웠다.
내 인생을 바꾸어 놓을 수 있는 중요한 교훈도 얻게 됐다. 너무나도 뜻
깊은 여행이었다.

- 해외선진문화탐방을 다녀온 학생 소감문 중에서

이 미국을 탐방한다. 세계적인 명문대학인 하버드, 예일, 펜실베니아, 콜롬비아, MIT대학교 등을 둘러보고, UN본부도 견학한다. 현지에서 명문사립고를 방문해 학생들과 대화도 나누고, 한국인 대학교수와 기업인과 만남을 통해 세계무대에서 활동하고 있는 한국인의 경험담도 배운다. 과학, 예술, 환경, 문화 등과 관련된 국제기구, 연구단지, 박물관, 기념관 등도 방문해 견문을 넓힐 기회도 제공한다.

탐방을 다녀온 학생들은 "세계에 대한 넓은 시야를 갖게 됐고 새로운 꿈과 비전을 가졌다"고 만족해한다.

사이버영어교육, 사교육비를 줄이다

사교육비 부담을 어떻게 줄여줄 수 있을까. 창원시는 관내 초중학생들의 사교육비 절감과 영어실력 향상을 고민한 끝에 2008년 '창원-i잉글리시'를 구축했다. 레벨테스트를 통해 자신에게 적합한 영어수준을 선택해 무료로 맞춤학습을 할 수 있도록 했다.

현재까지 7만 2,000여 명이 등록해 영어학습을 받고 있다. 국내 최고의 강사진에게 동영상 교육을 받을 수 있고 읽기, 쓰기, 듣고, 말하기 등의 실력을 쌓을 수 있다. 공부를 많이 한 학생에게는 학습포인트를 제공해 애니메이션과 강아지 키우기, 영어동화, 게임 등 다양한 부가서비스를 이용할 수 있도록 하고 있다. 사이트 이용실적이 많으면 해외영어캠프, 화상영어 등 다양한 혜택도 받을 수 있다.

　사이버영어학습 학생 가운데 우수 이용자에게는 해외영어캠프 참여 기회를 제공할 방침이다. 2010년부터 지금까지 300명이 영어 캠프 혜택을 받았다.

"창원-i잉글리시가 영어실력 키워줬죠"

창원-i잉글리시를 알게 된 것은 초등학생을 둔 학부모로서 정말 행운이었다. 책읽기와 학교숙제를 나름대로 집에서 열심히 했지만 이곳 저곳 학원에 다니는 자기 또래의 친구들이 한 발짝 앞서 간다고 생각하면 부모로서 왠지 불안을 떨쳐버릴 수 없었다.

그런데 이 불안은 창원-i잉글리시를 알고 난 후에 말끔히 해소됐다. 왜냐하면 컴퓨터 인터넷을 통한 학습법이 우리 아이의 취향과 너무 잘 맞아 보였기 때문이었다.

2011년 여름방학 해외캠프 역시 처음에는 1개월 기간이 어린이로서 오랫동안 나가 있는 것 같아서 참가 여부에 고민도 많았었다. 그러나 이 또한 캠프 첫째 날, 둘째 날… 시간이 지날수록 불안이 점점 신뢰와 믿음으로 다가왔다.

해외캠프에서 돌아온 우리아이는 지금 꽤나 영어에 흥미를 가지는 것 같다. 캠프 전에는 영어책 읽기와 CD 듣기에 지루함을 느꼈던 아이였지만 지금은 영어원서 읽기와 창원-i잉글리시의 화상영어, 전화영어를 동시에 하면서 보람된 시간을 보내고 있다.

금번 해외캠프 인솔 교사님과 현지 선생님, 그리고 창원-i잉글리시 관계자님께 감사의 말씀을 올립니다.

"감사합니다!"

- 한 초등학교 학부모 소감문 중

첨단과학 심장부를 꿈꾸다

창원과학고, 과학영재 요람이 되다

창원과학고가 지난 2010년 문을 열었다. 지역 과학영재 육성을 위해 추진한 오랜 숙원 끝에 이뤄진 것이었다. 이로써 전국에서 19번째, 경남지역에서는 두 번째로 과학고가 탄생하게 됐다. 12개 학급으로 360명이 혜택을 받게 됐다.

창원과학고는 기계공업 중심지이자 각종 연구기관이 밀집된 창원지역 특성과 신성장 미래동력산업 발전을 위해 추진된 것이다. 지역민들의 바람이 어우러져 7~8년 산고 끝에 설립됐다. 창원과학고는 서상동 117-2 일원 부지면적 1만 8,962㎡에 지하 1층, 지상 5층 규모로 들어섰다.

일반 실험실을 비롯해 R&E실, 과제연구실, 첨단기기실, 기상천측시스템 등을 갖춰 가장 과학고다운 교육활동이 가능할 것이라는 평가를 받고 있다. 특히 과학 영재들의 창의·인성을 함양하기 위해 1인 3동아리(학술·봉사·취미)활동, 39사단 병영체험, 생태체험활동, 해외체험활동 등을 제공한다. 자기계발뿐만 아니라 심화과정을 통해 실력을 향상할 수 있도록 할 계획이다. 두산중공업과 '기업사랑 학교사랑' 자매결연을 맺어 창원과학고가 지역 우수인재의 요람이자 세계적인 명문고로 성장할 수 있도록 할 것이다.

두산중공업은 학교발전기금 3억 원을 지원키로 했으며, 앞으로 기업 현장견학, 체험학습, 각종 봉사활동 등 학교-기업현장 간 교류를 확대해 나갈 계획이다.

과학체험관, 우주정복의 꿈 키우다

대한민국이 과학선진국으로 도약하려면 우주를 정복해야 한다. 우주 정복의 꿈을 자라나는 청소년들에게 심어주기 위해 창원시는 '과학체험관'을 조성했다. 교육과학기술부 승인을 받아 창원종합운동장 남쪽 두대동 3만 1,565㎡의 부지에 지하 1층, 지상 3층 규모로 체험관을 조성했다. 기초과학 분야 26개, 생명·환경·기계 분야 60개, 정보·항공 분야 34개 등 모두 120개의 다양한 주제로 전시관을 꾸몄다.

기존의 '보는' 과학관에서 벗어나 '만지며 체험하는' 전시관 중심으로 꾸몄고 건물 외관도 철, 유리, 금속 등을 사용해 하이테크 이미지를 강조했다. 지하 1층에는 세미나, 강연 등을 할 수 있는 다목적 강당을, 1층에는 기획 전시실을 만들었다. 2층에는 체험할 수 있는 상설 1·2 전시관을 마련했다. 제1관은 기초과학 분야, 제2관은 생명·기계·환경에너지 분야로 나누어 모두 86개의 주제관을 설치했다.

3층에는 우주항공, 정보통신 분야를 전시한 제3전시관, 창원의 기계산업 성장역사를 전시한 특별전시관, 4차원(4D)입체영상관, 플라네타리움, 과학체험교실, 전망데크 등이 들어섰다. 밤하늘을 축소한 천체극장 플라네타리움에서부터 입체영상을 볼 수 있는 4D 특수영상관, 음악에 맞춰 함께 춤 추는 강아지 로봇들까지 책속에만 있던 과학이야기를 직접 체험해볼 수 있다. 제3전시관에는 실물 크기의 우주왕복선을 전시하고 있다. 우주복과 달탐사선을 비롯한 각종 우주장비도 볼 수 있다.

창원과학체험관은 체험형이라는 게 특징이다. 어린이들은 각종 로봇들을 직접 조종해볼 수 있고, 우주복을 입은 자신의 얼굴사진도 찍어볼 수 있다. 입체영상관은 진동이나 바람, 물방울까지 분출해 관람객은 각종 과학영화를 실감나게 관람할 수 있다. 플라네타리움에서는 의자에 누운 채 지름 15m의 돔 천장 스크린에서 밤하늘의 별자리, 행성의 이동, 우주인의 훈련 모습 등을 볼 수 있다.

과학체험관은 자라나는 청소년들에게 우주에 대한 꿈을 키워주는 체험공간으로 자리 잡았다.

과학연구복합파크 만든다

과학기술혁신과 경제발전을 선도할 과학연구단지는 전국 9곳에 있다. 광주, 전북, 충북, 강릉, 대구, 부산, 전남, 경북, 울산에 있으며 2012년 말 경남에서는 창원시 팔용동에 들어서게 된다. 지하 2층, 지상 15층 규모로 건립되는 창원과학연구복합파크에는 산·학·

연 R&D센터, 녹색성장센터(그린에너지연구센터, 수소에너지핵심센터), 국제과학영재센터(ASEAN+3과학영재센터, APEC 과학영재멘토링센터), 게스트하우스·기숙사, 전시실, 국제회의장, 중회의실 등이 들어선다.

창원시는 이곳을 지역 특성을 살릴 수 있는 지식허브로 만들어갈 계획이다. 산학연 R&D센터에는 국공립연구기관, 유망 중소·벤처기업 기술연구소, 산학협력기관이 들어서고 국가 및 산하기관 인증기업(이노비즈)이 입주한다. 녹색성장센터에서는 신재생에너지 핵심부품 소재개발과 보급사업을 담당할 그린에너지 연구센터가 들어선다. 수소에너지 연구센터에서는 수소연료전지, 태양광, 풍력 등 수소에너지 실험과 연구, 시스템분석, 부품평가를 실시한다.

국제과학영재센터에서는 국내외 과학영재지도자 위탁연수, ASEAN+3 과학영재 리더십 캠프 등 교류협력사업을 추진한다. APEC 국가 내 과학자, 과학영재 전문가, 학생들과 네트워크를 구축하는 한편 과학기술인 전문가 포럼, 온·오프라인 영재교육사업도 전개한다.

학문과 지혜의 보고 도서관

안중근 의사는 "하루라도 책을 읽지 않으면 입안에 가시가 돋는다"고 말했다. 오프라 윈프리는 "책을 통해 자신의 가치관을 정립할 수 있었고, 그 가치관을 지키면서 자신의 삶의 의미를 느낄 수 있었다"고 말했다.

시대가 지나도 책은 변하지 않고 훌륭한 교훈을 전달한다. 가슴을 울리는 한 권의 책을 만났다면 그것은 정말 행운이 아닐 수 없다. 책을 가장 많이, 손쉽게 접할 수 있는 공간은 다름 아닌 도서관이다.

기록상 최초의 도서관은 BC 2300년경 에블라 왕궁도서관, 우르남무 왕궁도서관, 함무라비 왕립도서관(BC 1700) 등 서양 문명의 발상지인 메소포타미아 지방에서 찾아볼 수 있다. 오늘날 도서관의 모델은 기원전 3세기에 건설된 이집트의 알렉산드리아도서관에서 찾을 수 있다.

우리나라 역사상 기록으로 추정할 수 있는 도서관은 고구려 때 경당이 있었다. 고려시대에는 서경(평양)에 설치된 수서원(修書院)이 서적의 수집, 정리, 보존을 담당한 기록상 확인할 수 있는 최초의 도서관으로 보고 있다. 조선의 도서관 가운데 널리 알려진 것은 집현전과 규장각이다.

공부하기를 좋아하고, 책을 사랑하던 우리 조상들은 질 좋은 종이, 목판인쇄술, 금속활자 등을 일찍부터 만들어 사용했다. 또한 외규장각에 보관된 왕실용 의궤에서 보듯 뛰어난 제본술까지 갖추어 많은 책을 만들어왔다. 하지만 그렇게 만들어진 책들은 잦은 전란 등의 이유로 사라졌다. 그럼에도 불구하고 책을 소중하게 여기고,

이를 보존해서 후대에 전해주려는 조상들의 노력 탓에 우리 후손들은 과거로부터 전해오는 지식과 지혜를 전달받을 수 있었다.

도서관은 학문과 지혜의 보고라고 한다.

창원에는 의창도서관, 성산도서관, 마산합포도서관, 마산회원도서관, 진해도서관 등 지역별로 14개의 도서관이 있다. 2009년 도서관정책정보위원회의 도서관발전종합계획에 의하면 인구 5만 명당 1개의 공공도서관 건립을 목표로 하고 있는 것을 감안하면 창원시의 경우 최소한 20개는 있어야 한다.

일본 3,000명, 독일 1만 명, 영국 1만 3,000명, 프랑스 1만 4,000명, 미국 3만 2,000명당 한 개의 도서관이 있는 것을 볼 때 우리나라의 공공도서관은 턱없이 부족하다. 과거의 도서관이 기록물을 보전하는 공간이었다면 현재의 도서관은 다양한 문화프로그램과 콘텐츠가 있는 복합공간이자 소통의 공간이다. 도서관의 확충은 시민의 삶의 질과 직결된다고 해도 과언이 아니다.

창원은 도서관 확충을 적극 추진하고 있다. 통합 전 창원에는 시립도서관 1개와 분관 2개가 있었다. 도서관 수만 보면 인구 50만의 글로벌 명품도시의 품격에 걸맞지 않았다. 동부지역과 서부지역에 각각 최신식 도서관을 건립하기로 했고 다문화 가족을 위한 어린이 전용도서관 건립도 추진했다.

2010년 5월 개관한 성산도서관은 '다문화자료실'을 만들어 외국인과 다문화가정이 다양한 자료를 열람할 수 있도록 하고 있다. 창원 서부지역에는 2012년 4월 의창구 명곡동 230번지 일대에 지하 1층 지상 4층 규모의 첨단 도서관을 건립했다.

2009년 9월에는 다문화를 주제로 '창원다문화 어린이도서관' 문을 열었다. 인종, 학력, 국가 등에 상관없이 책을 통해 서로 어울릴 수 있도록 했다. 한국(영어 포함), 일본, 중국, 베트남 등 9개국 총 6,363권의 원서를 비치했다. 열람실, 이야기방(영화관람 가능), 꼬마방(유아도서 전용) 등 시설도 갖췄다.

창원시립도서관은 한국도서관협회에서 전국 공공·전문·대학도서관 등 1,800개의 도서관을 대상을 평가해 시상하는 '2010 제42회 한국도서관상' 수상식에서 대상을 받기도 했다. 창원시는 앞으로 진해구 중부도서관을 비롯해 도서관을 지속적으로 확충할 예정이다. 도서관은 책을 통해 소통하는 시민화합의 공간이자 미래를 열어가는 창의 공간이다.

국제교육도시 세계총회를 열다

아시아 첫 세계교육총회를 개최하다

2006년 12월, 창원시는 국제교육도시 세계총회(IAEC)에 가입했다. 이어 2008년 상파울루총회에서 상임이사도시로 선임되었다. 이어서 창원시는 2009년 10월 두 번의 도전 끝에 '녹색환경 창조적 교육'이라는 주제로 세계총회 유치에 성공했다. 그로부터 다시 2년여간의 준비를 거쳐 2012년 4월 25일부터 5일간 총회를 개최했다.

대한민국 최초로 지방자치단체가 단독으로 국제회의를 유치하는 데 성공했고, 41개국 343개 도시가 참여하는 역대 최대 규모(시장 157명 참석)의 대회를 개최했다는 점에서 의미가 컸다. 특히 공무원들만의 행사가 아니었다. 5명의 시민홍보대사, 300여 명의 자원봉사자, 200여 명의 창원시 공무원 등으로 구성된 의전담당관 2,000여 명이 참가해 행사를 지원했다. 이를 통해 창원 시민들은 국제행사를 개최한 데 대해 자긍심을 갖게 됐다.

'녹색환경 창조적 교육'을 주제로 열린 제12회 창원 국제교육도시연합 세계총회는 '도시, 교육, 환경'이라는 큰 틀에서 각 도시의 우수사례를 공유했다. 제라드 아르다누이(Gerard Ardanuy) IAEC 의장대행은 "학교가 녹색환경 구축에 대한 교육을 창조적으로 추진할 수 있어야 한다"고 강조했다. 김황식 국무총리는 "인간과 자연이 조화롭게 살아가는 방법을 논의하고 그 훌륭한 비전과 행동계획들이 '창원선언문'에 담겨 각국 도시가 이를 공유하기 바란다"고 축사를 전했다.

세계총회의 키워드는 '소통'이었다. 각종 논의가 회의장 안에서만 이루어지는 것이 아니라, 회의장 밖의 사람들과도 다양한 소통

창원에서 열린 '국제교육도시연합 세계총회'

이 이뤄졌다. '소통'의 물꼬를 트는 데는 국내외 언론사들의 역할이 컸다. 중국의 대표언론인 신화통신을 비롯해 유력 라디오 방송인 피플즈 데일리(Peoples Daily) 등 외신기자 클럽 멤버 15명이 총회 기간 중 창원시를 방문해 취재경쟁을 벌였다.

교육도시라고 하면 학교, 평생학습, 교육제도 등을 떠올릴지 모른다. 그러나 우리가 말하는 교육도시는 학교가 많은 도시만을 일컫지 않는다. IAEC는 '모든 도시공간이 시민들에게는 학습의 공간이다'라는 비전을 제시하고 있다.

도시 안의 교육, 교통, 시민건강, 복지, 환경, 도시계획 심지어 기후변화까지, 도시 안에서 일어나는 모든 문제를 다룬다. 이들 문제를 해결하는 데 있어 시민과 시정부가 의사소통하고 협력해 나가는 방법을 '교육적'이라고 해석한다. 그리고 그러한 도시를 '교육도시'라고 한다. 도시가 안고 있는 현안 해결을 시정부만 고민하는 게 아니라 시민들과 소통하며 함께 해결해 나가려는 노력, 그 노력을 기울이는 도시가 바로 교육도시라는 것이다. 나는 더 많은 지방자치단체가 '교육도시'의 개념을 공유하길 기대한다. 교육도시헌장에 대한 철학을 도시 행정 곳곳에 반영해 나가야 할 것이다.

창원 선언문을 채택하다

제12회 창원 국제교육도시연합 세계총회에서는 '창원선언문'을 채택했다. 자연 지배적인 기존의 패러다임에서 벗어나, 인간과 자연의 조화, 상생이라는 동양적인 접근을 통해 다양한 도시 문제를 해결하자는 것이 주요 골자다.

도시 대표들은 교육도시 헌장과 지구정상회의(1992년 리우데자네이루)에서 합의된 원칙들, 그리고 유엔지속가능 발전교육 10년의 목표들을 실천해나가기로 합의했다. 특히 환경과 관련된 지속 가능성뿐만 아니라, 사회·문화 및 경제적 측면의 지속 가능성을 강화하기 위해 다음과 같이 노력하기로 합의했다. 교육도시들의 역할을 토론하고 다음의 내용에 합의했다.

- 교육도시들은 관점과 사고 및 삶의 방식들을 좀 더 조화롭고 자연을 존중하는 것들로 변혁하기 위해 의식적인 노력을 기울여야 한다. 그러한 변화는 일반적인 관심사들과 공동선, 연대의식, 문화 및 환경에 대한 사람들의 비판적 이해와 날카로운 인식을 제고할 수 있는 창조적 교육을 필요로 한다.

- 교육도시들은 지속 가능한 기준을 적용함으로써 도시 인프라를 개선하고, 공공장소와 생태교통 및 생물 다양성에 대한 효과적인 정책을 고안하며, 지속 가능한 도시 생활을 위한 협력적 행동을 개발할 수 있도록, 도시 거버넌스 방식을 바꾸기 위해 노력해야 한다.

- 교육도시들은 모범사례의 교류를 발전시키고, 교통, 관광, 에너지 및 도시 농업뿐 아니라 건축, 디자인 분야에서도 도시의 지속 가능성 확보를 위한 전략적 계획을 마련할 수 있도록 더 많은 행동을 장려하고, 의사소통의 경로를 늘려야 한다. 뿐만 아니라, 교육도시들은 기후 변화의 원인과 결과를 고찰하고 그에 대한 해결책에 초점을 맞추어, 필요한 변화를 예견할 수 있어야 한다.

- 교육도시들은 시민의 참여와 공존을 뒷받침하는 민주적이고 포용적인 생태적 거버넌스를 추구해야 한다. 교육도시들은 사회적 가치에 대한 통합 네트워크 구축을 위해 노력해야 한다. 시민들이 지속 가능성 확보를 위한 절차를 밟을 수 있게 하고, 지속 가능한 삶이 중요하고 바람직하며 달성 가능하다는 사실에 대한 그들의 인식을 제고할 수 있도록 시민들을 위한 창조적 교육을 제공해야 한다. 도시 정책과 프로그램은 성별, 인종 또는 문화적 배경, 사회·경제적 지위, 종교, 또는 신체적 조건과 상관없이 형평성과 공평한 기회를 장려해야 한다.

- 교육도시들은 평생교육이라는 맥락 안에서 창조적 교육을 활성화시켜야 한다. 교육도시들은 전통적 학교기반 교육제도를 넘어서서 도시 전

세계도시의 우수사례를 배우다

세계총회에서는 주요 도시의 우수사례를 배울 수 있었다. 프랑스, 멕시코, 브라질 등 각국에서 온 대표들은 끝없는 배움, 미래를 위한 배려, 건강, 관용의 정신을 강조했다. 나아가 교육이 학교라는 한정된 장소가 아니라 도심 속 빈 공간, 강변학교, 급식, 동물원 등 어떤 상황에서도 교육이 가능하도록 도시를 설계해야 한다고 한목소리를 냈다.

• 모든 공간이 배움터

핀란드 탐페레시는 신도심인 뷰오레스 구역에 누구나 이용할 수 있는 액티비티센터를 지정해 모든 공간을 배움터로 조성했다. 보육센터와 종합학교, 학교와 보육원을 위한 소규모 도서관, 유아 건강을 위한 건강 클리닉 등 모든 것이 가능하도록 했던 것이다. 스페인 그라노예르스시는 도심 일부지역에 자동차 통행을 전면 금지시켜 대규모 보행자 섬으로 만들었다. 이곳은 공동의 공간이자 만남의 장소, 가장 큰 규모의 상업지역인 동시에 축제의 장소가 됐다.

멕시코 자포판시는 자연공원에서 독서지도 프로그램을 운영한다. 자연테마파크에 관한 관심을 독서로 연결한 것이다. 700개 공립학교 17만 명 초·중·고 학생들이 대사 없이 연속 이미지만을 보고 소설 형식으로 동화를 구연한다.

● 환경교육 인식 전환

포르투갈 파레데스시는 가구산업지다. 가구산업에서 나오는 고체 폐기물을 재활용해 연탄으로 만들어 지역 내 학교 및 사회기관에 난방을 제공한다. 포르투갈 산토 티로스시는 4년 연속 친환경도시로 선정된 곳으로 '교육도시헌장'을 작성, 이를 실천한다. 필리핀 마가타시는 녹색디자인센터를 구축했다. 프랑스 스트라스부르시는 온실가스 발생을 최소화하기 위해 지역기후계획을 수립, 어린이들에게 정규교육과 방과후학습을 통해 중요성을 가르친다.

● 친환경 급식

스웨덴 예테보리시는 유치원, 초등, 중·고교, 노인시설 등 총 600

개가 넘는 기관에 친환경적인 에코식사를 제공한다. 먹을거리와 연계된 위생적인 물, 생물다양성, 화학약품 사용 등 환경문제뿐만 아니라 먹을거리의 생산과 소비에 관한 윤리적인 문제까지 고려한다. 에코 식자재 공유, 야채 및 콩류 사용 증가, 음식물 쓰레기 감소 등이 포함된다.

• 관용과 안전

브라질 상파울로시는 '빈민가의 학교 가는 길' 시범사업을 시행했다. 브라질 최초의 빈곤지역 청소년과 어린이 통학길의 안전을 위한 프로젝트로 주민 스스로 공공공간에 대한 주인의식을 높이고 학교 공동체 구성원으로 하여금 도로 환경을 쾌적하고 안전하게 만들었다.

교육도시 네트워크 만든다

2012 IAEC 세계창원총회에 대해 참가한 많은 해외시장들과 관계자들이 칭찬을 아끼지 않았다. 국내 대표 언론들도 기초지방도시 창원의 저력을 볼 수 있었다고 극찬했다. 행사와 회의는 과정보다 끝난 후 피드백을 하고 실천력을 높이는 전략이 더 중요하다. 그래서 창원시는 세계적인 교육도시로 창원시를 도약시키기 위해 '창원총회 이후 전략(POST-IAEC)'을 준비하고 있다.

교육도시 이미지를 선점하기 위한 조치다. 이를 위해, 첫째 창원시는 창원총회에 참가한 아·태 지역 도시 간 네트워크를 구축을 서두르고 있다. 둘째, 교육 분야 국제교류 협력을 강화하고 있다. 셋째, 아·태 네트워크 지역 사무국을 설치해 교육도시의 이념을 체계적으로 실천해 나갈 방침이다.

특히 총회에 참석한 아·태 도시에 교육도시 헌장의 이념을 적극적으로 알릴 방침이다. 아·태 도시 간 네트워크를 강화하기 위해 빈곤 도시에 평생학습 인프라를 건립해주는 사업을 추진한다. 창원시 보건소와 협력해 지역 의료봉사활동도 펼 계획이다.

CHAPTER 8

문화부흥정책

전통과 역사를 되찾다

창조와 도전 정신이 창원을 만들다

창원에는 언제부터 사람이 살았을까? 창원인에게 면면히 흐르는 정신은 무엇일까? 역사학자들은 대략 신석기시대가 시작될 무렵인 기원전 6000년경 창원에 사람이 살기 시작한 것으로 추정하고 있다. 주남저수지 인근 합산마을 조개더미에서 채집된 빗살무늬토기 조각이 대표적인 증거물이다. 창원에서 사람들이 본격적으로 살기 시작한 것은 청동기시대인 기원전 1000년경으로 예상하고 있다. 서상동 남산유적을 비롯해 성산패총 유적의 최하층에서는 청동기시대 유물이 출토되고 있다.

1974년 문화재관리국의 긴급 발굴조사 때는 철기시대의 패총과 삼국시대의 성곽이 확인됐다. 당시 생활상을 반영하는 각종 토기류와 철기류가 대량 출토됐다. 특히 이곳에서 야철유구가 발견됨으로써 삼한 시대 선인들이 철을 생산했을 것으로 추정되고 있다.

이를 두고 일부 역사학자들은 창원이 우리나라 대표적인 기계공업도시로 발전한 것은 이 같은 인연과 관련되어 있다고 해석한다. 창원은 남부지방의 중심부에 위치했기 때문에 행정구역상 부침이 심했다. 삼한 시대 변한의 일부 영토였던 것으로 추측하고 있으나 어느 국가였는지는 확실치 않다.

삼국시대에는 포상팔국 중 골포에 속했다. 통일신라시대에는 경덕왕 때 전국 지명을 한자로 표기하여 창원은 의안군에 속하게 된다. 고려 충렬왕 때 의안을 의창으로, 합포를 회원이라고 개칭하여 각각 현령을 두었는데 이 둘을 합해 의창현이라 불렀다.

조선조 태종 8년 의창과 회원 두 현을 합하여 창원부로 승격, 이때 '창원'이란 이름을 얻게 되었다. 옛날 두 현을 합칠 때는 군세가 강한 쪽의 글자를 먼저 넣게 되어 의창의 창(昌)자가 먼저 들어가게 된 것이다. 선조 34년(1601년)에 창원대도호부로 승격되어 남부지방의 중심지 역할을 해왔다. 당시 도호부는 전국 5곳뿐이었다.

1895년에는 진주부 예하 창원군이 되었다. 이후 대한제국과 일제 시대를 거치면서 인근 마산과 진해, 김해 등과도 행정구역상 부침을 거듭했다. 1974년 건설부 고시로 산업기지개발구역으로 지정되었고, 1976년 경상남도 창원지구출장소가 되었다. 이후 1980년 4월 1일 마산시 의창동을 편입해 18개 행정동의 창원시로 승격되었다. 1995년 도농통합으로 동면, 북면, 대산면 등 3개 면의 통합으로 시세가 크게 확장되었다. 1997년 대동제 시행으로 기존 24개 동을 12개 동으로 통폐합했고, 2010년 7월 1일 창원시, 마산시, 진해시가 통합하여 오늘에 이르고 있다.

창원은 이처럼 유구한 역사를 자랑하지만 그 역사를 실감하기는 어렵다. 1970년대 우리나라 대표적인 기계공업도시로, 또한 국내 최초의 계획도시로 개발된 후 한국의 중심도시로 우뚝 서기까지 30년의 빛나는 성장에 가려 있었기 때문이다. 분명한 것은 창원인에게 '창조'와 '도전'의 정신이 흐르고 있다는 점이다. 창원은 삼한시대부터 철을 생산해 멀리 중국과 일본까지 수출했다. 예로부터 생산, 즉 '창조'의 요람이었다. 1970년대 이후에는 산업화를 이루어낸 '도전'의 상징 도시가 됐다. 오늘날 '가장 살기 좋은 도시'로 만든 바탕에는 바로 창조와 도전의 창원 정신이 숨어 있었다.

개인이든, 기업이든, 자치단체든, 국가든 도전하지 않으면 미래는 없다. 허허벌판이던 이곳을 기계산업의 중추 도시로 만들고, 1인당 시민소득 3만 달러를 일궈낸 데는 시민과 기업이 도전 정신을 발휘했기 때문에 가능했던 일이었다.

기업사랑운동과 자전거 정책, 환경수도프로젝트를 통해 국가정책을 견인하며 대한민국 최고의 경쟁력 있는 도시로 우뚝 서게 한 것도 창조와 도전 정신의 산물이었다. 나는 창원의 유전자 '도전'과 '창조'의 리더십을 살려내야 한다고 생각한다. 시민과 공직자의 창의력, 즉 창조와 도전의 정신은 어떤 도시든지 희망의 도시를 만들 수 있다.

600년 전통의 역사가 흐른다

2008년은 창원의 역사에 있어 뜻깊은 한 해로 기록됐다. '창원'이라는 이름을 얻은 지 꼭 600년이 되는 해다. 창원이란 지명은 조선조 제3대 태종대왕실록 8년(1408년) 7월 13일 '의창(義昌)과 회원(會原)의 두 현을 합하여 창원부로 삼았으며, 태종 15년(1415년) 도호부(都護府)로 고쳤다'고 기록돼 있다.

이름은 '존재의 의미'이자 '정체성'이다. 땅 이름, 즉 지명(地名) 또한 한 고장에 살고 있는 집단의 정체성이다. 생활공동체의 정서와 자취를 그대로 반영한다. 그래서 수백 년의 격한 세월 속에서도 잊혀지지 않고 내려오는 한 고장의 지명이 주는 의미는 각별할 수밖에 없다. 600년이란 세월은 60갑자(甲子)가 10번을 되돌아오는 장구한 세월이다. 특히 조선 태종 무자년(戊子年)에 '창원'이란 지명을 얻은 지 600년이 흐른 2008년은 다름 아닌 무자년이다. 그래서 창원 지명 탄생 600년이 갖는 의미는 범상치 않게 다가왔다. 창원시는 2008년을 '창원부 탄생 600년의 해'로 정하고 역사복원과 학술 토론회 등 '창원 얼 찾기'사업에 착수했다. 600년 역사를 통해 시민들의 자부심과 긍지를 일깨우고 시민대화합을 이루자는 취지였다.

우선 조선 시대 창원도호부의 중심이었던 의창동 일대를 '히스토리 존'으로 지정, 도호부 거리와 객사문, 관아, 창원읍성 등 옛 모습을 복원해 역사 교육의 현장으로 활용키로 했다. 다호리 고분군 전시관 건립, 김종영 생가복원, 최윤덕 장상 기념사업 추진 등 창원 역사 복원 프로젝트도 이와 연계해 추진했다. 지역의 명칭 유래와 역사, 얼 등을 담은 《창원의 뿌리를 찾아》란 책자를 발간해 초등학교와 마을 도서관 등에 배포했다.

'디지털 창원문화대전'도 2009년 완성했다. 시민들은 이로써 창원시의 역사와 문화유산, 정치, 경제, 사회발전상 등의 정보를 손쉽게 검색할 수 있게 됐다. 《창원 600년사》도 펴냈다. 창원의 지명에 대한 유래부터 최근 발전상에 이르기까지 600년의 기나긴 뿌리를 일목요연하게 정리했다. 창원의 어제, 창원의 오늘, 그리고 내일 등 두 권에 창원의 역사를 담아 역사적 자료가 될 수 있도록 했다.

특히 창원 출신으로 조선 세종 때 일본 대마도를 정벌한 최윤덕 장상(1376~1445년)을 재조명해 역사의식을 고취시켰다. 창원용지공원에 신도비를 건립하고 《만화로 보는 최윤덕 장상》을 발간했다. 다큐멘터리도 제작했다. 2010년 10월에는 중앙광로 중앙에 최윤덕 장상의 동상을 세웠다. 너비 8.5m, 높이 10m의 좌대 위에 너비 5.1m, 높이 5m 크기다.

이처럼 600년사 재조명은 역사 문화 인프라 확충에 큰 도움을 줬다.

창원의 역사와 민속을 한눈에 볼 수 있는 '창원역사민속관'을 건립했다. 창원의 태동에서 발전에 이르기까지 이곳은 창원의 과거와 현재, 미래를 모두 볼 수 있어 청소년들의 교육장소로 큰 인기를 끌고 있다. 2011년 11월에는 진해에 웅천도요지 전시관을 개관했다. 조선시대 분청사기의 일종인 막사발을 굽던 가마터를 복원한 것이다.

어제 없는 오늘은 존재하지 않는다. 그러나 내일을 꿈꾸고 미래를 생각하지 않는 오늘도 무의미하다. 창원 지명 탄생 600년은 우리에게 많은 의미를 던져주었다. 특히 오늘의 세대에게 지난 역사를 자산으로 새로운 600년을 준비하라는 막중한 사명감을 주었다.

문화산업에서 진주를 캔다

1997년 영국의 1인당 국민소득은 2만 3,000달러였다. 현재의 우리나라 수준과 비슷하다. 당시 영국은 제조업 중심 성장이 한계에 이르면서 저성장과 실업문제를 풀어내지 못하고 있었다. 이때 영국은 국가적인 차원에서 '크리에이티브 브리튼(Creative Britain)'이라는 문화산업 육성책을 전개했다. 문화를 창조산업으로 정의하고 적극 육성했다. 영화 '해리포터' 시리즈가 전 세계적으로 흥행하고, 웨스트엔드 뮤지컬이 인기 문화상품으로 자리 잡은 것도 이때다.

이 덕분에 1인당 국민소득이 6년 만에 3만 달러를 돌파했다. 다시 3년 뒤인 2006년에는 4만 달러마저 거침없이 뛰어넘었다. 창원도 이제는 창원국가산업단지와 미산자유무역지역, 경제자유구역에만 의존해서는 미래를 담보할 수 없다. 서비스업종에 대한 체계적인 육성 전략이 필요하다. 관광과 문화산업 육성을 통한 또 다른 성장동력을 만들어야 한다.

2012년 통합 창원시가 출범한 후 1년 6개월 만에 문화예술진흥 프로젝트를 마련해서 추진 중이다. 다양하고 차별화된 고품격 문화예술에 대한 시민욕구에 부응하기 위해서다. 또한 지역별로 산재되어 있는 문화자산을 종합적이고 효율적으로 관리해 통합창원의 역사적 동질성을 확보하기 위해서다.

이를 위해 문화예술도시 역량증대, 문화복지 실현, 역사복원 재조명, 문학도시 브랜딩, 뮤지엄시티 창원 등 5가지를 추진과제로 선정했다. 대도시급 문화예술 인프라를 확충하고 시가 보유한 문화콘텐츠를 상품화하기 위해 시립오페라단 창단과 영상미디어센터 조성을 검토 중이다. 국민동요인 '고향의 봄' 창작 배경이 된 창원의 무형자산을 적극 활용하기 위해 아동문학을 창원시를 대표하는 문화예술 브랜드로 육성한다. 꽃대궐로 알려져 있는 김종영 생가도 새롭게 정비한다.

창원시를 대표하는 문학인 작품과 기념품을 한 곳에 배치하는 문학마을 조성도 검토 중이다. 문화는 21세기를 풍요롭게 만들 창조산업이다. 110만 명의 창원 시민들의 정신세계를 충족시켜줄 새로운 차원의 서비스 산업육성이 절실하다.

명품축제, 세계를 감동시키다

벚꽃 군항제 50돌을 맞다

대한민국을 대표하는 축제 가운데 하나가 창원시 진해구에서 열리는 '군항제'이다. 벚꽃축제로 유명한 진해 군항제는 지난 1952년 4월 13일, 국내 최초로 충무공 이순신 장군의 동상을 북원로터리에 세우고 추모제를 시작한 것이 그 계기가 됐다.

초창기에는 이충무공 동상이 있는 북원로터리에서 제사를 지내는 것이 전부였다. 하지만 1963년부터 향토문화 예술제로 확대되면서 진해군항제가 축제로 발전했다. 문화예술행사, 세계군악페스

진해 벚꽃의 아름다움을 뽐내는 여좌천 벚꽃

티벌, 팔도풍물시장 등 다채로운 행사가 벚꽃과 함께 즐길 수 있는 축제로 발전하면서 전국 규모의 축제가 됐다.

이제는 200만 명 이상의 국내외 관광객이 찾는 50년의 역사의

진해 왕벚나무의 유래

매년 군항제가 개최되는 봄이 되면 진해는 벚꽃 천국이 된다. 벚나무는 《한국동식물도감》에 모두 17종으로 열거되어 있다. 그중 우리나라에서 순수하게 자생하는 벚나무는 5종에 불과하다. 진해에는 다양한 수종들과 함께 우리나라 천연기념물 제156호로 지정된 한라산 자생종 왕벚나무도 널리 식재되어 있다.

진해의 벚꽃은 국권피탈 이후 일본이 진해에 군항을 건설하면서 도시미화용으로 심기 시작했다. 광복 후 배일사상 때문에 일제의 잔재로 지목되면서 마구 베어내 심각한 위기에 처하기도 했다. 그러나 1962년 박만규, 부종유 두 식물학자가 진해에 심어진 왕벚나무의 원산지가 일본이 아닌 제주도로 밝혀지면서 벚나무에 대한 인식이 바뀌게 됐고 다시 진해는 화려한 벚꽃도시로 거듭나게 됐다.

현재 창원시는 벚나무를 보존하기 위해 노쇠한 나무들을 외과수술 등의 방법으로 집중관리하고 있다. 2006년에는 농업기술센터에 벚꽃 연구실을 설치해 춘추기에도 꽃을 볼 수 있는 연구를 하고 있다.

또한 시험재배, 개량 등으로 기후와 토질에 적합한 수종을 개발해 2009년 6,800본을 내수면환경생태공원, 진해루, 소죽도 등에 식재했다.

세계적인 축제가 됐다. 특히 2012년 한국방문의 해를 맞아 군항제가 특별이벤트 축제로 선정됨으로써 관람객이 300만 명을 넘어섰다. 이 중 외국인만 2만 명이 참석해 한류축제로 부상했다. 외국 관광객에게 가장 인기를 모았던 것은 '벚꽃한류'사업으로 추진된 '한류스타 콘서트'를 비롯해서, CNN에서 한국의 가볼 만한 곳 50곳에 선정된 진해 여좌천에서 개최된 '여좌천 불빛축제'였다.

육·해·공 및 해병대, 미8군 등 14개 팀 600여 명의 군악의장대가 펼치는 '진해군악 의장페스티벌'도 새로운 볼거리를 제공했다. 창원시는 군항제를 세계적인 축제로 만들 방침이다. 이순신리더십교육 국제센터와 연계해 남해안 관광 클러스터 문화콘텐츠로 집중 육성할 계획이다. 버스시티투어와 요트 등 해양레저스포츠와 연계시켜 관광문화산업으로 발전시켜 나갈 계획이다.

창원페스티벌, 감동을 전하다

창원 시민을 하나로 통합할 수 없을까. 창원시를 대표하는 축제는 어떤 게 좋을까? 이 같은 고민에 따라 2008년 10월 25일 태어난게 '창원페스티벌'이다. 국내 최대 규모의 퍼레이드 축제가 펼쳐져 도심의 가을을 뜨겁게 달구었다. 창원대도호부 부사행렬과 옛 지명 깃발 행렬을 따라 중국, 러시아, 스페인, 브라질 등 13개국 30개

공연팀이 지구촌의 다양한 퍼레이드를 선보였다. 기업체와 각 읍·면동에서 참여한 시민 공연팀도 창원의 역사와 전통, 특색을 퍼레이드로 연출해냈다.

중앙로 일대를 꽉 메운 관람객들은 1.2㎞에 걸쳐 펼쳐진 화려한 퍼레이드에 감탄사를 연발했다. 퍼레이드가 끝난 뒤 최첨단 멀티미디어와 레이저가 어우러져 선보인 화려하고 예술적인 불꽃쇼는 관람객의 탄성을 자아냈다.

이틀 동안 무려 국내외 50여 만 명의 관광객이 참여할 정도로 창원페스티벌은 대성공을 거뒀다. 특히 인근 상가에도 많은 손님이 몰려 지역경제를 돕는 '경제축제' 역할을 해줬다. 축제기간 중 상가 매출이 배로 늘기도 했다. 기업체와 지역단체들이 참여함으로써 축제에 소요되는 비용이 지역에 투자되는 효과도 가져왔다. 창원의 도시이미지 홍보효과가 실로 엄청났을 것이라는 계산도 나온다.

창원페스티벌은 전국의 여느 축제와도 차별화할 수 있는 창원만의 문화 아이콘을 만들자는 의지로 탄생했다. 국내에서는 다소 생소한 아이템인 퍼레이드를 주축으로 한 것도 이유가 있다. 넓고 곧게 뻗은 도로와 잘 가꿔진 가로수, 시청 앞 광장까지 창원다운 특징을 보여주는 문화적 자산을 갖추고 있기 때문이다.

창원시는 2007년 프리페스티벌을 통해 세계적인 축제로 발돋움할 수 있는 가능성을 확인한 뒤 프랑스로 날아갔다. 세계적인 퍼레이드 축제 중 하나인 니스축제를 벤치마킹하기 위해서였다. 무엇보다 시민참여를 통해 경제적인 축제를 열고 있는 것이 인상적이었다.

귀국 후 불필요한 예산낭비를 줄이면서 경제적 효과를 내는데 축제의 초점을 맞췄다. 아울러 시민을 대거 참여시켜 시민 모두가 즐기는 축제가 되도록 했다. 매년 전국에서 개최되는 축제는 어림잡아 1,000여 개에 달한다. 그러나 지역의 특성을 살린 차별화된 축제는 10%에 불과할 것이다.

나는 틀에 박힌 획일적인 축제가 아니라 지역의 특성을 가장 잘 살릴 수 있는, 시민 모두가 즐길 수 있는 축제가 경쟁력을 발휘하게 될 것으로 생각한다.

스페인의 부뇰, 스위스의 샤토데, 프랑스의 망통은 우리에게 낯설다. 하지만 이들 지역은 인구가 수천 명에 불과한 데도 매년 수십만 명의 관광객을 불러 모으는데 성공한다. 왜 그럴까. 그것은 축제 자체를 특화시켰기 때문이다. 부뇰은 토마토축제로, 샤토데는 열기구축제로, 그리고 망통은 레몬축제로 작은 도시를 전 세계인이 찾고 싶은 도시로 바꿔놓았다.

그동안 창원에는 이름에 맞는 특화된 축제가 없었던 것이 사실이다. 하지만 '창원페스티벌'의 등장으로 세계적인 축제를 만들 준비를 마쳤다. 나는 창원페스티벌이 지역경제를 살리고 창원시의 이미지를 업그레이드시키는 시민들의 축제가 될 수 있다고 확신한다. 앞으로 창원페스티벌이 세계적인 축제로 발전할 수 있도록 과학적 마케팅과 합리적인 홍보에 더욱 주력할 것이다.

가고파국화축제, 기네스북에 오르다

옛 마산은 우리나라 국화 재배의 역사가 담긴 곳이다. 1960년 회원동 일대에서 여섯 농가가 전국 최초로 국화의 상업재배를 시작한 이래 비약적으로 발전하고 있다. 1976년 국내 처음으로 일본에 국화를 수출했고 현재 전국 재배면적의 13%를 차지할 정도로 경쟁력을 과시하고 있다. 매년 벌어들이는 외화만 연간 40만 달러에 달한다. 마산은 자타가 인정하는 우리나라 국화산업의 메카인 것이다.

마산국화는 토질과 온화한 기후, 첨단 양액재배기술 때문에 높은 품질을 자랑한다. 이 같은 고품질의 국화를 국내외에 알리기 위해 창원시는 2000년부터 마산국화축제를 개최하고 있다. 2005년부터는 '가고파국화축제'로 명칭을 바꿔 다채로운 이벤트를 열고 있다. 2011년 제11회 가고파국화축제는 마산항 제1부두에서 10월 28일부터 10일간 '꽃, 빛, 바다(꽃축제를 통해 통합시민의 화합과 미래발전 및 번영을 희구)' 주제로 개최됐다.

가고파국화축제의 백미는 세계기네스 기록에 등재된 다륜대작이다. 2010년에는 국화 1줄기에 꽃 1,315송이가 달렸지만 2011년에는 1줄기에 1,370송이로 기네스 기록이 경신됐다.

'천향여심(千香旅心) 다륜대작'은 국화 재배 전문가 300여 명이 16개월 동안 재배하여 국화 1줄기에서 1,315송이의 꽃을 피운 세계 최대 다륜대작 작품이다. 2010년 1월 19일 영국 기네스 기록

세계기네스 기록에 등재된 국화꽃 다륜대작 전시 모습

(GWR)으로부터 세계기록으로 공식 인정을 받았다. 이 작품의 크기는 지름 2.8m, 높이 2.6m다.

 가고파국화축제는 매년 관람객이 늘고 있다. 창원시는 앞으로 봄의 벚꽃축제인 진해군항제와 함께 가을을 대표하는 창원의 대표 축제로 발전시켜 나갈 계획이다. 나아가 화훼농가의 소득을 높이고 지역경제를 활성화하는 축제를 업그레이드시켜 나갈 계획이다. 21세기는 문화가 힘이다. '가고파국화축제'도 머지않아 한국을 대표하는 문화 아이콘으로 자리 잡게 될 것이다.

K-POP 열풍의 중심지가 되다

'한류'와 K-POP 열풍이 전 세계를 강타하고 있다. 우리나라와 정반대에 있는 아프리카와 남미 사람들까지 한국의 문화에 열광하고 있다. 심지어 문화의 국가라고 불리는 프랑스, 영국, 이탈리아 같은 유럽인들까지 한국의 아이돌 스타를 만나기 위해 한국을 방문한다.

창원도 예외가 아니다. 세계적으로 확산되고 있는 한류 붐을 지속시키기 위해 창원은 2011년 12월 7일 창원경륜장에서 'K-POP 월드페스티벌'을 개최했다. 미국, 영국, 프랑스, 러시아, 체코, 카자흐스탄, 폴란드, 독일, 페루, 아르헨티나 등 16개국에서 예선을 통해 선발된 21개 팀이 최종 경연을 벌였다. 국내 최고의 K-POP 아이돌 스타인 티아라, 시크릿, 씨스타, 보이프렌드, 엠블랙, 인피니트, 씨엔블루 등이 축하공연을 통해 한류에 대한 열기를 분출시켰다. 이 페스티벌은 전 세계 2억 1,300여 명이 시청했다고 한다.

최근 창원이 영화와 드라마의 새로운 촬영지로 각광받고 있다. 2011년 개봉된 〈고지전〉 촬영이 창원대로에서 이뤄졌고 구산면에 있는 해양드라마세트장에서 〈김수로왕〉, 〈무신〉 촬영이 이뤄졌다. TV조선의 〈한반도〉가 창원대학교의 전폭적인 지원 아래 교내 공동실험실습관에서 촬영을 무사히 마쳤다.

창원에서 촬영한 영화 〈화차〉와 〈가비〉도 개봉되어 영화인을 사랑을 받았다.

일본 미야베 미유키의 베스트셀러 소설을 원작으로 한 〈화차〉는 창원을 무대로 촬영이 이루어진 뒤 영화관에 올려졌다. 〈가비〉는 조선 최초의 바리스타를 둘러싼 고종암살작전의 비밀을 그린 작품이다.

창원시는 영상활성화 사업을 적극 추진하고 있다. 총 제작예산 10억 원 이상으로 60% 이상 투자를 완료한 상업영화와 드라마 중 창원시에서 30% 이상 촬영을 제작하는 작품은 최고 1억 원을 지원한다. 촬영체제비로 5박 이상 창원에서 촬영하는 작품은 최대 2,000만 원까지 지원한다. 지금까지 창원시의 지원을 받은 영상물은 19건, 로케이션 지원은 37건에 달한다.

창원축구센터, 영남권 거점이 되다

'창원축구센터'는 창원인들의 자랑이다. 많은 도시 인프라 가운데 대형 스포츠를 관람할 수 있는 시설물은 시민들에게 큰 자긍심이다. 창원시는 영남권 축구센터를 유치하기 위해 치열한 경합을 벌였다. 국민체육진흥공단이 축구 활성화를 위해 2002년 한일월드컵 잉여금으로 전국 3개 권역(영남, 호남, 중부)에 125억 원씩 지원할 방침이었다. 이를 유치하기 위해 창원시는 부산, 울산, 경북지역과 치열한 경합을 벌였다. 2004년 12월 30일 영남권 센터를 창원에 유치하는 데 성공했다. 이는 창원 시민들의 열망이 만들어 낸 결과물이었다.

2009년 12월 1일 문을 연 '창원축구센터'는 개막경기로 한일 올림픽대표팀의 친선경기를 가졌다. 천연잔디가 깔린 주경기장은 길이 105m, 너비 68m로 1만 5,071명이 관람할 수 있다. 부대시설로 인라인스케이트장과 X게임장, 교육시설, 지원시설 등이 들어섰다. 산책로와 자전거도로, 조깅트랙, 야외무대 등 주민 편의시설도 마련했다.

창원축구센터는 조례에 따라 사용허가 우선순위가 정해져 있다. 창원시청 축구단인 창원FC와 경남도민프로축구단인 경남FC는 1순위다. 1순위와 국가대항전 등 공식경기는 주경기장 사용료가 없지만 일반인과 동호인은 사용료를 내야 한다. 창원축구센터는 국내외 대회와 전지훈련장으로 인기가 높다. 2010년 전국고등학교 축구리그 왕중왕전을 비롯해 492팀이 참여하여 556개의 경기가 열렸다. 방문한 관중만 17만 명에 달한다.

2011년에는 2012년 런던올림픽 아시아최종예선전 등 271개 팀 600경기에 18만 명이 관람했다.

전지훈련장으로도 인기다. 2011~2012 시즌을 위해 일본 J-리그 산하 클럽팀이 입소했다. 홍콩 사우스차이나FC 프로팀 등 모두 11개 팀이 전지훈련을 다녀갔다. 지역 축구동호인이 참여하는 생활축구대회도 연중 끊이지 않고 열리고 있다. 창원축구센터는 시민들이 즐겨 찾는 가족단위 휴식공간으로도 손색이 없다.

프로야구 새 역사를 쓰다

프로야구 제9구단이 태어나다

2010년 7월 1일 창원시, 마산시, 진해시가 통합되어 창원시로 출범했다. 통합 창원시 출범 이후 난제들이 많았다. 세 도시의 균형발전이라든지, 신청사 건립 문제가 난제로 대두됐다. 특히 어떻게 하면 이른 시일 내에 옛 창원과 마산, 진해지역 주민들이 통합시민으로서 일체감을 느끼도록 하느냐가 과제로 떠올랐다.

이를 위해 창원시는 지난 1년간 옛 창원·마산·진해지역에 있던 단체들을 통합했다. 통합 상징물인 시기나 시화 등을 새롭게 정하기로 했다. 상이했던 제도들도 통일시키기로 했다. 일체감의 해법은 '프로야구 제9구단 유치'에서 찾았다. 창원을 연고로 하는 프로야구 제9구단 'NC다이노스'를 창단했다. 창원 시민들이 스포츠를 통해 화합하고 소통하면서 일체감을 느끼도록 하기 위해 생각한 가장 자연스러운 방안이었다.

창원시는 2010년 10월 한국야구위원회와 프로야구 제9구단 창단을 위한 양해각서를 체결했다. 창원시는 2011년 3월 게임업체 엔씨소프트와 창단협약을 체결했다. 초대 감독은 베이징 올림픽에서 한국야구를 우승으로 이끈 김경문 감독을 선임했다.

프로야구는 통합시민들을 한데 묶는 구심점 역할을 하고 있다.

프로야구 제9구단 창단 기념으로 김택진 사장이 마산야구장을 방문했다.

통합 창원시가 프로야구단 유치를 적극적으로 추진한 배경도 여기에 있다. 2015년까지 신규 야구장도 건립할 계획이다. 신규 야구장은 WBC 국제대회 기준으로 설계한다. 내야 중심의 2만 5,000석과 파크 개념의 외야 5,000석을 합쳐 총 3만 석 규모다. 야구장 형태는 일반 개방형 구장으로 부대편익시설과 수익시설 등을 포함해 연면적 5만 5,800㎡로 건립할 계획이다.

신규 야구장은 퓨전 형태로 IT와 문화콘텐츠가 연계된 최첨단 야구장으로 건설한다. 야구장 내에는 스카이박스, 패밀리석, 여성 전용 파우더룸, 커플석, 탁아 및 어린이 전용 놀이시설을 설치해 편의성을 높인다. 멀티스포츠센터, 야구박물관, 푸드코너, 기념품샵,

스포츠전문 클리닉 등 부대시설도 들어선다.

나는 창원야구단이 지역밀착형 여가 문화를 만들어내 110만 창원 시민이 소통할 수 있게 될 것으로 믿는다.

프로야구단 창단은 시민의 화합뿐만 아니라 지역사회에 미치는 효과도 크다. 평균 관중 2만 6,000명, 연간 70경기, 관람객 1명이 소비하는 티켓구매 등 각종 매출 8만 원을 합산하면 1,456억 원에 이른다. 이를 근거로 계산할 때 최소 1,000억 원 정도의 지역경제 파급효과가 생길 것으로 보인다. 새 야구장에서 근무하게 될 지역인원을 고려하면 최소 2,000명 이상의 고용효과도 발생할 전망이다.

프로야구 문화를 새로 쓰다

프로야구 제9구단 NC다이노스가 2012년 4월 14일 개막식을 갖고 출범했다. 야구성지인 마산야구장에는 1만 명의 관람객이 참여했다. 마산야구장 공식 홈경기에서 NC다이노스는 라이벌인 롯데를 8대 1로 꺾고 역사상 첫승을 거뒀다. NC다이노스는 2013년부터 1군 경기에 진출한다.

NC다이노스

창원시를 연고지로 하는 프로야구 제9구단명은 NC다이노스다. 2012년 퓨처스 리그에 참여한 뒤 2013년 1군 리그에 뛰는 것을 목표로 하고 있다. NC

다이노스는 기업이름(NC소프트)과 새로운 창원(New Chnagwon)을 동시에 함축하고 야구단을 통해 지역통합에 앞장서겠다는 비전을 담았다.

프로스포츠(야구, 축구, 농구 등)는 현실 세계에서 쉽게 맛보기 어려운 짜릿한 승부를 통해 스릴과 감동을 관중에게 제공하게 된다. 시민들은 단순한 구경꾼인 문화소비자가 아니라 경기에 대한 몰입으로 자신의 존재가치를 확인하고 정체성을 획득하는 문화생산자로 활동하게 된다. 마음 놓고 목소리 높여 응원할 수 있는 지역팀이 생겼다는 사실은 시민에게 강한 심리적 자존감을 제공해줄 것이다. 또한 청소년들에게 스트레스 배출 기회를 제공함으로써 야구가 사회문제를 줄이는 긍정적인 역할을 해줄 것으로 기대한다. 이처럼 스포츠는 단순한 경기행위를 넘어 문화이고 소통이다.

야구도시 명성 되찾는다

창원의 야구 역사는 90여 년을 자랑한다. 1920년대 초에 일본인들로 구성된 글로리단, 한국인들로 구성된 미우팀, 창신학교 야구부, 구성야구단이 조직되어 있었다. 6.25전쟁이 발발하기 전까지 마산야구팀은 서울, 부산팀과 대등한 경기를 했다. 1950년대 마산에서 활약한 실업팀들 중에 남전팀이 주축이 된 마산야구 대표팀은 전국적인 명성을 얻기도 했다.

특히 1936년에 창단한 용마고등학교(구 마산상고) 야구부는 1980년 청룡기 결승전 진출, 2001년 대붕기 우승을 했다. 1979년 창단한 마산고 야구부는 1994년 화랑대기에서 우승했다. 1982년 창단한 경남대학교 야구부는 2003년 대통령기 전국야구선수권 대회에서 준우승을 기록했다. 전국 최고의 명문야구대회인 황금사자기 야구대회도 2012년 5월 창원에서 개최해 창원인들의 야구 사랑을 대내외에 알렸다.

최근 프로야구 제9단 NC다이노스의 창단으로 창원에는 사회인야구팀이 늘어나는 등 야구 붐이 일고 있다. 하지만 리모델링한 마산야구장, 88올림픽야구장, 진해공설야구장으로는 인프라가 부족한 실정이다. 앞으로 리틀야구단, 중·고학교야구팀, 사회인야구팀이 NC다이노스와 선순환될 수 있도록 다양한 인프라를 확충할 필요가 있다.

우선 북면과 대산면에 사회인야구장 8면을 2012년 말까지 조성한다. 5개의 리틀야구단을 위해 유소년 전용구장 설치도 검토 중이다. 그리고 엔씨소프트와 함께 야구콘텐츠개발 등 지역야구 활성화를 위해 다양한 프로그램도 만들 계획이다.

세계 5대 스포츠대회를 유치하다

창원, 한국사격 역사를 만들다

총은 1354년 독일의 승려 베르트롤드·슈바르츠가 최초로 대포 형식을 발명하면서부터 시작됐다. 개인 화기인 소총의 형태는 1500년경 독일을 비롯한 유럽 지역에서 화승총을 개발하면서 시작됐다. 기록에 따르면 1484년 9월 22일자로 발행된 스포츠 사격 대회 초청장에서 확인되고 있다. 이때는 정확한 소총 형태를 갖추지 못한 수포 형식의 개인 화기였다.

1504년 스위스의 취리히에서 자유총 사격대회를 하는 광경의 그림이라든가, 1551년 독일에서 행한 사격대회의 기록에는 사격대회가 16세기 초부터 시작된 것으로 전하고 있다. 사격은 '한 자리에 있으면서 먼 곳의 것을 겨누어 맞추는 투척 행위(넓은 의미에서의 사격)'에 그 기원을 두고 있다. 역사적인 세계사격대회는 1897년 프랑스에서 처음으로 열렸다. 제1회 아테네올림픽대회(서기 1896년)때 라이플 12종목, 권총 3종목의 사격 경기가 열렸다.

우리나라의 사격 경기의 시초는 서기 1904년 9월 24일 군부 관제 칙령 제 17호로 공포된 육군 연성 학교에 시작됐다. 한국 사격의 시작은 대한 사격 연맹의 전신인 대한사격협회가 창설된 1955년 2월 8일 이후부터로 알려져 있다. 1995년 2월에 발족한 대한

사격협회는 대학체육회에 가맹을 신청, 곧 후원을 받아 국제사격 연맹에 가맹을 신청하게 된다. 1955년 10월 24일 임시 회원국으로 승인되었고 다시 서기 1960년 총회에서 정회원국으로 승인되었다.

1965년 11월 제 16회 멜버른 올림픽 때부터 우수한 선수를 선발 국제대회에 내보냈다. 그러는 사이 한국 사격은 질적 성장이 이뤄지면서 1971년 10월 17일 개최된 제2회 아시아사격선수권대회에서는 마침내 종합 성적 1위를 기록했다. 1978년에는 제42회 세계사격선수권대회를 유치하여 성공적으로 개최했다.

창원은 1982년 7월 창원시 의창구 사림로 99번길 63에 10만 1,442㎡ 부지에 국제적인 사격장을 건립했다. 2002년 제14회 아시아경기대회를 개최하고, 2003년부터 대한사격연맹과 함께 ISSF월드컵사격대회를 5회째 치루고 있다. 이제 연인원 3만 명이 이용하고 있는 대표적인 시민레포츠가 됐다.

창원 사격장에는 한눈에 볼 수 있는 '한국사격역사관'이 있다. 2012년 4월 6일 개관식에 올레가리오 바스케스 라냐 국제사격연맹 회장 일행이 참가하기도 했다. 사격 역사관에는 그동안 대한사격연맹에서 보관해 오던 1878년 서울 세계사격선수권대회를 기념하는 기념주화, 포스터, 사진 등을 비롯해 각종 사격 관련 기념품 150여 점이 전시돼 있다.

사격선수권 유치, 기초단체의 기적을 낳다

창원시는 2018년 세계사격선수권대회를 개최한다. 세계사격선수권대회의 창원 유치는 하계·동계올림픽, 월드컵, 세계육상선수권 대회 등 세계5대 스포츠대회로 기초자치단체 최초로 대회를 유치했다는 것은 매우 의미 있는 일이다.

창원시의 선수권대회 유치는 지자체가 스포츠외교의 새로운 지평을 열었다는 평가다. 시민의 넘치는 에너지, 준비된 역량, 치밀한 전략의 3박자가 승리를 이끌어 낸 원동력이라고 할 수 있다. 세계 최대 규모인 세계사격선수권대회는 4년마다 개최되며 53개 종목 106개의 메달이 걸려 있다. 전 세계 110여 개국 4,000여 명이 참가하는 큰 대회다. 1978년 서울대회 이후 40년 만에 아시아에서 최초로 창원에서 개최하게 되는 것이다.

창원시는 통합으로 인구 110만, 예산 2조 5,000억 원, GRDP 28조 3,000억 원으로 규모면에서 전국 1위 기조자치단체다. 경쟁도시인 슬로베니아의 마리보시를 압도하기에 충분했다. 여기에 대한민국 3대 프로스포츠인 농구, 축구와 야구의 연고도시로 세계적 수준의 사격장을 갖춘 한국 사격의 중심도시다.

지금까지 창원사격장에서는 2002년 아시안게임 사격경기와 총 5차례의 월드컵사격대회 등 다양한 국제대회를 개최했다. 다양한 대회를 통해 확보한 운영 노하우는 2018년 세계사격선수권대회 유치에 손색이 없다는 평가를 받았다. 람사르총회, 유엔사막화방지협약총회, 세계교육도시연합총회 등 대규모 국제행사를 치뤘던 경험도 가점요인으로 작용했다.

무엇보다 도심의 단일 시설에서 모든 경기를 치를 수 있는 세계 유일의 종합사격장과, 경기장에서 20분 거리의 숙박, 쇼핑, 복합문화센터 등 완벽한 주변 인프라가 최대 장점으로 작용했다. 중앙정부의 사격장 인프라 확충을 위한 예산 지원, 선수와 임원의 입·출국 간소화 등 정부의 대회지원 약속도 마지막 표심에 힘을 보태줬다. 사실상 서구권 중심의 국제대회를 아시아의 지방정부인 창원시가 서울에 이어 40년 만에 유치한 것은 역사적인 사건이라 할 수 있다. 이는 창원시의 도시성장과 시민화합 효과를 극대화할 것으로 보인다. 또한 세계사격선수권대회가 해외방송에 송출됨으로써 창원시의 국제적 위상을 높이고, 글로벌화가 가속화될 것으로 판단된다.

세계 최첨단 경기장을 선보인다

제52회 세계사격선수권대회는 정부 주도가 아닌 기초자치단체인 창원시가 스스로 만든 결과물이다. 오히려 창원시가 중앙정부를 설득해 지원약속을 이끌어 내며 유치에 성공했다. 전국 1위 지방자치단체의 저력과 역량을 보여준 것으로 글로벌시대 지방정부의 역할을 돋보이게 했다. 특히 통합 창원시가 시민의 자존감을 드

창원에 건설 예정인 종합사격장 조감도

높이고 화합과 통합의 시대로 나아가는 계기를 만들 수 있게 됐다.

2018년 8월 말에서 9월 중순까지 15일간 열릴 이번 대회는 총 116개 나라 4,300여 명의 선수단이 참여하는 역대 최대 규모가 될 전망이다. 1982년 준공하여 2회에 걸쳐 증축한 현재의 창원종합사격장은 2016년까지 최신형 IT 자동화시스템을 갖춘 첨단시설로 다시 태어나며 모든 경기와 휴식이 한 곳에서 이루어지는 세계에서 유일한 경기장이 될 것이다.

창원을 찾는 4,000여 명의 선수들이 숙박에 차질이 없도록 할 방침이다. 호텔 신축, 신축아파트의 일시적 선수촌 제공, 부산과 김해, 창녕 등 인근 지역과 직행버스 운행도 검토 중이다. 빠른 시일

내 조직위원회와 TF팀을 구성하여 체계적인 준비에 들어간다. 전 국적인 붐을 조성하기 위해 TV, 라디오, 신문 등 다양한 매체를 통해 홍보하고 주요 온라인 포털사이트를 적극 활용한다.

국민체육진흥공단 체육과학연구원의 용역 결과에 따르면 BC(비용편익비)가 1.28로 나와 경제적 타당성은 충분한 것으로 나타났다. 또한 생산유발효과는 820억 원, 고용유발효과는 690명으로 나타났다. 1인당 참가비도 28~30만 원에 달해 대회운영 수입도 22억 원에 달할 것으로 보인다.

사격불모지인 아시아 한국 창원에서 세계선수권대회가 40년만에서 개최된다는 것은 매우 의미 있는 일이다. 사격이 세계인의 눈길을 사로잡고 한국에게 새로운 기회를 제공해주는 계기가 되길 기대한다.

CHAPTER 9

글로벌시티

창원 마케팅 포문을 열다

글로벌도시 마케팅에 나섰다

많은 사람들은 마케팅을 기업들이 국내외적으로 기업이나 제품의 인지도를 높이기 펼치는 기업들의 주요 활동으로 생각한다. 하지만 마케팅 활동은 기업들에게만 필요한 것이 아니다. 21세기의 지방정부는 보다 공격적으로 도시를 알려야 한다. 특히 지방도시는 마케팅 전략을 행정에 접목시켜 도시 브랜드의 인지도를 높이고 지역경제를 활성화시키기 위해 노력해야 한다.

과거의 지방정부는 중앙정부의 정책이나 국가비전을 실현하는 하부기관으로서 업무를 추진하는 것이 전부였다. 그러나 1995년 민선시대가 도래하면서부터 지방정부도 시민의 생각과 도시 특성에 맞는 새로운 비전을 만들고 이를 달성하기 위해 노력하기 시작했다. 특히 21세기 접어들면서 지역, 즉 도시경쟁력이 국가경쟁력이고 세계의 경쟁력이 되는 시대가 됐다. 미래학자들은 앞으로의 사회는 국경이 없는 도시국가시대가 될 것으로 예상한다.

나는 '도시도 경영이다'는 믿음이 있다. 도시경쟁력을 강화하려면 공무원은 물론 시민들의 마인드와 패러다임이 변해야 한다. 행정이라는 관료적 사고의 틀에서 벗어나 '경영'이라는 기업가적 사고로 도시경쟁력을 향상시켜야 한다. 글로벌을 무대로 생각하고 글로벌을 무대로 도시를 알리는 글로벌도시 마케팅전략을 실천해야 한다.

도시마케팅은 지속적으로 도시의 품격을 높이는 활동이다. 전 세계에 도시의 위상을 알리고 각종 대회를 통해 글로벌 스탠다드를 배움으로써 세계 속 도시로서, 세계 시민으로서의 역량을 갖추는 활동이다.

그러나 지방정부 혼자의 힘으로 글로벌 마케팅을 추진하기는 벅차고 어려운 난제가 되고 있다. 국제도시들과 관계를 맺고 싶어도 어떻게 해야 하는지, 무엇부터 시작해야 하는지를 판단하기 어렵다.

나는 이 같은 고민을 하는 자치단체가 있다면 지방자치단체국제화재단(2009년 말 해산, 전국 시도지사협의회에서 업무 추진)의 도움을 받아보길 추천한다. 2004년 본격화한 창원시 글로벌화 전략도 지방자치단체국제화재단 후원이 컸다. 21세기는 도시마케팅의 시대다. 도시를 국제무대에 알려 도시가 경쟁력을 확보하고 기업이 세계무대로 뻗어나갈 수 있도록 협력해야 한다.

국제기구 단체와 파트너가 되다

"세계적으로 생각하고 지방적으로 행동하라(Think Globally, Act Locally)." 이 말은 시장으로서 내가 자주 하는 말이다. 창원이 국내 최고의 명품도시를 넘어 세계 속 글로벌 명품도시가 되려면 도시와 시민, 공무원의 안목을 세계적 수준으로 끌어올려야 한다. 나는 세계적으로 생각하고 행동할 때 글로벌 경쟁에서 이길 수 있다고 믿는다. 글로벌 명품도시 건설의 비전을 갖고 시작한 게 바로 '글로벌도시네트워크' 구축이다.

시정 목표를 '세계 일류 명품도시'로 정해 초일류 명품도시에 도전장을 냈다. 어쩌면 지방도시로서는 불가능한 비전 선언이었을지 모른다. 하지만 지속적으로 글로벌 활동을 추진한 결과 창원은 국제사회에서 가장 주목하는 한국의 대표 도시로 인정받고 있다. 모두 창원 시민과 공무원이 하나 되어 이뤄낸 결과일 것이다. 창원시가 국제사회에서 주목받기 시작한 것은 '세계환경올림픽'으로 불리는 '2008년 람사르총회'를 개최하면서부터다. 이 행사에는 전 세계 160여 나라의 2,000여 명이 참여해 '환경수도'를 향한 창원의 노력에 박수를 보냈다. 2004년 UCLG(세계지방자치단체연합)에 가입한 지 4년, 환경수도 창원을 선포한지 2년 만에 이뤄낸 놀라운 성과였다.

이 행사 이후 창원시는 글로벌 네트워크 구축을 통한 세계도시

로의 도전을 더욱 가속화했다. 2009년 UCLG-ASPAC 집행위원회

회의를 개최했다. 기초자치단체 중 최다인 15개의 국제기구에 가

국제기구 가입 현황 (15개 기구)

기구명	회원도시	사무국	가입일
WPRO-AFHC 세계보건기구 서태평양지역 건강도시 연맹	9개국 120여 개 도시	일본 도쿄	2004년 6월 25일
UCLG 세계지방자치단체연합	135개국 1,000여 개 도시	스페인 바르셀로나	2004년 11월
UCLG-ASPAC 세계지방자치단체아태지부	18개국 120여개 도시	인도네시아 자카르타	2004년 11월
UMCA 동북아기계산업도시연합	4개국 11개 도시	한국 창원시	2005년 9월 29일
CITY-NET 아시아태평양지역도시연합체	21개국 101개 도시	일본 요코하마	2006년 11월
ICLEI 자치단체국제환경협의회	68개국 1,107개 도시	독일 본	2007년 3월
IAEC 국제교육도시연합회	35개국 409개 도시	스페인 바르셀로나	2007년 8월
TPO 아시아태평양도시관광진흥기구	10개국 65개 도시	한국 부산광역시	2007년 8월
LACDE 지방자치단체재해대책국제회의	35개국 250여 개 도시	이스라엘 텔아비브	2008년 8월 31일
C40 C40기후리더십그룹	34개국 56개 도시	영국 런던	2008년 10월
WTA 세계과학도시연합	32개국 67개 회원	한국 대전광역시	2008년 10월 10일
LUCI 국제도시조명연합	60여 개 도시 30개 협력업체	프랑스 리용	2009년 12월
UITP 세계대중교통연맹	90개국 3,100여 개 도시 단체	벨기에 브뤼셀	2009년 12월
EAAFP 동아시아 이동성 조류 파트너십	13개국 25개 도시	한국 인천광역시	2008년 5월
Ecomobility-Alliance 세계생태교통 연맹	10개국 10개 도시	한국 창원시	2011년 10월

입해 글로벌 역량을 키우고 있다. 서울 9개, 부산 11개, 대구 7개, 수원 6개와 비교되는 숫자다.

이로 인해 창원컨벤션센터(CECO)는 쉴 틈이 없다. 2011년도에는 'UN사막화방지협약 제10차 총회', '제1회 세계생태교통창원총회 & 세계자전거총회'가, 2012년에는 'IAEC세계총회', '동아시아 국제해양회의'가 연달아 CECO에서 개최됐다. 도시마케팅을 위해 출범한 '국제협력팀'이 크고 작은 국제행사를 체계적으로 관리하고 유치하고 있기 때문이다. 나는 머지않아 창원시가 글로벌 명품도시로서 그 위상을 전 세계에 과시하게 될 것으로 확신한다.

동북아기계산업도시연합을 결성하다

창원시의 도시마케팅을 향한 노력은 자방차치단체 최초로 국제기구를 결성한 사례에서도 쉽게 알 수 있다. 창원시는 세계적인 기계산업제품을 생산하는 국가산업단지가 소재한 곳이다. 우리나라 기계제품 생산의 20%, 공작기계제품 생산의 80% 이상을 차지하고 있다. 창원국가공단에서 생산해 수출하는 금액만 연간 280억 달러에 달한다. 우리나라 경제발전을 이끌어 가고 있다고 해도 과언이 아니다.

따라서 창원시는 단지 안에 있는 기업들이 경쟁력을 발휘하도록 하려면 어떻게 해야 할까를 고민했다. 창원공단의 경쟁력에도 불

제3회 동북아기계산업도시연합 시장단 회의(일본 오오가끼시)

구하고 기계산업 수출은 독일과 영국, 미국과 일본이 전 세계 제품의 70% 이상을 점유하고 있고, 기술경쟁력 또한 상당히 앞서기 때문이다. 기술 수준도 선진국과 비교할 때 80% 정도에 그치고 있다.

이러한 국제사회의 흐름에서 창원공단의 산업구조를 선진국 수준으로 고도화하고 기술경쟁력을 확보하려면 새로운 전략이 필요했다.

"기계산업이 발달한 동북아 지역 도시를 하나로 묶는 '동북아 기계테크노벨트'를 구축하면 어떨까?" 창원시는 '동북아 기계테크노벨트'가 구축되면 지역 생산 제품의 수출증진에 도움이 될 것으로 생각했다. 이렇게 해서 창원시 주도로 UMCA(동북아기계산업도시연합)가 탄생했다.

연합체는 2005년 9월 일본, 중국, 한국, 러시아 등 4개국 8개 도시를 주축으로 출범해 현재 10개 도시가 활동하고 있다. 매년 1회 동북아 도시를 순회하며 기계산업 경쟁력 향상 방안을 논의하고 있다. 중국 웨이하이(2006년), 일본 오오가끼시(2007년), 러시아 콤소몰스크(2008년)를 비롯해 한국 안산(2009년), 중국 웨이난(2010년), 한국 창원(2011년), 러시아 콤소몰스크(2012년)에서 회의가 개최됐다.

UMCA 결성은 동북아 기계사업 발전에 큰 도움을 줄 것으로 보인다. 창원시는 일본을 통해 기술경쟁력을 향상시키면서 중국과 러시아 시장을 개척할 수 있다. 반면에 중국과 러시아도 기술경쟁력을 배가시킬 수 있다. 실제 한국의 러시아, 중국에 대한 교역이 크게 늘고 있다. UMCA는 현재 민간 연구기관과 대학 교수 등 전문가들이 참여하는 학술회의를 활성화할 방침이다. 전문가 회의가 힘을 받게 된다면 세계 기계산업의 판도는 UMCA 중심으로 재편될 것으로 보인다.

시장을 글로벌 상품으로 만들다

창원시의 글로벌 마케팅 전략은 시간이 지나면서 자연스럽게 성과를 발휘하기 시작했다. 스페인 바르셀로나, 영국 런던, 스위스 제네바, 브라질 리우데자네이루 등에서 창원시의 명품도시 만들기 전략을 소개해달라는 요청이 이어졌다. 바르셀로나 UCLG(지방자치단체연합) 사무국은 2007년 12월 창원시장인 나를 세계위원으로 선임했다며 참여를 요청하는 공문을 보내왔다.

나는 3년 임기의 UCLG 세계위원(2008~2010년)을 맡은 데 이어 재선임되어 2013년까지 UCLG의 예산편성, 회장·부회장·사무총장 등 임원 선출 권한을 행사하고 있다. 영국 런던 소재 비영리 인터넷통신사인 '시티 메이어스(City Mayors)'는 2008년 1월 '올해의 세계시장 50인'에 선정됐다고 통보해왔다. 시티 메이어스는 2004년부터 살기 좋고, 일하기 좋고, 방문하고 싶은 도시를 만든 시장을 뽑아 '올해의 시장'을 선정해 상을 주고 있다.

시티 메이어스는 50명을 대상으로 투표를 통해 1명의 '세계 시장(World Mayor)'을 선정하게 된다. 알바니아 티라나 시장(2004년), 그리스 아테네 시장(2005년), 호주 멜버른 시장(2006년), 취리히 시장(2008년), 멕시코 시장(2010년)이 그동안 영예를 안았다. '올해의 시장 50인'에 선정된 도시는 연간 800만 명이 접속하는 시티 메이어 웹사이트에 시장과 시도를 1년 동안 소개할 수 있는 기회를 제공받게 된다. 창원시는 시티 메이어 웹사이트를 통해 람사르 창원 총회, 창원의 산업적 기반과 도시의 쾌적성을 전 세계에 알렸다.

특히 2008년 4월 스위스 제네바에 소재한 '세계경제포럼'은 중국 천진에서 열린 여름철 다보스포럼인 '뉴 챔피언스 포럼'에 참석해달라는 초청장을 보내왔다. 행사에는 다보스포럼 창립자 클라우스 슈밥, 원자바오 중국총리를 비롯해 프랑스 파리시장, 중국 선진·대련·하얼빈시장, 일본 요코하마시장, 미국 알칸스주지사 등이 참여했다.

뉴 챔피언스(New Champions)는 새로운 성장을 이끌고 있는 기업들과 도시들을 뜻하는 말로 중국과 인도처럼 급격히 성장하고 있는 글로벌 성장 도시들이 대거 초청받았다. '리우(Rio)+20'의 공식후원으로 발간하는 '시나리오(ScenaRio) 2012'는 나를 '세계 영향력 있는 100인의 인물'로 선정했다. '리우+20'은 UNEP(유엔환경계획)가 리우선언 20주년을 맞아 2012년 6월에 브라질 리우데자이네이루에서 열린 환경회의다.

'시나리오 2012 프로젝트'는 선정된 100인을 대상으로 그들이 환경·개발·거버넌스에 미친 영향력을 취재해서 소개했다. 나는 이같은 성과가 창원시의 적극적인 글로벌화 전략에 따른 결과라고 본다. 창원시에 대해 글로벌 마케팅을 하지 않았더라면 내가 어떻게 '세계시장 50인'에 선정될 수 있었을까. '세계 영향력 100인'이 될 수 있었을까. 모두 창원시가 국제사회에 펼쳐 온 글로벌도시마케팅의 결과라고 할 수 있다. 창원시는 더 좋은 결과를 만들어 내기 위해 도시 마케팅에 더욱 주력해야 할 것이다.

컨벤션 허브도시로 도약하다

기초단체 첫 '국제회의도시'가 되다

창원시는 2009년 3월 12일 문화체육관광부로부터 '국제회의도시'로 지정되는 영예를 안았다. 전국 기초자치단체로는 처음 있는 일이었다. 서울, 부산, 대구, 광주, 제주특별자치도에 이어 6번째다. 창원시는 '컨벤션 허브도시'로 도약하기 위해 다각적인 노력을 기울이고 있다.

국제회의도시란?

문화체육관광부가 국제회의산업을 육성·진흥하기 위해 지정한 특별시·광역시 또는 시를 말한다. 국제회의시설을 갖춰야 하며 숙박, 교통 등 국제회의 참가자를 위한 편의시설을 구비해야 한다. 풍부한 관광자원 확보도 필수다. 서울, 인천, 대구, 광주, 제주특별자치도, 창원시가 현재 국제회의도시로 지정되어 있다.

창원시가 국제회의도시로 지정된 데는 창원컨벤션센터(CECO)가 결정적인 역할을 했다. 창원컨벤션센터는 전시 및 회의 전문 시설로 2005년 9월 문을 열었다. 지상 6층의 센터에는 전시장과 회의실, 컨벤션홀, 중소기업지원센터 등의 시설이 들어서 있다.

CECO 가동률 현황

구분	2011년	2010년	2009년	2008년	2007년	2006년	2005년
전시장	74.9%	54.0%	63.2%	61.8%	50%	50%	48%
회의실	70.6%	68.2%	50.3%	75.5%	75%	65%	50%

김해국제공항에서 15~20분 간격으로 리무진이 운행되고 있고 KTX를 타고 서울에서 2시간 30분 만에 도착할 수 있다. 창원시는 2008년 람사르총회를 앞두고 2000석 규모의 컨벤션홀을 증축했다. 연평균 1,100여 건의 전시컨벤션, 기업 행사, 문화 행사 등을 개최하고 있다. 2005년 개관 이후 창원컨벤션센터는 성장을 거듭해 왔다. 2005년 가동률이 50%에서 2011년에는 70% 이상 상승했다.

운영수지도 획기적으로 개선되어 전체적으로 1,200만 원 정도 흑자로 전환됐다. 이용자도 늘어 2005년 31만 명에서 2011년에는 126만 명으로 300배나 늘어났다. 외국인 이용자도 2007년 7,700명에서 1억 5,300명으로 증가했다.

창원컨벤션센터는 경남 창원이 기계산업의 메카라는 점에 착안해 터빈(Turbine) 이미지를 본떠 설계됐다. 삼성, LG, 두산, 볼보(VOLVO), STX 등 대기업이 창원에 자리 잡고 있다는 장점을 국제회의 개최로 연결시키고 있다. 기계, 중공업, 조선, 항공, 로봇 등 대규모 산업벨트가 형성돼 있어 국제회의와 전시회 수요가 많이 발생하고 있다. 창원시는 산업 현장 투어 프로그램과 전시·컨벤션·

기업 행사를 연계시켜 수요를 창출해 내고 있다.

MICE 산업 육성에 나서다

MICE는 회의(Meeting), 포상관광(Incentives), 컨벤션(Convention), 이벤트와 전시(Events & Exhibition)의 머리글자를 딴 말이다. 창원시는 이 마이스 산업을 집중 육성하고 있다. 국제회의를 뜻하는 '컨벤션'이 회의, 포상관광, 각종 전시·박람회 등 복합적인 산업의 의미로 해석되면서 생겨난 개념으로, '비즈니스 관광(BT)'이라고도 한다.

한국관광공사의 조사에 따르면, MICE 참가자들의 1인당 평균 소비액은 일반 관광객의 3.1배, 체류 기간은 1.4배에 달한다. MICE 산업 자체에서 발생하는 부가가치도 크지만, 행사를 주최하는 단체, 기획업체, 개최 시설, 숙박업체, 음식점 등 다양한 산업과 전후방으로 연계되며 발생하는 부가가치가 더 큰 것으로 조사되고 있다.

이 때문에 MICE 사업은 '황금 알을 낳는 거위', '굴뚝 없는 황금산업'으로 불리며 새로운 산업으로 떠오르고 있다. MICE 산업 규모는 2007년 4조 원, 2013년 11조 원, 2018년 22조 원으로 예상하고 있다. MICE 산업은 도시경쟁력을 키우는 데 핵심적인 역할을 한다. 가시적인 경제효과 외에 성공적인 국제회의 개최는 도시

이미지를 업그레이드시키는 역할을 한다. 이 같은 효과 때문에 싱가포르와 홍콩, 파리 등 주요 글로벌도시들은 MICE를 도시의 중요 산업으로 집중 육성하고 있다. 정부는 2009년 대통령 주재 제29회 국가과학기술위원회 및 제3회 미래기획위원회 합동회의에서 MICE 산업을 17개 국가신성장동력 중 하나로 선정하기도 했다.

국내에서는 창원 CECO를 비롯해 서울 COEX, 인천 송도 컨벤시아, 고양 KINTEX, 대전 컨벤션센터, 대구 EXCO, 부산 BEXCO, 광주 김대중센터, 제주 ICC JEJU 등 컨벤션센터 9개 소, 서울 aT Center, SETEC, 대전 무역전시관 등 전문전시관 3개 소 등 총 12개 소가 있다. 그동안 CECO는 국제회의 개최지로 그몫을 톡톡히 해왔다. 2008년 람사르총회, 2011년 유엔사막화방지협약총회, 2012년 국제교육도시연합세계총회, 국제적조회의, 동아시아회의 등 국제회의만 85회 열렸다. 공공학술 등 국내회의 5,456회, 이벤트 2,802회 개최됐다.

향후 아시아전시컨벤션연맹총회, 제12차 유엔생물다양성협약총회, 세계호수컨퍼런스, 아태항공우주기술심포지엄 등 전시·회의 행사 29개가 CECO에서 열릴 예정이다. 창원시는 MICE 산업이 시너지를 발휘할 수 있도록 숙박, 인쇄, 광고, 디자인, 이벤트 등 연관 산업의 상호 의존성을 높일 방침이다. 2010년 5월 제52차 국가경쟁력강화위원회 전시·컨벤션 산업 발전방안 논의에서 지역별 특화산업과 연계한 권역별 차별화된 'MICE 복합지구' 지정 및 육성 계획에 따라 창원의 MICE 산업은 '산업+환경, 그린경제 이미지 제고, 공작기계 분야 특화발전'에 초점을 맞추고 있다. MICE 산업과 관광인프라를 연계한 'MICE 관광 프로그램'도 개발해 운영하고 있다. 군항문화탐방, 어시장 체험, 대기업 탐방(두산중공업, STX 조선해양, 로템) 등이 CECO와 연계된 'MICE 관광'프로그램이다.

창원시는 민관 공동 마케팅 협력체도 구축한다. 호텔, 음식점, 쇼핑센터 등 MICE 연관 업계와 파트너십을 강화해 회의 참석자들 불편을 최소화한다. 호텔, 여행사와도 연계해 지속적으로 참가자의 만족도를 높여나갈 방침이다. 경제효과를 극대화하기 위해 MICE와 연계한 상품도 개발 중이다. 창원시는 나아가 친환경도시 이미지를 강조하기 위해 친환경 녹색콘셉트를 도입한다. LED, 옥상 태양광발전설비 등을 구축해 시설물을 고효율로 전환한다.

글로벌 홍보전략을 실행하다

"외신기자에게 도시를 알려라." 기초단체가 스스로를 마케팅하기는 쉬운 일이 아니다. 그래서 아이디어를 낸 것이 외신기자들을 초청해 창원시를 보다 적극적으로 알리는 것이었다. 창원시의 글로벌 행사를 알리기 위해 프레스센터를 방문해 기자회견을 했다. 하지만 국내 언론에 보도되는 전국적인 홍보에 만족해야만 했다.

서울에 있는 외신기자클럽의 소속 기사들을 창원의 국제적인 행사에 초청해 보다 적극적으로 창원을 홍보하기로 했다. 외신기자들을 초청해 브리핑도 하고 팸투어를 실시했다. IAEC총회에 외신기자클럽 기자들을 정식으로 초청했다. 첫 초청행사에 외신기자클럽 부회장이자 중국 리걸 데일리(Legal Daily)의 왕강, 사이언스&테크놀로지 데일리(Science & Technology Daily)의 수얀, 러시아 한국신문(Russian Korean Newspaper)의 오가이발레이 등 국내 상주 외신기자 18명이 참석했다.

이틀간 실시된 초청행사는 정책브리핑과 문화투어로 나눠 실시됐다. 첫째 날은 환경수도프로젝트를 비롯해 자전거특별시 누비자, 동아시아 해양회의, 2018년 사격대회 유치 등과 관련된 정책브리핑을 했다. 기자들은 환경수도와 공영자전거 누비자에 대해 많은 관심을 나타냈다. 자전거문화센터에서는 자전거 관련 자료를 수집해 가기도 했다.

둘째 날은 군항 문화탐방 코스, 해군사관학교 사열, 박물관 관람, 창원의 집, 창원역사 전시관 시내 주요 관광지 팸투어를 실시했다. 특히 엄재한 일본 산업타임즈 서울지국장은 '창원시장에게 듣는다'라는 제목으로 특별인터뷰까지 했다. 임 국장은 "쓰나미로 인해 많은 일본 기업들이 해외 진출을 꾀하고 있다"며 "기술력이 뛰어나고 지리적으로 가까운 창원 등 경남에 많은 관심을 가지고 있어 시 차원의 적극적인 기업유치활동이 필요하다"고 조언했다.

  글로벌도시마케팅은 지방정부의 중요한 생존전략 가운데 하나
이다. 국내도시끼리의 경쟁은 무의미하다. 세계와 당당히 경쟁하
는 도시가 되기 위해서는 국제무대에 과감히 뛰어들어야 한다. 최
근 글로벌화 영향으로 국경의 의미가 점차 사라지고 지방도시의
역할이 커지고 있는 추세다. 지방도시 스스로 역량을 키워 세계와
경쟁하는 시대가 된 것이다.

서울외신기자클럽(SFCC)

서울외신기자클럽은 1956년 6월 1일 설립한 사단법인 언론단체다. 외신기자
권익보호 및 상호유대 강화는 물론, 언론인과 정보홍보 관계자들과의 친교증
진을 목적으로 하고 있으며, 각계 유명인사를 초청해 기자회견을 하기도 한다.
외신정회원, 내신회원, 외교관회원, 명예회원으로 구성되어 있고 총 94
개 언론사에 260여 명이 등록되어 있다. 회원사는 미국 AP통신, CNN,
ABC, CBS, NewYokr Times, NBS News, 일본 Asahi Shinbun, NHK,
Fuji TV, Kyodo News, 영국 Reuters, 중국 CCTV, 프랑스 AFP, Ouest
Fracne, 독일 AFD, ZDF-German TV 등이다.

'세계 리딩 시티'를 향해 뛰어라

  "세계 속 글로벌 명품도시, 국제공헌도시를 만들자." 지방자치단
체도 국제사회의 일원으로서 제 역할을 할 수 있어야 한다. 국제사

회의 일원으로 상호협력하고 공동발전을 위해 노력하는 것이 이제 우리 모두의 중요한 역할이 됐기 때문이다.

1950~1970년대 UN을 비롯한 국제사회의 원조와 협력이 없었다면 오늘의 대한민국과 창원시도 없었을 것이다. 이제 세계 11위의 경제대국으로 성장했고 국민소득 2만 달러가 넘어선 만큼 여기에 맞는 역할을 국제사회에 선보여야 한다. 통합 전 옛 창원시는 시민소득 4만 달러에 근접해 국내에서 가장 살기 좋은 도시로 손꼽혔던 곳이다. 미래사회는 분명 국경의 의미가 사라진 도시국가의 시대가 열리게 될 것이다.

이제는 지방이 스스로 경쟁력을 키우고, 국제사회에 나아가 경쟁하고 도전하여 자립할 수 있는 힘을 키워야 한다. 그리고 국제사회에서 후진도시들을 지원하고 이끌어 주는 세계공헌도시의 역할을 앞장서서 해야 한다.

창원이 이렇게 많은 국제기구에 가입하고 국제사회의 일원으로서 교류활동에 참가하는 것이 어느 정도 효과가 있는 것일까? 나는 아직도 우리사회와 경제, 시민의식은 선진국과 많은 차이가 있다고 본다. 이 차이를 줄여야 한다. 이 같은 격차를 줄이기 위한 창원시는 지난 8년 동안 수많은 정성을 쏟았다. 국제회의를 개최해 창원을 적극적으로 세계에 알렸다. 글로벌 마케팅을 통해 창원시는 새로운 사실을 알게 됐다. 창원을 한 번 방문한 국제기구 임원들은 거의 대부분 창원에 또 한 번 방문한다는 사실이다. 그리고 잘 갖추어진 숙박시설이나 회의전시장을 보고 국제적인 회의와 행사를 창원에서 개최해 줄 것을 제의한다는 사실이다.

국제교육도시연합(IAEC) 총회 때는 창원시내 호텔급 숙박시설이 부족해 인근 부산과 창녕지역 호텔까지 이용해야 했다. 창원시는 이제 외향적 도시마케팅은 어느 정도 기반을 다져가고 있다. 하지만 국제교류를 위한 인프라는 여전히 부족한 상태다. 시민의 글로벌 에티켓, 글로벌 스탠다드에 맞는 도시안내시스템, 외국인이 찾고 먹고 즐길 수 있는 체험공간, 다문화에 대한 대응 등 보완해야 할 부분이 많다.

통합 후 창원시는 '전국 최고'라는 수식어를 뛰어 넘어 '세계 최고'를 지향하고 있다. 바로 '대한민국 리딩 시티에서 세계 리딩 시티로의 도약'이다. 어쩌면 불가능해 보일지도 모르는 꿈을 이루기 위해 110만 시민과 우리직원들은 지금도 열정을 가지고 도전할 것이다.

CHAPTER 10

시민 중심 행정

시민 '눈높이 행정'을 구현하다

"시의 주인은 시민이다. 기본으로 돌아가자." 공무원들에게 수없이 강조한 말이다. 창원시와 공무원의 존재 가치는 시민에게 있다. 시정의 최종 목표는 시민을 행복하게 하는 데 있다. 이 사실이 뒤바뀌면 안 된다. 공무원이 주인 노릇을 하면 모든 행정의 중심에 공무원이 서게 된다. 이래서는 지방자치를 제대로 구현할 수 없다.

나는 시장이 된 이후 4가지의 행정철학을 지켜왔다. 친시민, 친기업, 친환경, 친세계다. 모두 수요자 중심적 관점이라는 공통점이 있다. 이 가운데 '친시민', 즉 시민 중심의 열린행정을 가장 중시하고 있다. 시민 중심의 행정이념은 모든 행정을 하는 데 있어, 시민의 입장에서 생각하고 문제가 있으면 시민에게 물어 답을 찾는다는 사실이다. 이는 시민이 필요로 하는 곳에 행정이 있어야 하고, 시민이 무엇을 생각하는지 항상 먼저 고민해야 한다는 나의 평소 믿음에 따른 것이다.

나는 2004년 취임과 함께 시정의 방향을 공무원 중심에서 시민 중심으로 바꿨다. "시민과 함께 하겠습니다"는 시정구호를 내걸고 시민과의 거리를 좁혀나갔다. 통합 창원시 출범 이후에도 시정구호를 "함께하는 창원, 함께 여는 미래"로 내걸고 시정의 주인은 시민에게 있음을 천명했다. 그리고 구호에만 그치지 않고 실천에 옮겼다.

시장에게 하고 싶은 얘기나 건의사항은 시청 홈페이지에 개설된 '시민의 소리'에 올려줄 것을 당부했다. 출근과 함께 일과의 시작을 '시민의 소리'를 챙기는 것으로 시작한다. 여과되지 않은 시민의 생생한 소리를 접해볼 수 있기 때문이다. 시장이 출근과 동시에 직접 챙기니 해당부서에서도 이를 해결하는데 모든 노력을 다할 수밖에 없다. 시민의 만족도가 높아진 것은 두말할 필요가 없다.

'시민의 소리'에 게재된 민원 건수는 규모가 비슷한 여타 도시와 비교가 되지 않을 정도다. 2011년 8월 한 달 동안 게재된 건수는 인구 규모가 비슷한 수원시(692건), 울산시(401건)보다 많은 913건으로 2배 가까이 높다. 결국 단체장의 관심이 시민참여도를 획기적으로 이끌어 내고 있는 것이다.

조직운영에 있어 나는 열정과 도전정신을 강조했다.

투명하고 깨끗한 조직, 일하는 직원이 우대받는 조직, 권한과 책임이 엄격한 분권화 조직, 팀별로 자율적으로 움직이는 동태적 조직을 만드는데 열정을 기울였다. 국장 소신껏 일할 수 있도록 직원에 대한 인사권과 예산권을 부여했다. '소신 행정'을 하라는 주문이었다. 공단의 특성을 살리고 수요자인 기업 중심의 도시를 만들기 위해 '기업사랑' 마인드를 강조했다. 결국 공무원이 아닌 기업의 관점에서 '기업 프랜들리 정책'이 이어졌고 기업하기 좋은 도시가 만들어지기 시작했다.

이러한 친기업, 친시민, 투명행정, 분권행정은 시민의 신뢰를 이끌어냈다. 끊임없는 지식의 창출과 공유, 시민을 위한 학습프로그램으로 도입한 평생학습 프로그램은 시민의 수준 향상과 행정혁신의 모티브로 이어졌다.

지금은 키오스크시대다. 시민의 눈높이를 맞추지 못하면 행정의 존재가치가 없다. 시민 중심의 사고와 행정실천이 지속가능한 도시를 만드는 첫걸음이다.

키오스크란?

눈길 가는 곳엔 어디에나 있는 간이판매대로 소비자 자신이 원하는 물건을 사는 곳이다. 행정에 대입하면, 선택의 권한이 행정과 공무원에게 있는 것이 아니고 시민에게 있다는 것으로 시민의 요구에 부응하지 못하면 퇴출될 수밖에 없다는 것이다.

시장실, 민원해결 창구가 되다

창원시에는 다른 지자체에서는 보기 어려운 부서가 여럿 있다. 공무원 편의적인 발상에 의해 만들어졌던 공무원 중심의 조직을 시민, 즉 수요자 중심으로 혁신한 것이다. 기업사랑과, 열린시장실, 자전거정책과, 오동동·창동담당, 진해중앙시장담당, 환경수도과 등이 대표적인 사례다.

기업사랑과는 기업 민원을 집중 처리하는 부서로 철저히 기업의 입장에서 민원을 바라보고 처리한다. 자전거정책과, 환경수도과, 오동동·창동담당 등은 관련 업무를 집중해서 추진함으로써 시민들의 요구사항을 보다 효율적으로 처리할 수 있는 장점이 생기게 됐다.

시민 중심으로 재편된 부서업무는 효율성 향상과 함께 단기간에 행정성과를 도출할 수 있었다. 열린시장실도 마찬가지다. 시민 중심 행정을 펴기 위해 도입된 제도다. 시민들의 다양한 의견을 시정에 반영하고 증가하는 직소민원을 효과적으로 대처하기 위해 2007년에 설치한 부서다. 열린시장실은 복도 앞까지 민원인들로 북새통을 이룬다. 하루 평균 10여 건의 민원이 접수되고 있는데 때론 고함도 끊이지 않고 있다.

이렇게 많은 민원인들이 시청을 방문하는 이유는 무엇일까? 이유는 간단하다. 민원인들의 관점에서 모든 업무가 이뤄지기 때문이다. 일반 민원은 민원인이 해당 부서를 돌아다니며 해결해야 하지만 열린시장실 민원은 원스톱 해결이 가능하기 때문이다. 열린시장실에 접수된 민원은 관련 부서 담당자들이 모두 원탁에 모여 입체적으로 민원해결에 매달려 문제해결을 돕는다.

2011년 7월 한 달간 '시장 면담 요구' 민원처리 → 1일 11건

처리상황					면담현황				
총계	해결	장기 처리	불가	단순 민원	시장	부시장	국·소장	과·팀장	열린 시장실
337	145	15	22	155	10	20	102	101	104

2011년 7월 한 달간 '시민의 소리' 민원 처리 → 1일 29건

총계	처리현황			분야별						
	해결	장기 처리	불가	건설/ 교통	환경/ 복지	도시/ 공원	상하 수도	도시 개발	행정·경 제/기획	기타
913	812 (89%)	37 (4%)	64 (7%)	447 (49%)	201 (22%)	101 (11%)	18 (2%)	9 (1%)	27 (3%)	110 (12%)

위에서 보는 바와 같이 시장 면담 요구 민원이 대부분 해결되고 있으며, 온라인의 '시민의 소리' 민원도 80% 이상 해결함으로써 열린시장실이 시민과 소통하는 신문고 역할을 수행하고 있다.

그렇다고 모든 민원을 들어 주는 것은 아니다. 합리성과 합목적

"민원 해결은 지방자치의 기본이고 근본이다. 왜 그런 이야기도 있지 않은가? 행정은 시민들이 모기를 잡아달라고 하면 모기를 잡고, 낮잠 잘 때 매미를 잡아달라고 하면 매미를 잡아야 한다는….."

- 직원 정례조회에서

성을 가장 중요시한다. 나는 평소 직원들에게 "집단민원에 대해서는 가부간 태도를 분명히 하라. 무조건 안 된다고 할 것이 아니라, 가능한 민원인 입장에 서서 긍정적인 자세로 대하라"고 강조한다.

행정을 하는 데 있어서는 법과 원칙을 지키는 게 중요하다. 이런 점에서 나는 "법적으로 안 되는 것은 과감하게 안 된다고 하라. 집단민원은 오래 끌면 결국 시정 불신의 원인이 된다. 집단민원 해결을 위해서는 간부 공무원들의 적극적인 해결 의지와 자세가 필요하다"고 강조한다.

민원인 입장에서 긍정적으로 검토하여 최대한 해결하되 안 되는 것을 가지고 미련을 갖도록 하지 말라는 주문이다. 창원시에는 특별한 위원회가 있다. 시민과 전문가들로 구성된 '민원심판위원회'이다. 집단민원으로 이어지는 대형민원에 대해서는 시민과 전문가가 직접 민원을 해결할 수 있는 소통의 창구를 하나 더 만들어 합리적인 조정과 시민의 입장에서 행정을 처리하기 위한 전략이다.

행정은 시민의 가려운 곳을 긁어주고, 아픈 곳을 보듬어 주며 적극적으로 민원을 해결해 주어야 한다. 통합 창원시가 1년 만에 무난하게 연착륙 할 수 있었던 것도 시민의 입장에 서서 민원을 해결하려는 자세와 의지에서 비롯되었다.

현장행정에서 해법 찾다

"앞으로 창원시의 행정을 추진하는 데 있어 가장 중요한 기조는 참여 행정, 현장행정, 책임행정이다. 의사결정 과정 등 각종 행정절차 과정에 반드시 시민들을 참여시키는 것이 행정의 시행착오를 줄이는 길이므로 다양한 시민이 행정에 참여할 수 있도록 개선하기 바란다.

또한, 간부 공무원들은 현장에 많이 나가야 한다. 현장은 사업현장만을 의미하는 것이 아니고, 직원들이 근무하는 사무실도 현장이 될 수 있다. 공무원들은 시민들과 자주 만나 소통의 폭을 넓히기 바란다."

- 통합 창원시 출범 첫 간부회의에서

이는 통합 창원시 출범 후 첫 간부회의에서 언급한 말이다. 현장을 가보지 않고 보고를 하는 경우 따가운 질책이 돌아오는 것은 당연하다. 통합시 출범 이후, 한 달 동안은 집무실에 거의 들어오지 않고 직접 현장을 둘러보는 것으로 업무를 추진했다. 지역의 굵직굵직한 사업장을 비롯해 서민들의 삶터를 누비며 창원시 발전의 청사진을 그렸다. 새로운 성장동력인 진해·마산만을 확인하고, 해양 중심 도시로 도약시키기 위해 담당 공무원들과 함께 배를 타고 수차례 마산만과 진해만을 돌아봤다.

또, 5개 구청과 62개 읍면동을 밤낮 가리지 않고 순방하며 '시민과의 대화' 시간을 가졌다. 이 자리에서는 "마산과 진해를 창원시와 똑같이 만들어 달라", "오랫동안 풀리지 않던 민원을 당장 해결 해 달라", "우리 지역부터 체육·문화시설을 지어 달라"는 등 다양한 건의 사항과 민원들이 쏟아졌다.

이 같은 청취결과를 토대로 나는 수시로 마산의 2개 구청과 진해구청으로 집무실을 옮겨 직접 시민들의 바람 고충을 듣는 '시민 만남의 날'을 가지고 있다.

시장으로서 이처럼 현장 중심의 시정을 강조하게 된 것은 민선 3기와 4기 창원시장으로 재임하는 동안 "현장에 답이 있다"는 해답을 얻었기 때문이다. 시장이 담당직원이나 간부들보다 현장을 더 깊게 알게 되자, 시청 공무원들의 변화가 시작됐다. 국장급 간부공무원들이 현장을 둘러보느라, 업무시간에 자리를 비우는 시간이 많아졌다. 이로 인해 밀린 결재를 야간에 처리해 하위직 공무원들로부터 볼멘 소리가 들리기도 했다. 하지만 현장과 주민을 중심으로 한 각종 시책들이 앞다퉈 쏟아지며 시정에 변화의 바람이 불기 시작했다.

나는 공무원의 불편보다 시민의 행복이 더욱 가치 있다고 생각한다. 성산구의 경우 현장행정을 강화하기 위해 공무원 12명과 민간인 18명이 참여하는 '시민공감 상상발굴팀'을 구성했다. 주민 불편사항이나 참신한 아이디어를 발굴해 시정에 반영해 나갔다. 마산합포구는 구청 직원들이 현장출장 시 주민 불편사항이나 애로사항을 듣고 정리해, 민원처리의 과정과 결과를 구청장이 직접 통보해주는 '위민노트'제도를 시행했다. 120여 건의 크고 작은 민원을 쉽게 해결했다. 진해구는 원거리 섬 지역 주민들의 건의사항 등을 현장에서 접수해 적극적으로 해소해 주기 위해 현장민원실을 운영하고 있다.

행정은 말이 아닌 행동이다. 말이 아닌 행동으로 솔선수범하는 현장행정에 진정성이 보이자 시정에 적극 협조하는 시민이 늘면서 자연스럽게 행정혁신이 이어지게 됐다.

통합도시 미래, 시민이 밑그림 만들다

창원시는 한때 82개 단지, 2만 5,000여 세대의 노후된 불량 주택의 개선 문제를 해결하지 못해 골치를 앓았다. 입주민과 행정의 기본적인 생각이 달라 갈등이 심했기 때문이다. 시민들은 고층 저밀도의 재건축을 끊임없이 요구한 반면 행정의 입장에서는 도시 전체의 쾌적하고 아름다운 주거환경 조성에 초점을 맞추었기 때문에 상호간 갈등은 쉽게 조정되지 않았다.

시민들은 머리띠를 매고 끊임없이 시청을 방문했다. 시청이 시민을 위한 공간이 아닌 집회의 장소화로 변해버렸다. 공무원들은 업무를 제대로 추진할 수 없었고 시민은 시민대로 행정에 대한 불신과 불만만 쌓이게 됐다.

이를 어떻게 해결할 것인가. 나는 대화가 해법이라고 생각했다. 고민 끝에 재건축조합, 시민단체, 시의회, 아파트 주민대표가 추천한 민간전문가 9명과 공무원이 참여하는 '민관협의체'를 구성했다.

3개월간 난상토론 끝에 결국 건전한 도시발전과 쾌적한 주거환경 조성, 미래를 대비한 도시개발, 도시전체 경관 향상 쪽으로 결론이 모아졌다. 이 결론에 따라 '민관협의회'는 자율적으로 1대1 재건축, 재건축 층수와 용적률 범위를 결정했다. 이처럼 주민 스스로 결정하고 만들어 가는 도시관리 시스템은 앞으로 더욱 큰 힘을 발휘하게 될 것이다.

통합 창원시는 통합 이후 '정서적 통합'이 시급했다. 마산, 진해, 창원이 하나가 되는 법률적·물리적 통합은 이뤄졌지만 3개 지역 구성원 간 '정서적 통합'이 미완 상태였다. 그리고 전문가들은 창원보다 상대적으로 낙후된 마산과 진해의 발전을 앞당겨 균형발전을 이뤄달라고 주문했다.

또한, 통합시의 미래를 열어갈 새로운 비전을 설정하고 발전 전략을 짜는 것이 무엇보다도 중요하다고 입을 모았다. 통합시 출범 후 첫 간부회의에서 나는 마산, 진해, 창원의 지역 간 화합과 균형발전에 만전을 기하라고 주문했다. 각계의 의견을 청위하기 위해 시민단체, 전문가, 공무원 등이 참여하는 화합 및 균형발전협의회, 추진위원회와 같은 자문기구를 구성하라고 주문했다.

'창원시 화합 및 균형발전시민협의회'는 지방자치법 제116조의 2와 국가균형발전특별법 제29조를 근거로 하고 있다. 이 조례를 근거로 시는 협의회 위원 30명(위촉직 24, 당연직 6)을 위촉했다. 이들은 학계, 문화계 등 분야별 배분, 지역별 균등배분, 여성참여

및 전문분야의 경력, 도덕성, 사회기여도 등 기준에 따라 선정됐다.

협의회에서는 시민화합과 균형발전을 위한 정책개발, 각계각층의 여론 수렴, 시민 일체감 조성 등에 관한 사항을 조언해줬다. 통합시 축제의 배분 조정, 3개 지역별로 차이가 나는 통신요금과 수도요금 일원화, 통합 창원시 비전과 지역발전 현안과제 토론회, 통합시 청사 관련 올바른 해결방안 토의 등 다양한 정책제안이 쏟아졌다. 이러한 것들은 지역민의 의견을 수용한 것으로 시정에 그대로 반영되거나 검토되고 있다. 이제는 공무원이 주도적으로 도시 성장을 이끌어 내는 시대는 지났다. 시민이 주체적으로 행정에 참여해 시민 스스로 만드는 도시의 시대가 되어야 할 것이다.

시책은 시민의 머리에서 나온다

"함부로 공직을 맡지 마라." 다산 정약용은 《목민심서》의 맨 앞부분에서 경고했다. "다른 벼슬은 구해도 좋으나 목민의 벼슬은 구하지 마라." 목민관 즉, 지방의 수령은 백성을 직접 다스리므로 만약 잘못된 정책을 펼치게 되면 백성들이 직접 그 폐해를 입게 된다. 그만큼 책임이 막중한 것이다. 목민이라는 벼슬은 책임이 막중하기 때문에 다산은 《목민심서》에서 목민의 벼슬을 함부로 구하지 말라고 경고하고 있다. 오늘날 지방자치단체장은 목민관으로서 시민들을 직접 보살피는 중요한 역할을 한다.

급변하는 시대에 살고 있는 이때, 지방자치단체장이 잘못된 판단으로 그릇된 정책을 펼치면 과거의 백성이 겪었던 고초보다 훨씬 더 큰 피해가 시민들에게 돌아가게 된다. 조직의 리더는 오케스트라의 지휘자와 같다. 많은 기악 연주자들을 하나로 모아 최고의 하모니를 냄으로써 관중들에게 감동을 주듯 지방자치단체장도 이해를 달리하는 주민들의 여망을 하나로 묶어 행정을 펼쳐 나가야 한다. 이 과정에서 공동의 비전을 만들어 가는 것이다.

창원시의 비전을 만들어 내려면 군림하는 행정이 아닌 시민과 머리를 맞대는 행정을 펼쳐야 한다. 그렇다면 시민 중심의 행정을 어떻게 펼치면 좋을까. 간부회의에 민간 전문가나 시민들을 참석시키면 어떨까? 이 같은 고민 끝에 2008년 2월, 시정에 경연(經筵)을 접목한 전국 유일의 '시정경연제'가 탄생했다.

경연(經筵)은 중국 한나라에서 처음 시작되었다. 신하들 중 덕행과 학술이 우수한 사람을 임금이 초빙해 강의를 들었던 데서 비롯됐다. 이 제도는 조선에 와서 더욱 꽃을 피웠다. 학문이 우수한 사람이 모여 함께 공부하고 토론을 통해 새로운 발상을 얻는 제도로 정착하게 됐다.

조선시대 경연을 가장 많이 개최한 왕은 세종대왕으로 알려져 있다. 집현전을 중심으로 재위기간 중 무려 1,928회의 경연을 열었다고 한다. 한글창제, 과학발전, 문치주의 확립 등 조선 초기 태평성대의 치세를 세종은 이 경연에서 찾았는지도 모른다.

찾아가는 시정경연회의(경남대학교 학생들과 함께)

매월 셋째 주 월요일 간부회의 대신에 열리는 시정경연회의는 별도의 자료 없이 참석자들과 함께 시정 전 분야에 대해 격의 없는 대화와 토론 방식으로 진행된다. 회의 과정은 시청 내 방송을 통해 직원에게 공개되는 것은 물론이다. 매달 6~7명의 위원이 선정되는데 각계 전문가는 물론 다양한 계층의 시민들이 참석한다. 각계 전문가를 비롯해 환경단체 대표와 교수, 기업체 대표, 근로자, 주부, 상인, 학생, 농업인, 외국인까지 다양한 계층의 시민들이 총망라됐다.

경연회의는 생각보다 논쟁이 뜨겁다. 잘못한 시정에 대해서는 가차 없이 쓴 소리가 나오고, 행정 현안에 대한 조언은 물론 생각지도 못한 참신한 시정아이디어들이 쏟아졌다. 경연위원들이 제안한 아이디어는 담당부서의 검토를 거쳐 시책반영 여부를 전용 홈페이지에 공개해 시정에 대한 신뢰도를 높여 나갔다. 경연제 실시는 직원들의 마음가짐까지 변화시켰다. 자기 업무 분야에 대한 제안이 나오면 법에 저촉되지 않는 한 시책으로 반영하기 위해 최선을 다한다. 시민들의 참여와 질책의 목소리가 높았기 때문이다.

경연제 실시는 지역발전을 위한 창의적인 정책발굴의 채널이 됐다. 특히 시청이 시민과 격의 없는 대화를 통해 행정과 시민이 서로 신뢰를 쌓아간다는 데서 더 큰 의미를 찾을 수 있다. 시정경연제가 앞으로 창원시의 새로운 정책수립 모델로 자리 잡고 명품시책을 만드는 창구가 되길 기대한다.

'보여주기 행정'을 제거하다

급변하는 대내외적 환경의 변화에 따라 행정 내부에도 많은 변화가 일고 있다. 하지만 행정 관료사회에서 바뀌지 않는 것이 하나 있다. 1970~1980년대 군대식 행정으로써 격식과 형식을 중요시하는 행사나 회의 진행방법이다. 대부분의 '식'의 경우 지방단위 행사 참석자는 매번 그 사람이 그 사람이다. 내용과 절차도 크게 다르지 않다. 내용과 절차에 있어서도 천편일률적으로 내빈소개, 식사(式辭), 격려사 등의 순이다. 연설내용도 그 내용이고, 연설을 하는 사람이나 듣는 사람도 변함이 없다. 그야말로 흥미 없고 시간 낭비적인 요인이 많다.

필요한 사람만 참석하여 할 일만 제대로 하면 된다. 사람이 많이 참석해야 성공하는 행사는 아니다. 공직사회에서 또 한 가지 고쳐지지 않는 것이 있다. 그것은 상사에게 뭔가를 보여주기 위해 끊임없이 서류를 만들어 시장에게 대면보고를 하는 '보여주기 행정'이다. 전결규정을 시행하고 있으나 여전히 시장과 부시장의 결재라인이 줄어들지 않아 일의 추진이 늦어지는 원인이 됐다. 기존에는 방침계획, 기본계획, 세부실행계획, 성과보고 등 하나의 일을 추진하는데 있어 시장에게 4~5번의 결재서류를 만들어 승인을 얻어야 했다.

이러한 절차 때문에 업무추진이 늦어지고 일심주의가 만연하는 부작용이 이어졌다. 일심주의란 그 조직의 모든 의사결정이 오직 조직의 장 한 사람에 의해 결정되고 구성원들은 자기의 소신과 의사에 관계없이 무조건 그 결정에 따르는 권위주의적 폐단을 일컫는다. 일심주의에 빠진 조직은 구성원의 자율성과 창의성을 저해하고 경쟁력 없는 수동적인 조직이 될 수밖에 없다. 나는 일심주의를 없애기 위해 계획의 구상단계는 국·소장 또는 부시장이 결재를 하게 했다. 대신 세부실행 추진 단계에 대해서는 시장이 면밀하게 챙겼다. 이는 공무원 개개인에게 부여된 권한으로 책임을 다하고 업무를 소신 있게 추진할 수 있도록 하기 위해서였다.

이렇게 해서 나는 직원들의 창의성을 더 높이면서 동시에 역량을 배가시킬 수 있었다. 실행단계에서 시장과 호흡을 맞춤으로써 시책추진의 추동력을 발휘 할 수 있게 했다. 역사적으로 훌륭한 리더십을 갖춘 인물로 나폴레옹을 꼽는다. 나폴레옹은 부하들에게 자신의 지휘봉을 주고 그것을 늘 넣고 다니게 했다. 또한 지휘관의 역할을 평상시에도 훈련하게 했다. 부하라고 해서 늘 부하로 머무는 것은 아니기에 지휘관의 관점에서 시야를 넓힐 수 있도록 한 것이다. 권한을 위임해 직원들이 책임감을 가지고 일을 하도록 하는 것은 가까운 미래를 위한 투자다.

일상의 작은 변화가 창조의 시작

사람이 살아가고 행동하는데 있어 가장 중요한 것 가운데 하나가 정확한 목적의식을 갖는 것이다. 정부와 국회의원은 국민의 뜻을 따라야 하고, 시장군수는 지역 주민의 뜻을 따라야 한다. 행동 객체의 뜻을 제대로 이해하고 행동한다면 문제나 갈등이 생기지 않는다. 5급 이상 간부 220명을 모아놓고 이야기를 한 적이 있었다. 제일 먼저 이야기했던 것이 '시민의 편에 서서 일을 하라. 시장을 위해 일하지 말라'는 것이었다.

아직도 우리 공무원들은 어떤 행사를 할 때 시장이 도착하지 않으면 행사를 진행하지 않고 기다리는 경우가 있다. 조금 늦을 것 같아서 출발하면서 시간이 되면 행사를 진행하라고 했는데도 시장이

올 때까지 기다리는 것이다. 모든 행사의 주체는 시민이고, 관계인들이다. 행사에 참여하는 기관장들이 아니다. 오랫동안 모든 행사에서 주객이 바뀐 형태의 대표적인 것이 좌석배열이다. 행사의 주인인 일반 관중석은 밀려나고, 축하객이 주인석에 앉는다. 그것도 내가 먼저, 내가 앞자리 하면서 자리다툼을 하기도 한다.

연단에 세우는 순서를 놓고 다툼이 벌어지기도 한다. 순서가 바뀌거나 서야 할 사람을 세우지 않으면 의전이 엉망이라는 뒷말이 나오게 된다. 무더운 날이나 추위가 매서운 날 소위 높으신 분 '말씀' 한 번 듣기 위해 연세 많은 분들도 땡볕에 서 있거나 추위에 떨어야 하는 것은 이제는 개선되어야 할 관행이다. 시장을 위하는 것이 아닌 시장을 욕먹게 하는 대표적인 나쁜 관행이다.

2004년 6월 시장이 된 이후 첫 간부회의가 열렸다. 시장석이 상석에 별도로 마련돼 있고, 그 앞으로 간부들이 앉아서 보고하는 형태였다. 나는 좌석배열을 다시 하라고 지시했다. 간부들과 나란히 앉아 마주 보면서 토론하는 형태의 자리배열을 주문했다. 현재 창원시의 모든 행사와 회의는 '라운드테이블' 형식으로 바뀌었다. 수직적 서열 대신에 수평적 대화를 선택했기 때문이다.

시민에게 감사한 마음을 전하기 위해서 시상식을 하는 경우가 많다. 그런데 대부분의 시상식은 수상자를 높은 연단에 불러서 일일이 전수한다. 때로는 몸이 불편한 노인이나 장애인이 연단이나 앞자리로 나오는 경우가 있다. 영상시스템이 부족했던 옛날에야

축하객들에게 잘 보이게 하기 위해 높은 연단에서 상을 전수했지만 이제는 바꿔야 한다. 상을 받는 자는 그 자리 앉아 있고 상을 주는 사람이 직접 가서 주면 된다. 한 사람만 조금 불편하면 된다는 것이다. 고착화되어 불편을 주는 관행을 혁파하는 것이 새로운 창조의 시작이라 생각한다.

공무원 스스로 변화를 일으키다

"창원시에 마산과 진해가 흡수·통합됐다.", "우리가 대한민국 행정체제개편의 마루타가 될 수 있다." 통합 이후 갈등과 불만은 시민들 사이에서만 있었던 것은 아니다. 내부 직원들 사이에서도 통합으로 인한 업무가중과 신분상 변화, 승진기회 감소, 장거리 출·퇴근, 생경한 근무환경 등 스트레스가 여간 아니었다. 옛 창원지역 출신은 창원 출신대로, 마산은 마산대로, 진해는 진해대로 불만이 일며, 출신 지역별로 보이지 않는 벽이 쌓여갔다.

통합시정을 이끌면서 외부 갈등을 봉합하기도 바쁜 마당에 내부의 불만과 갈등은 조직의 근간을 무너뜨릴 수 있는 심히 우려되는 상황이었다. 이를 해소하기 위하여 담당부서에서 직원체육대회와 부서별 MT 등 내부결속력을 높일 수 있는 다양한 방안을 마련했으나 미봉책에 불과했다. 그러나 뜻하지 않은 일로 직원들이 화합할 수 있는 계기가 만들어졌다. 바로 '창원시 공무원 합창대회'였다. 모 방송 프로그램을 통해 전 국민을 감동시켰던 합창대회 모습을 착안해서 추진한 것이다.

합창대회가 처음부터 직원들에게 호응을 얻은 것은 아니었다. 계획이 발표되자 격무에 시달려온 직원들의 불만이 이만저만 아니었다. 담당부서에서 직원들의 불만을 이유로 합창대회 취소 보고서를 들고 시장실에 들어왔다. 나는 이 순간이 어렵다고 아무것도 하지 않는다면 더 큰 난관이 찾아올 수 있다며 담당부서를 격려하며 다독거렸다.

결과는 대성공이었다. 역시 음악의 힘은 남달랐다. 직원들의 마음을 하나로 모으는 획기적인 계기가 되었다. 합창단으로 선발된 직원은 3개월간의 대회준비 기간 동안 주말 휴일을 반납해 가며 하모니를 만들어 나갔다. 그 과정에서 서로를 이해하게 되었고, 대회 당일 무대를 바라본 직원들은 그들의 열정과 하모니에 감동의 기쁨을 함께 나누며, 비로소 마음의 벽을 허물고 화합해 나가는 시작이 되었다.

불평이 쏟아지던 그때 '합창대회'를 취소했다면 지금쯤 어떻게 되었을까? 내부적으로 반목하고 갈등하는 골은 더욱 깊어졌을 것이다. 항상 시작은 어렵고 힘들기 마련이다. 옳다고 판단했다면 확고한 신념으로의 강력히 추진하는 의지가 필요하다.

시민공감형 서비스를 제공하다

현장이나 행사를 나가보면 단독주택지에 거주하는 주민들의 도
시가스 공급 요구가 많았다. 시민의 요구가 있으면 행정은 그 부분
에 관심을 가져야 하고, 필요하면 예산을 확보해서 적극 추진해야
한다.

창원시 도시가스 보급률은 전체 40만 세대 중에서 28만 5,000세
대로 72%에 달한다. 공동주택의 경우 전체 21만 4,000세대 중 20
만 3,000세대에 보급되어 95%에 달하지만, 단독주택의 경우 18만
6,000세대 중 9만 세대만이 공급되어 48%에 불과하다.

단독주택지에 도시가스 공급률이 낮은 이유는 수익성이 낮아 우
선순위에서 밀렸고 경남에너지 자체계획에 의해 공급지역을 선정
했기 때문이다. 지금까지 도시가스 공급은 경남에너지 자체사업비
200억 원으로 매년 1만 세대에 그쳤다. 이에 따라 창원시는 경제
성 미달구역 단독주택지에 도시가스공급사업 보조금을 지원하기
로 했다. 시 지원 10억 원과 경남에너지 40억 원으로 매년 2,000세
대를 추가적으로 공급하게 된다. 단독주택 도시가스 보조금조례에
따라 민간수요자가 도시가스배관설치비 일부를 부담할 경우 시가
같은 액수만큼의 보조금을 지원하는데 가구당 최고 150만 원이다.

지금까지 도시가스 공급관과 거리가 먼 단독주택이 도시가스 공
급을 신청할 경우에는 시설설비부담금은 공급회사인 경남에너지

와 수요자가 각각 나눠 부담했는데 시가 지원하게 됨으로써 도시가스 소외지역에 대한 공급확대의 길이 열린 것이다. 2012년 처음 시행한 경제성 미달구역 단독주택 도시가스 공급신청을 마감한 결과 당초계획 1,300가구를 훨씬 초과한 9,638가구가 신청을 했다.

시민의 계속된 요구가 있기 때문에 창원시는 2020년까지 매년 20~30억 원의 도시가스 보급 보조금을 확보하여 추가적으로 공급한다. 현재 72% 수준인 도시가스 보급률을 2014년까지 85% 이상으로 끌어올리고, 48%인 단독주택의 도시가스 보급률은 2014년 70%까지 높인다. 2020년까지 공동주택과 단독주택 도시가스 공급률을 100%까지 끌어올릴 계획이다.

PART 4

글로벌
명품도시의 꿈

CHAPTER 1

한국형 실리콘밸리를 만들다

창원국가산업단지의 경쟁력은 어느 정도일까.

2010년 기준 생산액은 49조 5,286억 원, 수출 188억 7,000만 달러, 고용 8만 2,596명이다. 2020년 생산액 130조 원, 수출 470억 달러, 고용 12만 명, 입주기업 3,100개에 달할 전망이다. 이렇게 되면 세계 최고 기계산업 클러스터로 그 위용을 갖추게 된다.

2020년 실리콘밸리로의 변신을 위해 창원시는 창원공단을 풍력·원전설비, 산업용 로봇, 모터산업 중심으로 대변신을 서두르고 있다. 현재는 기계, 운송장비, 전기전자 등 3대 주력산업이 기업체 수의 80% 이상을 차지하고 있다.

창원국가산업단지는 지난 40년간 대한민국 최대 기계산업단지의 메카로 성장해왔다. 1997년 외환위기와 2008년 세계경제위기 때도 국가경제를 이끌며 위기를 극복해내는 첨병역할을 해왔다.

최근 들어 산업용지 공급부족, 기계·전자·운송장비 등 제조업 중심의 산업구조, 기술집약적 연구시설 부족 등으로 새로운 변신을 요구받고 있다. 대기업에 대한 기술개발 의존도가 높고 부품·소재를 공급하는 협력업체 간 연계 개발이 미흡한 실정이었다.

게다가 공단지역 땅값이 올라 일부 중견기업들이 보다 더 좋은 환경을 찾아 공장 이전을 검토하는 등 위기감마저 고조되는 상황이었다. 이로 인해 연구·기능인력 확보난, 우량기업의 이탈 우려, 연구개발 지원시스템의 연계 미흡 등으로 공단의 위상이 흔들리고 있었다. 한 예로 자동차 핵심부품, 공작기계 등을 생산하는 현대위아는 생산량을 늘리기 위해 창원에 대규모 투자 계획을 세웠지만 공장부지를 확보할 수 없어 한때 다른 지역으로 공장이전을 검토하기도 했다.

창원의 미래 먹거리와 지속가능한 일자리를 창출하기 위해 창원공단을 정밀하게 진단해보기로 했다. 이를 위해 창원지역 경제 관련 단체와 연구소, 기업체, 대학 등이 참여하는 '창원공단 정밀 재진단 추진협의회'를 구성했다. 여기에서 창원공단의 산업구조와 입지, 기업환경 등을 종합적으로 분석해 문제점을 도출해 냈다. 이를 통해 신산업정책과 고도화에 대한 비전을 찾아냈다.

지식기반 첨단기계산업, 수송기계 소재부품산업, 차세대 그린에너지산업을 차세대 4대 선도전략사업으로 선정해 10년간 1조 원의 재원을 투입하는 창원전략사업 육성계획을 확정했다.

1단계로 2017년까지 지식기반 첨단기계분야 5개 사업에 4,124억 원, 수송기계 소재부품 분야 3개 사업에 950억 원, 차세대 그린에너지 분야 5개 사업에 800억 원 등 총 5,874억 원의 투자계획을 발표했다. 창원시는 이에 대한 실행력을 강화하기 위해 지식경제부가 주관하는 공모사업에 이를 포함시켰다.

선도전략산업을 뒷받침할 입주기업 지원 강화, 단지 기반시설 정비, 문화복지시설 확충, 인력양성 및 R&D 역량강화도 병행해서 추진된다.

입주기업을 지원하기 위해 업종전환 지원, 창업보육 및 기업유치, 기업지원지식서비스, 산학연 네트워크운영, 대중소기업 협력강화 등 세부시책도 이어진다. 창원산단전시장 활용, 벤처밸리 조성 등의 계획도 추진된다.

창원공단 고도화 투자계획

사업명			사업비(억 원)				
			계	국비	도비	시비	민자
합계			5,874	2,317	683.5	683.5	2,190
지식기반 첨단기계 산업		계	4,124	1,442	481	481	1,720
	명품금형 산업육성	소계	2,090	450	110	110	1,420
		금형집적화단지조성사업	1,640	200	60	60	1,320
		명품금형 디자인 선진화사업	200	100	25	25	50
		금형기술 혁신사업	150	75	12.5	12.5	50
		금형종합 지원사업	100	75	12.5	12.5	-
	첨단공작 기계부품 소재산업 육성	소계	300	150	62.5	62.5	25
		첨단공작기계부품소재산업	250	125	50	50	25
		첨단공작기계기술인력양성사업	50	25	12.5	12.5	-
	첨단생산 지원 스마트 로봇산업	소계	750	350	125	125	150
		첨단생산지원로봇산업 클러스터조성사업	250	125	50	50	25
		산업용스마트로봇기술개발사업	250	125	50	50	25
		첨단생산지원로봇융합 산업인력양성사업	250	100	25	25	100

사업명			사업비(억 원)				
			계	국비	도비	시비	민자
지식기반 첨단기계 산업	디자인 연구센터	소계	400	200	50	50	100
		공학해석·설계센터	300	150	25	25	100
		산업·조형·환경디자인연구센터	100	50	25	25	-
	IT융복합 기계기술 연구원 설립	소계	584	292	133.5	133.5	25
		IT융합금형기술종합지원센터	184	92	46	46	-
		첨단공작기계부품소재연구센터	150	75	25	25	25
		국제인증공작기계성능·신뢰성 평가및공용장비 활용지원센터	150	75	37.5	37.5	-
		IT융복합기계로봇기술지원센터	100	50	25	25	-
융합수송 기계부품 산업		계	950	475	115	115	245
		전기자동차핵심부품육성센터	150	75	15	15	45
		수송기기용부품 및 소재산업	400	200	50	50	100
		전기추진시스템 기술개발	400	200	50	50	100
차세대 그린(전기) 에너지 산업		계	800	400	87.5	87.5	225
		스마트-그리드기술 및 실증단지 구축	150	75	30	30	15
		하이브리드-그린 홈기술	200	100	15	15	70
		수소스테이션 및 수소플랜트기술개발	200	100	15	15	70
		수용가연계형에너지저장시스템실증	200	100	15	15	70
		차세대그린에너지인력양성사업	50	25	12.5	12.5	-

이 같은 조치는 중견 우량기업의 이탈을 막기 위한 것이다. 중견 우량기업이 이탈할 경우 중소기업의 동반 이전으로 지역경제에 악영향을 미치게 된다. 이를 막기 위해 창원시는 연구소, 대학 등과 연계해 기술기발이 이뤄질 수 있도록 중소기업 지원시스템을 마련했다.

창원대로를 중심으로 한 'R&D벨트'도 창원시의 자랑이다.

한국기계연구원 재료기술연구소, 한국전기연구원, 국방기술품질원 창원센터 등 국책연구기관과 500여 개의 기업부설연구소가 연구개발의 메카 역할을 하고 있다. 경남테크노파크, 경남발전연구원, 그리고 창원대학교 공작기계기술연구센터를 비롯한 35개의 대학 연구소 등이 창원국가산업단지와 10㎞ 이내의 근접 거리에 위치하고 있다. 이렇게 구축된 R&D벨트는 산·학·연의 유기적인 연구, 기술개발, 협업을 가능하도록 해주고 있다.

특히 창원공단이 교과부가 추진하는 과학연구단지로 선정됨에 따라 공단 안에는 과학연구복합파크가 세워지고 있다. 이곳에는 중소·벤처기업 부설연구소 집적화를 위한 산학연 R&D센터, 녹색성장센터, 국제과학영재센터가 들어선다. 창원시는 창원과학기술원 설립, 창원 연구개발 특구 지정 등을 추진해 창원을 지속가능한 창원으로 도약시켜나갈 것이다.

CHAPTER 2

21세기형 해양도시를 꿈꾸다

21세기는 해양의 시대다. 해양(바다) 자원을 활용해 도시와 국가 경쟁력을 키워내야 한다.

세계의 유명한 도시들을 보면 바다를 끼고 발전했다. 미국의 뉴욕과 로스앤젤레스, 일본의 도쿄, 중국의 상하이, 홍콩, 브라질의 리우데자네이루, 네덜란드의 로테르담, 이탈리아의 나폴리 등이 바다를 끼고 발전한 대표적인 도시들이다. 역사적으로 바다는 물자와 사람의 운송을 맡아 국가와 도시발전을 이끌었다.

경남은 2,000㎞에 달하는 남해안의 아름다운 해안선과 많은 섬, 훌륭한 자연유산을 가지고 있다. 이제 지역을 도약시키려면 해양을 활용하는 지혜를 발휘해야 한다. 따라서 통합 창원시의 핵심 도시발전 콘셉트 중 하나를 해양문화도시로 설정했다.

해양문화도시란 바다를 활용한 해양스포츠, 문화, 산업의 연계성을 확보함으로써 통합 창원시 발전의 시너지를 증폭시키기 위한 전략이다. 따라서 창원·마산·진해의 3개 지역을 연결하는 도시 인프라인 '해안선'을 적극 개발할 계획이다. 국립해양조사원에 따르면 통합창원시의 해안선 길이는 321.14㎞(마산 173.76㎞, 진해 127.15㎞, 창원 20.23㎞)로 우리나라 해안선을 끼고 있는 인구 100

만 이상 해안대도시인 인천, 부산에 이어 3위에 해당한다.

창원시는 해안선을 적극 활용해 동북아 해양문화 중심도시로의 도약을 추진할 계획이다.

이미 신항은 세계적인 컨테이너 허브항으로 건설·운영되고 있다. 마산항은 명품 해양도시로의 재탄생을 서두르고 있다. 마산구항은 시민친수공간으로 다시 태어나게 된다. 해안선은 친환경공간으로 변하게 된다. 마산만워터프런트, 웅동복합관광레저단지·명동마리나, 해양쏠라파크 등 해안가가 시민휴식공간으로 조성된다.

이렇게 되면 시민들은 마리나, 수상스키, 요트 등 다양한 해양레포츠를 즐길 수 있게 된다. 특히 321.14㎞의 해안선을 따라 조성될 자전거도로, 데크로드, 산책로 등에서 레저활동을 할 수 있다. 바다를 배경으로 하고 있는 무학산, 팔용산, 천주산, 정병산, 대암산, 장복산을 잇는 숲속 워킹로드도 시민들이 즐겨 찾는 생활공간으로 다시 태어나게 된다.

창원시는 또한 다양한 문화시설들을 테마화해 해양과 문화가 함께하는 다양한 해양문화공간을 연출해 낼 계획이다. 마산만을 바라보고 있는 문신미술관, 진해만에 인접해 있는 김달진문학관을 비롯해 이원수문학관, 김종영 생가 등 근·현대 예술문화, 이순신리더십센터와 최윤덕 장상, 민주주의 성지인 315기념관 등이 시민들이 즐겨 찾는 장소로 변하게 된다. 우리나라에 최초로 상륙한 서양인 세스페데스 신부 입국 기념비가 있는 웅천, 국제적인 생태보고

인 주남저수지(습지) 등은 창원시를 대표하는 문화관광인프라가 될 전망이다.

창원시는 산업적으로 해양물류산업의 중심지가 될 준비를 서두르고 있다. 앞으로 들어설 창원 KAIST를 해양과학 연구의 중심지로 만들고 해양물류산업을 집중적으로 연구할 종합대학 제2캠퍼스를 유치할 계획이다. 또한 신항과 경제자유구역 배후에 해양관련 산업전문단지를 조성해 해양물류관광산업의 발전을 촉진시킬 방침이다.

해양문화도시를 향한 밑그림은 '남해안 관광 활성화 사업'으로 더욱 구체화되고 있다. 경상남도, 부산시, 전라남도가 남해안을 대한민국의 대표 관광명소이자 세계적인 관광벨트로 본격 추진하기로 했다.

남해안 개발 사업은 남해안의 풍부한 자연과 생태, 역사문화유산을 관광자원으로 상호 연계해 5개 테마, 35개 프로그램을 가진 관광콘텐츠를 개발하는 사업이다. 창원시에서 추진 중인 해양문화도시 콘셉트와 일맥상통하고 있다. 남해안 해안선은 2,000여 명이 참가한 제4차 동아시아 해양회의에서도 호평을 받았다. 참석자들은 진해만의 아름다운 해안선에 찬사를 보냈다.

나는 창원과 남해를 연결하는 해안벨트가 동아시를 대표하는 관광벨트로 부상할 잠재력을 갖고 있다고 본다. 이에 대한 지속적인 투자가 뒤따라야 할 것이다.

CHAPTER 3

마산권의 르네상스를 꿈꾸다

마산자유무역이 부활을 꿈꾸고 있다.

1970년 조성된 마산자유무역지역은 국내 첫 수출자유지역으로 1970~1980년대 최고 전성기를 누렸다. 하지만 주력산업이 바뀌게 되면서 매출 부진으로 입주기업이 속속 이탈하기 시작했다. 추가 투자가 중단되면서 시설 노후화로 자유무역지대는 쇠퇴하게 됐고 마산지역 도시 발전도 정체될 수밖에 없었다. 이로 인해 1973년 115개에 달했던 입주기업은 115개로 정점을 기록한 후 1980년 88개, 1992년 68개로 급감했다.

창원시는 이에 따라 마산자유무역지역 부활을 위한 시동을 걸었다. IT·녹색융합 관련 기업을 집중 유치하기로 하고, 산업 인프라스트럭처 구축에 들어갔다. 우선 40년 전에 지어진 9개 표준공장들을 현대식으로 재건축한다. 32년 전에 만들어진 기숙사는 원룸형 현대식 건물로 리모델링한다. 기숙사 인근 운동장에는 인조잔디와 배구장, 농구장 등 체육시설을 대폭 확충한다. 이와 함께 국제비즈니스센터와 R&D센터도 유치한다.

이 같은 계획이 추진되면서 마산자유무역지역에는 2011년 하반기 일신기업㈜, ㈜유진메카닉스, ㈜FIHTK, ㈜부용 등 4개사가 잇따라 입주했다. 입주기업 수도 36년만에 세 자릿수로 늘어났다. 표준공장이 완공되는 2014년 입주업체는 50% 증가한 150개사로 늘어나고 고용도 8,000명에서 두 배 가까이 늘어 1만 5,000명에 이를 전망이다.

옛 마산시에서 추진했지만 이주비, 생계비 문제로 교착 상태에 빠졌던 수정일반산업단지 건설도 새로운 해법을 찾아가고 있다. 시행사인 STX중공업, 주민, 기업, 창원시가 모두 윈윈할 수 있는 돌파구를 마련해야만 했다.

기존의 마산자유무역지역 고도화 사업추진만으로는 마산지역 산업을 집적하는데 규모면에서 한계가 있다고 판단해 제2자유무역지역을 조성하는 아이디어를 냈다. 공장부지를 확장함으로써 수정일반산업단지 개발을 둘러싼 주민갈등을 동시에 해결할 수 있도록 한 것이다.

주민 모두가 만족하는 대안 제시로 지역주민들의 갈등은 봉합되게 됐다. 마산지역의 미래산업 발전에도 획기적인 전기가 될 것으로 예상된다.

창원시는 주민, 사업시행자와 합의하여 현재보다 2배 이상 넓은 66만㎡ 규모의 제2자유무역지역을 조성하는 계획을 수립해 후속 작업을 추진하고 있다. 정부의 예비타당성 조사를 거쳐 2014년에 지식경제부에 자유무역지역 지정을 신청할 계획이다.

나는 어떤 민원이든 해결을 위한 해법은 있다고 생각한다. 새로운 관점에서 모두가 윈윈할 수 있는 대안을 찾아내는 게 중요하다.

CHAPTER 4

'로봇산업 1번지'를 만든다

로봇이 미래 성장산업으로 부상할 전망이다. 이 같은 전망에 따라 2007년 11월 마산에 로봇랜드를 조성하기로 했다. 미국의 케네디우주센터와 같은 로봇 테마파크를 조성해 첨단산업에 대한 이해를 높이고 로봇산업의 초기시장을 정부차원에서 선도하기 위한 전략이었다.

창원시는 2011년 12월 1일 마산로봇랜드 기공식을 가졌다. 2016년까지 125만여㎡에 국비와 지방비, 민자 등 총 7,000억 원을 투입, R&D센터, 로봇산업 진흥시설, 테마파크 등 관광휴양시설을 건립할 계획이다. 로봇랜드가 완료되면 국제적인 로봇문화산업의 중심지로서 확고한 위상을 다질 수 있다.

산업사회에서 정보화사회를 거쳐 지식기반사회로의 발전함에 따라 로봇이 '전통적 로봇'에서 인간 친화적인 '지능형 로봇'으로 진화함으로서 노동력을 대체해 가고 있다. 20세기 후반 공장자동화를 위해 제조업 현장에 투입되기 시작한 로봇은 현재 제조용 로봇의 수요가 주류를 형성하고 있다. 사회구조 변화와 생활패턴 변화에 따라 개인용 로봇에 대한 수요가 증가하고 있는 상태다.

세계 로봇시장은 2013년 300억~500억 달러 규모를 형성할 것으로 추정되고 있다. 본격적인 시장성장 단계에 진입한 이후 2018년에는 1,000억 달러 시장이 형성될 전망이다. 초기시장 성장단계에 진입한 제조용 로봇산업은 연평균 12% 수준의 꾸준한 성장이 기대된다.

국내 로봇산업 시장은 2008년 약 9,033억 원 규모의 세계 5위 수준으로 성장할 것으로 보인다. 국내 로봇전문 기업체는 약 190여 개로 대부분이 중소기업 위주며 매출액이 50억 미만인 업체가 전체의 약 86%에 달한다. 현재 국내 대기업들은 지능형 로봇산업 가운데 서비스용 로봇 개발을 집중적으로 추진하고 있다. 주로 중소기업이 개인용 로봇시장에서 전문서비스용 로봇을 개발하고 있다.

세계 로봇시장의 경우 일본, 미국, EU에서도 가시적인 성과가 미약하다. 따라서 미래 성장산업으로 로봇산업을 집중 육성한다면 글로벌 로봇시장을 주도할 수 있는 기회를 잡을 수 있다. 이를 위해 로봇시장 선점을 위한 R&D 방향 설정, 국제 공동연구, 공동 마케팅 등의 노력이 필요하다.

창원은 다른 지역과 비교할 때 로봇 관련 기반시설을 갖추고 있어 성장가능성이 높은 지역이다. 그러나 로봇산업을 총괄할 수 있는 로봇산업에 대한 선택과 집중이 부족한 실정이다. 특히 로봇산업은 산업구조상 전후방산업을 총체적으로 육성하는 결과를 낳는 상부에 위치하기 때문에 산업적, 사회적, 지역 경제적 파급효과가 크다. 따라서 창원의 로봇산업을 활성화하려면 로봇산업 육성에 대한 로드맵을 도출해야 한다.

로봇산업이 유망산업으로 떠오르고 있는 가운데 '마산로봇랜드'를 설립하기로 한 것은 한국 로봇산업 발전을 위해 큰 기여를 할 것으로 보인다. 로봇랜드는 창원국가산업단지와 마산자유무역지역의 산업 간 세대교체, 첨단 고부가가치산업으로 업종전환을 유도할 수 있는 좋은 기회가 될 것이다.

창원시는 로봇산업이 지역경제를 활성화하고 국가 균형발전의 중심축으로 성장할 수 있도록 범시민 차원의 관심을 끌어낼 수 있도록 할 방침이다. 창원시가 '대한민국 로봇 1번지'가 되는 것은 미래가 아닌 현실이 될 것이다.

CHAPTER 5

생태교통의 메카로 태어난다

프라이부르크, 창원의 모델이 되다

프라이부르크(Frieburg)는 독일의 도시로 일반 여행코스로는 잘 알려져 있지 않은 곳이다. 하지만 세계를 대표하는 '세계 환경수도'로 잘 알려졌다.

이곳이 어떻게 '세계 환경수도'의 명성을 갖게 됐을까.

프라이부르크는 1970년대만 해도 극심한 차량혼잡과 산업화 후유증으로 몸살을 앓던 곳이다. 아마 1990년~2000년대 초반 창원의 현실과 유사했을 것이다.

하지만 1970년대 초 원전 반대운동과 자전거교통망 플랜 수립, 그리고 시 중심가 승용차 진입규제 방침이 확정되면서 도시의 모습이 바뀌기 시작했다. 현재 프라이부르크는 자동차보다 자전거가 편리한 보행자 천국으로 바뀌었다. 환경을 위해 불편을 감수하는 시민들로 인해 교통에서 자전거가 차지하는 비율이 30%를 넘어서는 세계 최고의 생태교통도시로 발전했다.

내가 처음 프라이부르크와 인연을 맺은 것은 2006년 11월 4일이다. 창원시장으로 재선된 지 얼마 지나지 않아 나는 전국 최초로 창원시를 '환경수도'로 선포했다. 전 시민이 참여할 수 있는 '인간과 자연이 공존하는 생태도시 창원'의 비전을 시민들에게 공개했다.

이후 머릿속에 맴돌던 환경수도를 향한 창원의 비전을 구체화하기 위해 프라이부르크를 방문했다. 10일간의 일정으로 방문한 유럽의 환경 선진도시는 말 그대로 '친환경' 그 자체였다.

옛 창원의 절반 정도밖에 되지 않는 중소도시 프라이부르크가 보여주고 들려주는 모든 것들은 신선한 충격이었다. 시내 중심가 도로를 빼곡히 메운 자전거의 물결과 전기로 움직이는 트램은 '세계환경수도'임을 웅비하고 있었다.

특히 '비히레'라는 돌로 만든 길 옆의 작은 실개천이 도시의 온도와 습도를 조절하도록 만든 친환경마인드에 놀라지 않을 수 없었다. 상상하던 창원의 미래모습을 여기에서 찾을 수 있었다. 내가 지향해야 할 실체적인 목표를 본 것이었다.

목표를 본 뒤 나는 '환경수도'를 향한 새로운 전략들을 하나 둘 구체화했다. 가장 먼저 녹색교통수단에 대한 정책을 실행하기로 했다. 탄소를 배출하지 않는 천연가스 버스 도입, 자전거 생활화하기, 도시철도 건설 등의 아이디어를 냈다. 더 많은 공원 만들기, 나무심기, 자연형 하천 만들기 등 친환경 도시건설을 실행에 옮기기로 했다.

나는 추진해야 할 정책이 있다면 시장이 직접 전 세계를 다니며 배워야 한다고 생각한다. 지금 창원의 모습은 2006년 프라이부르크에서 본 것들을 창원시에 적용한 것이다. 창원시가 세계가 주목하는 환경모범도시로 도약한 것은 본받아야 할 모델이 있었기 때문에 가능했고 내가 직접 친환경도시를 체험했기 때문에 가능했다. 그리고 '환경수도' 건설을 목표로 창원시를 생태도시로 리모델링한 결과 창원이 세계생태교통연맹총회의 초대 의장도시로 추대될 수 있었다.

생태교통연맹, 세계 최초로 결성하다

지구가 갈수록 뜨거워지고 있다. 기상이변이 속출하고 빙하가 녹고 있다. 어떻게 하면 지구온난화 현상을 차단할 수 있을까.

방법은 딱 하나다. 탄소배출을 줄이는 것이며 탄소배출 차량의 사용을 절제하는 것이다. 창원시는 탄소배출을 줄이기 위해 녹색교통을 구현하기로 했다.

이 같은 고민을 하고 있던 창원시에 콘라드 오토 짐머만 지방자치세계환경협의회(ICLEI)의 사무총장은 세계 자전거축전 개최를 제안했다. 나는 이 축전을 개최하는 것이 자전거도시를 만드는 기폭제가 될 것으로 생각했다. 시에서 추진하는 환경정책에 대한 이해도를 높이고 공영자전거 누비자 이용을 활성화하는 한편 대기순환문제에 대한 해결방안을 모색할 수 있는 장이 될 수 있을 것으로 생각했다.

'지속가능한 도시를 위한 미래교통'을 주제로 지난 2011년 10월

세계생태교통연맹 결성

22일부터 사흘간 '2011년 세계생태교통총회 및 자전거축전(2011 EcoMobility And World Bike Festival)'이 창원시에서 열렸다. 전 세계 34개국, 98개 도시의 시장, 학계, 국제기구 교통전문가 300여 명이 모여 지구온난화 방지와 탄소배출 절감을 집중 논의했다. 이 날 회의는 창원은 물론 대한민국 국민 모두가 녹색교통에 대해 관심을 갖는 계기를 만들었다.

특히 창원총회에서 '세계생태교통연맹(EcoMobility Alliance)' 이 세계 최초로 결성되는 성과를 낳았다. 생태교통연맹에 참여한 도시들은 무동력 친환경교통수단을 도입해 환경적으로 지속발전이 가능한 생태도시를 만들기로 약속했다.

나아가 세계 최고 수준의 생태교통 도시를 만들기 위해 산업계 전문가, 이용자, 정부 기구 등이 상호 협력하기로 했다. 창원시를 비롯해 수원시, 포르투갈 알마다, 미국 볼더·포틀랜드, 독일 프라이부르크, 네덜란드 그로닝겐 등 7개의 세계적인 환경도시가 주도적으로 참여했다. 또한 호주 애들레이드, 우간다 캄팔라, 대만 뉴타이페이·가오슝, 포르투갈 리스본 등 5곳의 파트너 도시도 참여했다. 독일국제협력단(GIZ), 8-80시티, S로캣, 에코시티 빌더(Ecocity Builder), 프리폼 에너지(Preform Energy) 등 5개의 교통 관련 국제기구도 파트너가 됐다.

생태교통연맹은 친환경정책과 경험을 교류하게 된다. 예를 들어 비싼 자동차 주차요금, 차량 속도 제한 등 강력한 교통정책은 물론 저렴한 대중교통 요금, 보행자 도로정책 등 프라이부르크의 사례 교류가 이루어지게 된다.

지구인구의 70% 이상이 도시에 모여 살고 있다. 이들 도시에서는 전체 탄소량의 3분의 2를 배출하고 있다. 전체 탄소량의 3분의 1이 교통 분야에서 배출되어지는 것을 감안하면 녹색교통 구현은 시급한 과제다.

녹색교통이란?

녹색교통이란 공공의 건강과 생태계를 위협하지 않는 교통환경을 말한다. OECD는 재생 가능한 자원을 재생 가능한 속도 이하로 사용하거나, 재생할 수 없는 자원을 재생 가능한 대체자원의 개발속도 이하로 사용해 이동수요를 충족시키는 교통이라고 정의 내리고 있다. 화석연료차량을 대체하는 녹색교통은 전기차, 무동력 이동수단 등으로 에너지 위기를 막는 데 기여한다.

교통문제 해결이 지구온난화를 방지하고 기후변화에 대응하기 위한 최고의 도전과제이기 때문이다. 또한 교통문제를 해결해야 더 편리하고 살기 좋은 도시, 더 깨끗하고 안전한 도시환경이 될 수 있기 때문이다.

생태교통연맹 의장도시가 되다

한국의 도시를 생각할 때 많은 사람들의 머릿속에는 어떤 모습이 떠오를까. 아파트 숲, 꽉 막힌 도로, 무질서한 골목길 등이 스쳐 지나갈 것이다. 창원시도 예외는 아니다. 방사선 구조 때문에 노선 확보가 어렵다. 마산, 창원, 진해의 통합으로 모두가 만족해하는 대중교통정책을 만들기는 여전히 어려운 숙제다.

유럽의 많은 도시를 방문하면서 내가 공통적으로 느낀 점은 도시의 쾌적함이었다. 유럽의 오래된 도시들은 넓은 공원과 보행공간이 시민들에게 여유를 제공하고 있다. 트램이나 전철 등 대중교통이 잘 발달되어 있다.

나는 창원시도 유럽의 오래된 도시처럼 운치 있는 도시, 한국의 대표적인 녹색교통도시로 만들고 싶었다. 이를 위해 2008년 공영자전거 누비자를 도입했다. 누비자는 상상외로 창원을 녹색교통도시로 만드는 기폭제 역할을 했다.

나는 2012년~2013년 2년간 생태교통연맹 초대 의장이라는 중책을 맡아 녹색교통 활성화를 주도하게 됐다. 독일 프라이부르크와 같은 세계적인 환경도시들과 환경정책을 교류하며 선진 시스템을 도입할 수 있을 것이다. 또한 세계생태교통연맹 결성이 일부 도시에 그치고 있는 생태교통도시를 전 세계로 확대하는 계기를 만들 것으로 믿는다. 나는 녹색교통을 실천하는 회원도시가 늘어남에 따라 지구온난화가 완화될 것으로 생각한다.

회원도시들은 정량화된 목표를 제시한 뒤 실적을 측정·보고하며 최소 1회 이상 워크숍을 개최해 생태교통을 실천하게 된다. 연맹도시들은 도시 간 교류를 통해 생태교통 정책에 대한 방향을 설정하고 다양한 실천계획을 수립해나가게 된다. 특히 연맹 도시들에게 가까운 시일 내 교통운행, 자전거 이용, 대중교통 이용 활성화, 보행여건 등의 개선에 대한 구체적인 실천 방안을 제시한다.

창원시는 향후 생태교통의 메카로, 모범도시로 전 세계 리더 도시 중의 리더로 활동하게 될 것이다. 생태교통연맹 의장도시가 된 것을 계기로 창원시의 도시 위상이 국제적으로 제고될 것이다. 또한, 국제적인 연대를 통해 창원시민 생활의 질을 높일 수 있을 것으로 기대한다.

CHAPTER 6

스마트그리드 대표도시로 만든다

'스마트그리드산업'도 창원시의 역점사업 중 하나다.

지식경제부는 지난 2010년 1월 저탄소 녹색성장 기반을 조성하기 위해 '스마트그리드 국가로드맵'을 발표했다. 정부는 로드맵에 따라 전기자동차, 연료전지, 태양광에너지 등 스마트그리드 대표산업을 집중 육성할 계획이다.

정부는 특히 스마트그리드 거점도시에 스마트그리드 조성비용 지원, 국세·재산세 부담금 감면, 행정업무 지원, 국공유 재산의 대부 또는 매각절차 지원 등의 혜택을 제공할 예정이다. 정부는 2030년까지 무려 27조 5,000억 원을 투입해 지역경제 성장을 촉진하고 관련 산업을 지역의 미래 성장 동력으로 발전시켜나갈 방침이다. 이 같은 차원에서 정부는 'ISGAN(International Smart Grid Action Network)' 사무국을 수임함으로써 스마트그리드산업 주도국이라는 입지를 굳혔다.

스마트그리드(Smart Grid)란?

기존의 전력망에 정보기술(IT)을 접목해 전력 공급자와 소비자가 양방향으로 실시간 정보를 교환함으로써 에너지 효율을 최적화하는 차세대 지능형 전력망이다.

창원시청 내 설치된 전기자동차 충전소

　창원시는 2010년 4월 환경부로부터 '전기자동차(Electric vehicle) 선도도시'로 선정됨으로써 전기자동차 거점도시로 도약할 수 있는 토대를 마련했다. 관내에 전기연구원(KERI)이 자리 잡고 있는 데다, 창원시의 모범적인 환경정책, 전기자동차 시범운영이 장점으로 작용했기 때문이다. 현재 창원시는 KERI가 자체 생산한 전기자동차 40대, 충전기 42기를 도입해 관용차량으로 사용하고 있다.

　전기자동차 운행으로 창원시는 도입 100일만에 일반자동차(연비 10ℓ/km, CO_2 배출량 230g/km 기준) 유류비(휘발유 1ℓ당 2,000원을 볼 때) 1,014만 4,600원, CO_2 배출 11.6t을 절감한 것으로 나타났다. 전기차 이용에 대한 직원 만족도도 69.1%로 높았다. 앞으로 20

대를 추가로 도입해 전기자동차의 실용성을 높여나갈 계획이다.

하지만 현재 스마트그리드기술은 여전히 미성숙 상태다. 산학연 네트워킹을 통해 R&D를 활성화하고, 한전 등과 다양한 시범사업을 계속 추진해야 한다. 창원에는 전력산업 분야 국내 유망기업인 LS산전, 일진전기, 효성 등이 소재하고 있어, 한국전력과 한국전기연구원, 지역대학과 산학연 협력을 효율적으로 추진할 수 있다.

필요하다면 스마트그리드를 선도하는 ABB, 지멘스, 미쓰비시 등 해외 기업을 유치하거나 전략적 제휴도 해야 할 것이다.

창원은 한국철도기술연구원과 '철도기술협력협약'을 체결해 도시철도사업을 추진하고 미래 녹색교통기술을 집중 연구하고 있다. 자전거와 전기자동차에 이어 도시철도 '트램'이 완성되면 명실공히 녹색교통도시의 위용을 완비하게 된다.

앞으로 창원시는 스마트그리드산업을 육성하기 위해 지식경제부 전력산업과, 녹색성장위원회, 한전 등과 협력네트워크를 구축할 예정이다. 또한 '스마트그리드 추진단'을 구성해 스마트그리드산업을 차세대 성장동력으로 발전시킬 것이다.

CHAPTER 7

지방행정체제, 한국모델이 되다

창원시는 2010년 7월 1일 '메가시티'가 됐다. 창원, 마산, 진해 3 개 시가 하나의 시로 합쳐진 것이다. 이들 3개 도시, 이른바 '마·창· 진' 통합에 대한 논의는 수십 년 전부터 논의되어 왔다. 하지만 정치 권의 이해관계 때문에 수차례 추진력을 얻지 못하고 무산됐었다.

통합 창원시는?

통합 창원시는 인구 110만 명, 서울(605㎢)보다 넓은 면적 743.81㎢, 연간 예 산이 2조 3,000억 원에 이르는 전국 최대 규모의 기초자치단체다. 지역내총생 산(GRDP) 규모가 27조 9,000억 원으로 종전 기초지자체 1위인 구미시(17조 1,000억 원)를 넘어서는 것은 물론이고 광역자치단체인 대전과 광주보다 높 다. 수출액도 2009년을 기준으로 235억 달러를 기록해 부산, 대구를 넘어서 는 전국 8대도시에 해당한다.

그러나 현 정부의 강력한 행정체제개편 방침에 따라 통합은 급 물살을 타게 됐다. 정부의 통합정책은 지역 간 통합을 통해 저비용 고효율의 행정서비스와 도시의 경쟁력을 강화하기 위한 것이다.

통합 창원시가 탄생하기까지 험난한 행로의 연속이었다. 지역별

이해득실에 따라 찬반 의견이 난무했다. 함안군까지 통합시에 포함시켜야 한다는 여론이 제기돼 갈등이 빚어지기도 했다. '창원-마산', '창원-진해', '마산-함안', '창원-마산-진해', '창원-마산-진해-함안' 등 통합모형을 놓고도 의견이 분분했다. 결국 행정안전부가 '창원-마산-진해' 통합안을 채택해 3개시 의회를 상대로 찬반의견 제출을 요청했다.

2009년 마산·진해시의회가 행정구역 통합을 결의한 데 이어 창원시의회에서도 통합안을 통과시켰다. 2010년 3월 2일 국회에서 '창원시 설치에 관한 특별법'을 통과시킴에 따라 창원시는 전국 18개 지역 46개 시군 가운데 유일한 통합도시가 됐다. 2010년 7월 1일 전국 최초로 행정구역 자율 통합시가 되기까지 일부 시민단체들은 주민투표를 거치지 않은 통합은 무효라며 거세게 반발하기도 했다.

광역시급 기초자치단체인 통합 창원시가 역사적인 출범을 했지만 풀어야 할 과제도 적지 않았다. 통합 정신을 살리기 위해 3개 지역 간 화합과 균형발전이 최우선 과제로 떠올랐다.

통합시의 미래는 지역 주민 간 이기주의를 극복하고 얼마나 화합하느냐에 달려 있다는 것이 전문가들의 공통된 의견이었다. 특히 시 명칭까지 잃어버린 마산과 진해지역 주민들의 상대적 박탈감 해소가 난제 중 난제로 떠올랐다. 또한 상대적으로 낙후된 마산과 진해지역의 발전을 앞당길 수 있는 전략수립이 통합 창원시의 크나큰 숙제가 됐다.

통합 전 창원·마산·진해 현황 비교

- 창원·마산 인구변화

- **1970년대(마산시 전성기)** : 마산수출자유무역지역의 건설과 창원공단 건설로 인해 마산시 인구가 약 38만 명까지 증가했다. 창원시 역시 국가공단 조성이 본격화되면서 인구가 크게 증가했다.

- **1980년대(창원시 성장기)** : 1983년 도청 소재지가 부산에서 창원시로 이전하면서 마산시에 소재하고 있던 주요 공공기관과 인구가 창원시로 급격히 유입됨으로써 마산시 인구는 1990년 49만 명을 정점으로 감소하기 시작했다.

- **1990년대 이후부터 현재까지** : 창원국가산업단지가 활성화되면서 배후단지가 조성돼 옛 창원시는 인구 51만의 도시로 급성장했다. 마산시 인구는 창원으로 유출되면서 기존의 시가지와 도심의 중심상업, 업무 기능이 위축되면서 도심공동화현상이 나타났다.

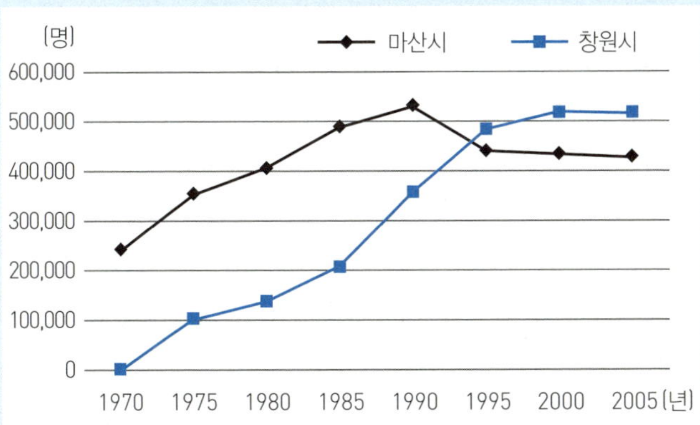

마산시와 창원시의 인구변화 추이

● 창원·마산·진해 물리적 환경

- **마산시** : 1960~1970년대 급속한 산업화에 따른 후유증으로 도시가
  무계획적으로 확장되기 시작했다. 1995년 도·농 통합 이후 '동'지역과
  '읍면'지역 간 생활환경과 기반시설 격차가 가속화되어 도시노후화가
  급격히 진행됐다.

- **창원시** : 한국 최대 기계공업단지 조성에 따라 배후도시로 들어선 계획
  도시다. 우수한 산업자산을 토대로 '환경수도' 건설을 위한 기반을 구
  축했다.

- **진해시** : 해군의 요람지인 군항도시며, 전국 제일의 벚꽃단지를 가진
  관광도시다. 신항만과 경제자유구역이 입지해 무궁한 성장잠재력을
  보유하고 있지만 군사시설로 인해 도시불균형이 심해지고 성장속도가
  둔화되기 시작했다.

2011년 7월 1일 창원시가 통합 1주년을 맞았다.

통합 창원시의 출범은 전국의 관심을 집중시켰다. 창원시의 통합은 지방행정체제 개편의 시금석이자 대한민국 자치단체 경쟁력의 바로미터가 되기 때문이다. 특히 장기적으로 수도권에 이어 국가발전의 2대 중심핵으로 부상함으로써 발전 가능성이 크게 부각되었다.

자율통합은 대한민국 지방행정사에서 유례를 찾기 힘든 사례다. 창원시는 통합으로 경제, 문화, 복지 등 각 분야에서 많은 변화를

2010년 7월 1일 통합 창원시 출범식 장면

가져왔다.

통합시 출범 1년에 대한 시민평가는 대체로 긍정적이었다. 여론조사 결과, 지난 1년의 시정평가는 51.8%가 잘하고 있는 것으로(부정 22.6%, 잘 모름 25.5%), 창원시장의 시정운영은 64.9%가 잘하고 있는 것으로(부정 15.2%, 잘 모름 20.0%) 평가됐다. 88.7%는 창원시의 발전가능성에 대해 긍정적인 평가(부정 6.3%, 잘 모름 5.1%)를 내려 통합시의 미래를 밝게 전망했다.

창원시가 통합의 험난한 과정을 슬기롭게 극복하고 불과 1년만에 활력 있는 도시를 만드는데 연착륙했다는 것은 매우 의미 있는 일이다.

3개 지역 '특화발전전략'을 펴다

통합 창원시가 출범한 후 여러 가지 풀어야 할 숙제 중 하나는 특화된 발전전략이었다.

3개 지역별 차별화 된 발전 동인을 찾아 창원시의 미래 100년을 지탱할 수 있는 큰 뿌리를 만들어 내야 하기 때문이다.

창원, 마산, 진해지역은 600년 전 창원대도호부라는 한울타리였지만 대한제국 시절 이후엔 각기 다른 행정구역으로 100년을 지내왔다. 그러다보니 지역별 정서의 차이는 물론 도시의 성쇠도 확연히 달랐다.

기존 창원지역은 1970년대 창원국가산업단지의 배후도시로 조성되어 대한민국 기계산업의 요람으로 발전해왔다. 그 이전만 해도 사실상 마산이 3개 도시의 중심이었다. 마산항과 옛 마산수출자유지역(현 마산자유무역지역)을 중심으로 전국 7대 도시명성을 얻었다. 그러나 도청이 창원으로 이전하고 인구가 유출되면서 1980년대 이후 쇠락의 길을 걸어왔다.

진해는 창원과 마산에 인접해 있지만 산업자원이 전무했다. 게다가 일제시대부터 군항도시로 자리 잡아 경제적 기반이 취약한 도시였다. 최근 들어 진해는 신항만과 경제자유구역 조성으로 향후 발전가능성이 매우 높을 것으로 전망되고 있다.

나는 통합 창원시의 미래 100년을 향한 밑그림을 시민과 함께 그려 나가기로 했다. 이에 따라 통합시 출범 직후 균형발전시민협의회와 지역발전추진위원회, 시책추진위원회를 결성했다. 3개 지역의 지리적 특성과 산업별 기반을 분석해 특화된 발전전략을 마련하기 위해서였다.

여기에서 '특화 균형발전 3대 프로젝트'를 확정했다. 창원시는 3대 프로젝트를 토대로 지역별 비교우위에 있는 장점을 특화해 육성할 계획이다.

창원은 산업 메카인 창원산단을 중심으로 첨단과학도시로 업그레이드하는 '창원-스마트 전략'을 세웠다. 마산은 마산항을 중심으로 워터프런트사업과 도시재생을 통해 제2의 부흥을 이끌어내는 '마산-르네상스', 진해는 신항만과 경제자유구역의 발전을 뒷받침하고 해양관광레저산업을 육성하는 '진해-블루오션' 전략을 각각 마련했다.

특화균형발전 3대 프로젝트

CHAPTER 8

글로벌 명품도시, 'G20 도시'를 향해 뛴다

나는 창원시를 전 세계를 대표하는 'G20 도시'로 육성할 꿈을 꾸고 있다.

나는 이것이 가능하다고 본다. 대한민국은 G20 세계정상회의를 개최한 데 이어, 세계핵안보정상회의를 개최하는 나라가 됐다. 경제력 세계 11위, 1인당 국민소득 2만 달러, 무역 1조 달러, 서울 88올림픽 종합 4위, 2002월드컵 4강, 2018 평창동계올림픽 유치, 2011대구세계육상선수권대회 개최, 아시안게임 종합 2위, K-POP과 한류 열풍, 반기문 UN사무총장. 이밖에 미국 오바마 대통령은 다트머스대 김용 총장을 세계은행 총재로 임명했다. 김 총장은 창의적이고 행동하는 리더로 유명하다.

이처럼 대한민국은 경제, 문화, 스포츠 등 국제적 위상에서 세계 10위권을 자랑한다.

그러나 대한민국의 위상과 경쟁력에도 불구하고 '살기좋은 도시'의 경쟁력은 글로벌 명품도시의 반열에 오르지 못하고 있다. 영국의 경제지인 〈이코노미스트(Economic Intelligence Unit)〉는 매년 전 세계 주요도시들의 안전, 의료, 문화활동, 환경, 교육과 사회간접자본시설 등을 근거로 삶의 질을 평가하고 있다. 살기

좋은 도시는 1위가 빈이고, 20위권 내에 아시아권 도시는 없다

일본은 46위에 도쿄가 랭크되고 50위 내에 고베와 요코하마가 포함됐다. 아시아권에서는 싱가포르와 일본밖에 없다. 서울이 겨우 80위, 부산이 96위로 뒤쳐져 있다.

도시의 경쟁력이 없는 나라는 미래를 장담할 수 없다. 대한민국에도 최소한 50위권의 도시가 이제는 나와야 한다.

만약 창원시를 살기 좋은 도시 평가에 반영한다면 어느 정도의 성과가 나올까? 만약 창원시가 살기 좋은 도시로 평가받는다면 나는 서울이나 부산보다 훨씬 높은 점수를 받을 것으로 확신하다. 경제, 환경, 문화 활동, 도시인프라 측면에서 보면 절대 뒤지지 않는다. 다만, 의료와 교육 부문에 있어, 우수한 대학과 병원이 부족한 것은 사실이다.

하지만 2015년 창원경상대병원이 들어서고, 진해 옛 육군대학 부지에 대학이나 우수한 연구기관이 들어선 뒤 살기 좋은 도시를 평가한다면 창원시는 최소 50위권의 도시가 될 수 있을 것이다. 나아가 신규 야구장이 건립되어 프로야구를 비롯한 농구, 축구 등 3대 프로스포츠경기가 열리게 된다면 삶의 질은 더욱 윤택해질 것이다.

진해만 해양레저스포츠 활성화, 로봇랜드 조성, 시민의 친수공간인 워터프런트 완료, 여기에 2020년경에 창원의 3대 경제구역(창원국가공단, 마산자유무역지역, 부산진해경제자유구역)이 새로운 성장시스템으로 재편된다면 '살기 좋은 도시'에 대한 평가는 또

살기 좋은 세계 10대 도시

순위	도시명	나라	'삶의 질' 지수
1	빈	오스트리아	108.6
2	취리히	스위스	108
3	제네바	스위스	107.9
4	오클랜드	뉴질랜드	107.4
	밴쿠버	캐나다	107.4
6	뒤셀도르프	독일	107.2
7	뮌헨	독일	107
	프랑크푸르트	독일	107
9	베른	스위스	106.5
10	시드니	호주	106.3

자료: 포브스

달라질 것이다.

'세계의 환경수도' 비전이 달성된다면 어떻게 될까. 나는 창원이 세계의 살기 좋은 도시 20위권의 'G20 도시'에 진입할 수 있다고 믿는다. 나는 글로벌 명품도시, 즉 'G20도시'의 꿈을 향해 오늘도 열심히 뛸 것이다.

참고 자료

1. 창원시청 www.changwon.go.kr

2. 창원시의회 http://council.changwon.go.kr

3. 《명품도시의 탄생》, 최은수, 매일경제신문사, 2009년 2월

4. 삼성경제연구소 www.sero.org

5. LG경제연구원 www.lgeri.com

6. 현대경제연구원 www.hri.co.kr

7. 〈매일경제신문〉 www.mk.co.kr

8. 〈조선일보〉 www.chosun.com

9. 〈중앙일보〉 www.joins.com

10. 〈동아일보〉 www.donga.com

11. 쿠리치바 도시계획연구소 www.ippuc.org.br

12. 꾸리치바시 홈페이지 www.curitiba.pr.gov.br

13. 《넥스트 패러다임》, 최은수, 매일경제신문사, 2012년 7월

14. 《좌절하지 않는 한 꿈은 이루어진다》, 이나모리 가즈오, 더난출판사, 2011년 5월

15. 세계지방자치단체 아시아태평양 연합(UCLG-ASPAC) www.uclg-aspac.org

16. 자치단체국제환경협의회(ICLEI) www.iclei.org/

17. 제12회 창원 국제교육도시연합 세계총회 www.iaec2012.go.kr

18. 경제협력개발기구(OECD) www.oecd.org

19. 〈이코노미스트〉 www.economist.com

20. 지식경제부 www.mke.go.kr

21. 창원상공회의소 http://changwon.korcham.net

22. 《환경전망 2050보고서》, OECD, 2011년 11월

23. 람사르협약 www.ramsar.org

24. 생물다양성보존협약 www.cbd.int

25. 국제연합환경계획 www.unep.org

26. 세계보건기구 www.who.int/en

27. 기후변화 정부간위원회 www.ipcc.ch

28. 미국교통연구원 www.trb.org

29. 한국관광공사 www.visitkorea.or.kr

30. 《목민심서》, 정약용

31. 프라이부르크 www.freiburg.de

32. 지방자치세계환경협의회 http://www.iclei.org

명품도시의 창조

초판 1쇄 2012년 8월 31일
    2쇄 2012년 9월 27일

지은이 박완수
펴낸이 성철환 담당PD 조윤미 · 이경주 펴낸곳 매경출판㈜
등 록 2003년 4월 24일(No. 2 - 3759)
주 소 우)100 - 728 서울 중구 필동1가 30-1 매경미디어센터 9층
홈페이지 www.mkbook.co.kr
전 화 02)2000 - 2610(편집팀) 02)2000 - 2636(영업팀)
팩 스 02)2000 - 2609 이메일 publish@mk.co.kr
인쇄 · 제본 ㈜M - print 031)8071 - 0961

ISBN 978 - 89 - 7442 - 848 - 8

값 14,000원